Heeresfunkverkehr
Flugzeugfunkverkehr

Marinefunkverkehr

Flugzeug-
funkverkehr

Heeresfunkverkehr

Flugzeugfunkverkehr
Funkaufklärung

...kverkehr

Heeres-, Flugzeug- und Marine-
funkverkehr

LFS — Löschfunkensender
KFS — Knallfunkensender
FV/UB — Funkverkehr zu getauchten
　　　　Unterseebooten

15	17	19	21	23	25	27	29	31	47	67	87	107	127	147	167	187	207
20	18	16	14	13	12	11	10	9,7	6,4	4,5	3,4	2,8	2,4	2,0	1,8	1,6	1,4

Meterwellen (UKW)

Lothar Koch

Kampf auf allen Frequenzen

Lothar Koch

Kampf auf allen Frequenzen

Militärverlag
der Deutschen Demokratischen Republik

Grafische Darstellungen: Hans-Joachim Wolff

ISBN 3-327-00 641-5

1. Auflage
© Militärverlag der Deutschen Demokratischen Republik
(VEB) — Berlin, 1988
Lizenz-Nr. 5
Printed in the German Democratic Republic
Gesamtherstellung: Offizin Andersen Nexö,
Graphischer Großbetrieb, Leipzig III/18/38
Bildnachweis: Autor (33), Archiv Militärverlag (38)
Lektor: Hartmut Lahne
Gesamtgestaltung: Günter Hennersdorf
Redaktionsschluß: 1. 12. 1986
LSV: 0239
Bestellnummer: 747 105 3
01720

Inhaltsverzeichnis

Einleitung

Dieses Buch ist kein geschichtlicher Abriß der Funktechnik — und doch sind alle genannten Fakten und Personen historisch verbürgt. Anhand von Schauplätzen und Ereignissen sollen die wichtigsten Etappen der Entwicklung und Nutzung der Radiowellen seit ihrer Entwicklung nachvollzogen werden.

Rundfunk und Fernsehen, Erderkundung und Kosmosforschung, Hochtechnologie und Robotertechnik, Seefahrt und Flugwesen — es gibt heute kaum ein Gebiet, in dem auf die Anwendung elektromagnetischer Wellen verzichtet werden könnte. In der Vergangenheit allerdings dienten die Entdeckungen und Erfindungen von Heinrich Hertz, Alexander Stepanowitsch Popow und Guglielmo Marconi vorrangig militärischen, weitaus weniger friedlichen Zielen.

Aus dem militärtechnischen Bereich der Funktechnik ist bisher nicht viel veröffentlicht worden. Diese Lücke will das Buch schließen helfen. Und es will nachweisen, daß teils offen, teils versteckt, ständig um technische Neuerungen gerungen wurde.

Als 1899 die Petersburger Telegrafenkompanie Reichweitenversuche mit Knallfunkensendern durchführte, interessierten sich bald Kaufleute, Forscher, Seeleute und vor allem Militärs für das neue Nachrichtenverfahren. Die letzteren sahen darin ein hervorragendes Hilfsmittel, ihre Truppen und Flottenkräfte über größere Entfernungen besser führen zu können. Erste Wirkungen zeigte die Funktechnik im Russisch-Japanischen Krieg und im ersten Weltkrieg. Erst danach begannen

kapitalkräftige Kreise sich für die kommerzielle Verwendung der drahtlosen Nachrichtenübertragung einzusetzen. In Großbritannien entstand die Marconi-Gesellschaft und in Deutschland der Telefunken-Konzern.

Ein völlig neues Gebiet für die Anwendung der unsichtbaren Radiowellen erschloß die Radartechnik. Streng geheim wurden in fast allen Ländern Forschungen und Erprobungen auf diesem in Deutschland als «Funkmeßtechnik» bezeichneten Gebiet durchgeführt. Im zweiten Weltkrieg konnte die Radartechnik durch Funkaufklärungs-, Funkpeil- und Funknavigationsverfahren ergänzt werden. Daneben entwickelte sich stürmisch der militärische Funkverkehr. Er eroberte immer höhere Frequenzbereiche und wurde für die Truppen- und Flottenführung unentbehrlich. Der umfassende Einsatz funkelektronischer Mittel führte andererseits zu wirkungsvollen und manchmal sogar originellen Gegenmaßnahmen.

Nach dem zweiten Weltkrieg erhielt die Militärelektronik imperialistischer Streitkräfte neue Aufgaben. Der «kalte Krieg» begann mit elektronischer Spionage zu Lande und in der Luft, später wurde der Kosmos mit einbezogen. Zahlreiche Frühwarn- und Luftabwehrsysteme entstanden und wurden eingeführt. Truppen, Einheiten und Einrichtungen der elektronischen Kampfführung verschiedener imperialistischer Armeen tauchten überall dort auf, wo sich ihnen eine Gelegenheit bot, in bewaffnete Auseinandersetzungen einzugreifen oder Spionagesysteme zu erproben. Die Versuche der Imperialisten, sozialistische Staaten mit Spionageelektronik zu überlisten, endeten mit Mißerfolgen. Dennoch wird das Spionagenetz rings um die Sowjetunion immer mehr ausgebaut. Von den Rollbahnen der Militärstützpunkte starten pausenlos strategische Aufklärungsflugzeuge. AWACS-Flugzeuge und Aufklärungssatelliten spähen mit ihren elektronischen Augen in die sozialistischen Staaten. Schließlich soll mit dem amerikanischen SDI-Programm sogar ein «Krieg der Sterne» vorbereitet werden.

Der militärtechnischen Hochrüstung setzt die sozialistische Welt ein umfangreiches, auf friedliche Nutzung der Elektronik orientiertes Programm entgegen. Schon in den ersten Stunden der Sowjetmacht verkündete Lenins Funkspruch «An alle» das Angebot eines demokratischen Friedens. In den späteren Jahren dienten Funkverbindungen der Volkswirtschaft, halfen Menschenleben retten und begleiteten Wissenschaftler und Forscher bei Expeditionen. Funksignale verkündeten den Start von Sputnik 1 und waren die Grundlage für das Interkosmosprojekt der sozialistischen Länder. So mancher Pilot oder Seemann verdankt sein Leben dem internationalen Rettungssystem KOSPAS-SARSAT, das, wie auch das kosmische Nachrichtensystem Intersputnik, ein Beispiel zur friedlichen Nutzung des Weltraums ist.

Über diese und viele andere Ereignisse und Zusammenhänge in der fast einhundertjährigen Geschichte der Funktechnik berichtet das vorliegende Buch. Die Fakten beweisen, daß selbst eine anscheinend so harmlose Entdeckung wie die der Funkwellen zum Fluch oder Segen der Menschheit genutzt werden kann. Daß die Elektronik den Menschen künftig nur noch zu ihrem Vorteil gereicht und nie mehr zu ihrem Schaden, bleibt ein Auftrag an der Schwelle zum 21. Jahrhundert.

Der Autor dankt dem Militärverlag der DDR für die allseitige Unterstützung bei der Erarbeitung des Buches.

Dresden, im Dezember 1986   Lothar Koch

Der Beginn des Funkverkehrs

Der drahtlose Telegraf

St. Petersburg in den 90er Jahren des 19. Jahrhunderts. Die Bürger der Stadt liebten es, sonntags Ausflüge an den Finnischen Meerbusen zu unternehmen. Selbst ganze Familien waren dort zu finden. An einem dieser Sonntage konnten sie an einem Steilhang Marinesoldaten beobachten, die dabei waren, an einem Drahtseil einen Ballon aufsteigen zu lassen. Sie gehörten zu einer Funktelegrafenkompanie, die Reichweitenversuche unternahm.

Der Ballon gewann schnell an Höhe. Neben den Soldaten im Sanddorngestrüpp standen in Holzkästen mehrere Geräte. Aus einem führte ein schwarzer Draht, der elektrische Entladungen eines Radiotelegrafen abstrahlen sollte, zu einem Ballon. Am Horizont konnte man ein auf- und niedertauchendes Torpedoboot erkennen, auf dessen Signaldeck ein Matrose die Arme mit zwei Signalflaggen schwenkte.

Einige Väter wußten mehr über diese Versuche und die Erfindung, die sie erst möglich machten. Sie erzählten ihren Söhnen von den Mühen, die der unermüdliche Lehrer der Kronstädter Schule für Minenwesen, Alexander Stepanowitsch Popow, mit seinem Mitarbeiter, Pjotr Nikolajewitsch Rybkin, zum Auffangen von Gewitterentladungen unternommen hatte. Popow war es gelungen, einen Gewittermelder zu erfinden. Das Gerät nahm über eine Antenne, ein einfaches Stückchen Draht, elektromagnetische Wellen auf, die jeden Blitz eines nahenden Gewitters

Alexander Stepanowitsch Popow (1859—1906)

Abschluß der Petersburger Universität mit Auszeichnung. 1894 Beginn des experimentellen Arbeitens auf dem Gebiet der elektromagnetischen Wellen (Radiowellen).
Ab 1901 Lehrstuhlleiter am Elektrotechnischen Institut in Petersburg, ab 1905 Direktor.

begleiten. Bei ihrem Empfang schlug kurz eine elektrische Klingel an. Dieser Gewittermelder war der erste Funkempfänger.

Am 24. April 1895 konnten Interessierte im Physiksaal der Petersburger Universität beobachten, wie Popow den Mitgliedern der Physikalischen Abteilung der Russischen Physikalischen-Chemischen Gesellschaft die

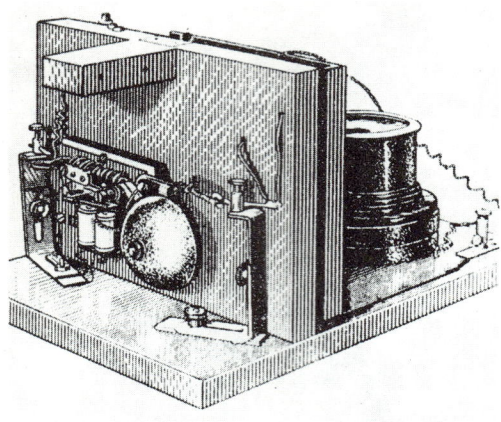

A.S.Popows «Gewittermelder»

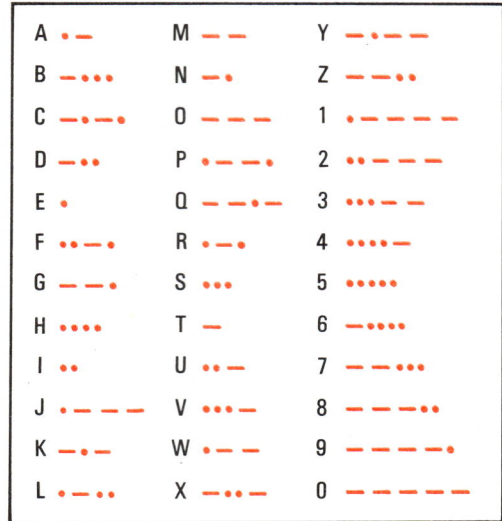

A	•—	M	——	Y	—•——
B	—•••	N	—•	Z	——••
C	—•—•	O	———	1	•————
D	—••	P	•——•	2	••———
E	•	Q	——•—	3	•••——
F	••—•	R	•—•	4	••••—
G	——•	S	•••	5	•••••
H	••••	T	—	6	—••••
I	••	U	••—	7	——•••
J	•———	V	•••—	8	———••
K	—•—	W	•——	9	————•
L	•—••	X	—••—	0	—————

Internationales Morsealphabet
Innerhalb eines Morsezeichens betragen die Pausen eine Punktlänge. Der Strich hat die Länge von drei Punkten. Zwischen zwei Morsebuchstaben beträgt der Abstand eine Strichlänge. Zwischen zwei Wörtern wurde ein Abstand von fünf Strichlängen festgelegt

erste drahtlose Telegrafieverbindung demonstrierte. Popow entfernte von einem auf dem Tisch stehenden Gerät die Schutzhülle und sagte: «Ich bitte um Ihre geschätzte Aufmerksamkeit. Mein Mitarbeiter, der sich ein viertel Werst von hier entfernt im chemischen Labor aufhält, wird uns mit Hilfe unsichtbarer Hertzscher Wellen Signale übermitteln. Diese werden hier von dem Morseempfänger aufgenommen und aufgezeichnet.»

Im Saal herrschte atemlose Stille. Die Augen der Zuschauer waren auf den Morseempfänger gerichtet, neben dem Popow und sein alter Lehrer Petruschewski standen. Dann ertönten Knackgeräusche. Alle schauten zuerst auf die am Fenster hängende Empfangsantenne, dann auf eine sich langsam drehende Papierrolle, die mit Punkten und Strichen bedruckt wurde. Petruschewski schrieb, indem er die Punkte und Striche des Morsealphabets entschlüsselte, die Buchstaben mit Kreide an eine Wandtafel: Heinrich Hertz. So ehrte Popow, der Erfinder des ersten Funkempfängers, den großen deutschen Entdecker der Radiowellen. Popow gehörte zu den ersten Physikern, die feststellten, daß

die Entwicklung einer drahtlosen weitreichenden Nachrichtenübertragung zu einer zwingenden Notwendigkeit geworden war.

Für die Seefahrt hatte die Radiotelegrafie große Bedeutung, denn bislang kannte man nur optische und akustische Nachrichtenverbindungen. Um Flaggen-, Licht-, Rauch- oder Schallsignale miteinander austauschen zu können, mußten sich aber Schiffe in Sicht- oder Hörweite befinden. Verschwand eines hinter dem Horizont, blieb das Schicksal von Besatzung und Schiff bis zu ihrer Rückkehr in den Hafen unbekannt. Wie oft kamen unweit der rettenden Küste oder in der Nähe anderer Schiffe Menschen zu Schaden, nur weil sie nicht die Möglichkeit hatten, Hilfe herbeizurufen. In einzelnen Fällen setzte man Brieftauben ein, doch sie verirrten sich oft.

Den Technikern gelang es, die Radiotele-

Heinrich Hertz (1857—1894)

Studium der Ingenieurwissenschaften, Mathematik und Physik in Dresden, München und Berlin. 1885 ordentlicher Professor für Physik an der Technischen Hochschule in Karlsruhe. Experimentelle Bestätigung der Maxwellschen elektromagnetischen Lichttheorie. 1889 Ordinarius der Physik in Bonn.

grafie so weit zu entwickeln, daß auch erste praktische Versuche unternommen werden konnten. Und eines Tages im Frühjahr 1900 war sogar in der «Nowoje wremja» zu lesen, daß im Dezember vorigen Jahres, während eines heftigen, aus Nordwest kommenden Schneesturms, im Finnischen Meerbusen das Linienschiff des Küstenschutzes «Generaladmiral Apraxin» auf einen Felsen an der Insel Hogland aufgelaufen sei. Es habe sich auf der Überfahrt von Kronstadt nach Libau (Liepàja) befunden. Um die komplizierten und langwierigen Bergungsarbeiten für das Panzerschiff zu erleichtern, habe der bekannte Erfinder Popow vorgeschlagen, eine drahtlose Telegrafieverbindung zwischen der Insel Hogland und dem nächsten Posttelegra-

fenamt an der Küste, im Städtchen Kotka, einzurichten. Das sei mit Billigung höchster Stellen geschehen, und am 24. Januar sei in der Funkstation Hogland ein außergewöhnliches Funktelegramm von Popow aus Kotka an den Kapitän des Eisbrechers «Jermak» gerichtet worden, der, unter Dampf liegend, inzwischen neben dem Panzerschiff festgemacht hatte. Im Funkspruch hieß es: «Bei der Insel Lavansaari hat sich eine Eisscholle mit fünfzig Eisanglern losgerissen und treibt in die offene See hinaus. Bitten um unverzügliche Hilfeleistung für diese Menschen!» Der geistesgegenwärtige Kapitän des Eisbrechers habe sofort den angegebenen Ort angesteuert und die auf dem Eis sich gegenseitig festhaltenden und rufenden Männer entdeckt. Alle konnten gerettet werden. Selbst Vizeadmiral Makarow, Hafenkommandant von Kronstadt, habe dieses Ereignis gewürdigt. Er habe Popow ein Glückwunschtelegramm übersandt, in dem er ihm im Namen aller Matrosen von Kronstadt herzlich zu dem glänzenden Erfolg gratuliere und die Eröffnung des drahtlosen telegrafischen Verkehrs von Kotka nach Hogland über dreiundvierzig Werst als eine bedeutende Leistung bezeichne. Darüber hinaus wurde bekannt, daß Makarow Popow den Auftrag gegeben habe, zahlreiche Kriegsschiffe der russischen Baltischen Flotte mit der Funktelegrafie auszurüsten.

Auch in anderen Ländern und ganz besonders in Großbritannien, das umfangreiche Kolonien besaß, hatte man den Wert der Radiotelegrafie erkannt. So experimentierte etwa zur selben Zeit wie Popow der gebürtige Italiener Guglielmo Marconi mit Funkanlagen. Im Bristolkanal, zwischen Lavernock Point und Flat Holm, übertrug er mit seinem Funksender ein «Marconigramm», einen Funkspruch, zunächst über 5,5, später über 14 Kilometer Entfernung. Marconi benutzte dazu einen Knallfunkensender, der die zur

Popow demonstriert Makarow die Funktelegrafie

Stürmische Jahre

Übertragung von Morsezeichen erforderlichen hochfrequenten Schwingungen durch Funkenstrecken erzeugte, die mit Schwingkreisen verbunden waren. Die Entladung der Funkenstrecken ging mit lautem Knall vor sich. Die dabei entstehenden Schwingungen verloren sehr schnell ihre Energie und verliefen stark gedämpft. Ein neuer Energiestoß mußte sie auf ihre alte Größe zurückführen. Die Signale dieses ersten Sendertyps konnten von der Gegenstelle nur als krachende Morsezeichen empfangen werden. Man bezeichnete den mit einer festen Wellenlänge arbeitenden Knallfunkensender daher auch scherzhaft als Knarrfunkensender.

Für die Marine wurden die Funktelegrafisten zu einem beträchtlichen Teil an der Kronstädter Marineingenieurschule ausgebildet. Viele junge Menschen schlugen die Technische Marinelaufbahn ein. Den meisten fiel das Lernen leicht. Schwieriger war es schon, sich an den strengen Dienstablauf, an das militärische Reglement zu gewöhnen.

Schon längere Zeit lag etwas in der Luft. Man spürte es am Atem der Stadt. Reisende aus Zentralrußland und aus Moskau erzählten von Kundgebungen und Streiks. In St. Petersburg empörte man sich über die herrschende Gewalt, über die vielen Gefangenen in den Gefängnissen. Die Studenten der Universität redeten von Freiheit, die Arbeiter in den Fabriken von Aufstand. Im Februar 1901 protestierten auf den Straßen von Petersburg Tausende gegen die Selbstherrschaft. Auch im Mai kam es zu Kundgebungen und Streiks. Die Zeitungen berichteten von Zusammenstößen der Bauern mit Gutsherren und Behörden. Die periodischen Mißernten und Hungersnöte, die Drangsalierung, die drückenden Abgaben waren die Ursachen für diese bäuerlichen Unruhen. Revolutionäre Sozialdemokraten zogen von Dorf zu Dorf und forderten die Bauern auf, sich mit den Arbeitern zu verbünden. Doch der Zarismus unterdrückte nicht nur diese Schichten der Bevölkerung, sondern auch die kleinbürgerliche Intelligenz, die den Arbeitern Rußlands sehr nahe stand.

Die Kursanten der Marineingenieurschule lebten zwar von der Außenwelt relativ isoliert, doch brachten sie von ihren Landgängen aus dem brodelnden St. Petersburg immer neue Meinungen und Eindrücke mit, über die man stundenlang, oft auch nachts, in den Schlafsälen diskutierte. Immer mehr war zu spüren, welche Mittel der Zarismus einsetzte, um einen sozialen Ausbruch abzuwenden. Man hörte von neuen Repressalien gegen Arbeiter und Bauern. Die örtlichen Verwaltungen erhielten diktatorische Vollmachten, die sie ermächtigten, verstärkte und außerordentliche Sicherheitsmaßnahmen einzuführen. Über 6 000 fortschrittliche Menschen wurden aus Petersburg und dem Petersburger Gouvernement ausgewiesen.

Viele Kursanten nahmen das Geschehen um sie herum zwar auf, aber ihr brennendes Interesse konzentrierte sich auf die drahtlose Telegrafie. Alle Meldungen über ihre Entwicklung verfolgten sie äußerst gespannt. Eines Tages fanden sie eine bemerkenswerte Notiz. Die deutsche Marineführung ließ bei der inzwischen gegründeten britischen Marconi-Gesellschaft für drahtlose Telegrafie anfragen, unter welchen Bedingungen Marconi bereit sei, ihre Kriegsschiffe mit Sende- und

Guglielmo Marconi (1874—1937)

Nach dem Studium der Physik in Bologna (Italien) 1896 Übersiedlung nach London. 1897 Gründung der Wireless Telegraph Company. Erhielt nach vielen Erfindungen 1909 zusammen mit Karl Ferdinand Braun den Nobelpreis für Physik.

Empfangsanlagen auszurüsten. Doch es kam zu keinem Vertragsabschluß. Nicht etwa, weil Marconi einen zu hohen Preis forderte, sondern weil er sich und seinen Mitarbeitern einen ungehinderten Zutritt zu allen deutschen Kriegsschiffen ausbedungen hatte. Das wollte die Marineführung nicht gestatten, denn sie sah in Großbritannien für sich den zur Zeit gefährlichsten Seegegner. Womöglich würde damit der Spionage Tür und Tor geöffnet.

Doch der sehr geschäftstüchtige Marconi, der mit seiner Gesellschaft das Weltfunkmonopol anstrebte, hatte bereits einen Weg gefunden, auch in Deutschland Fuß zu fassen. Seit Mai 1900 sendete auf der Nordseeinsel Borkum die erste zivile Marconi-Küstenfunkstelle. Deutsche Eigenentwicklungen standen zu dieser Zeit noch nicht zur Verfügung. Mehr als 10 hohe Masten trugen die Antennenanlage mit ihren reusenartig gespannten Antennen. Von diesen führten Zuleitungen zu einer Betriebsbaracke. In die Ems einlaufende Schiffe meldeten sich mit Morsesignalen, die ungefähr 45 Kilometer Entfernung überbrückten, bei der Küstenfunkstelle. Eine Drahttelegrafieverbindung gab die Ankunft an die Hafenbehörde in Emden weiter, die dann rechtzeitig Liegeplätze und Entladekapazitäten bereitstellte. Nach einem kleinen Zwischenfall wurde jedoch auf allerhöchste Weisung die Betriebserlaubnis der Marconi-Funkstelle zurückgezogen und mit dem Bau einer deutschen Küstenfunkstelle auf Norddeich begonnen. Die Funkstelle Borkum hatte sich nämlich geweigert, vom Hapag-Dampfer «Hamburg», der mit einer inzwischen entwickelten Telefunken-Funkanlage zur See fuhr, eine Depesche des an Bord befindlichen Kaisers Wilhelm II. zur Weiterleitung nach Berlin entgegenzunehmen! Daraufhin erhielt Borkum Sendeverbot.

Wie die Kursanten der Zeitungsmeldung noch entnehmen konnten, gelang es Marconi immerhin, seine an Bord deutscher Handelsschiffe installierten Funkanlagen an die inzwischen gebildete Telefunken-Gesellschaft für drahtlose Telegrafie m. b. H. in Berlin zu verkaufen. Die Marine übernahm die ehemalige Marconi-Küstenfunkstelle Borkum.

Inwischen steuerten das zaristische Rußland und das kaiserliche Japan auf einen Krieg zu. Mehr und mehr hatten sich im Fernen Osten die Gegensätze verschärft. Es ging auf beiden Seiten um handfeste ökonomische Interessen, Kolonien und Absatzmärkte. Der Zarismus wollte außerdem mit einem Sieg über Japan die sich im Lande anbahnende Revolution verhindern. Dabei kam es der Zarenregierung gar nicht erst in den Sinn, daß sie diesen Krieg auch verlieren könnte. Rechtzeitig hatte sie das russische Pazifikgeschwader vor Port Arthur (Lüshun) beordert.

Kurs in den Fernen Osten

Der Russisch-Japanische Krieg begann in der Nacht zum 27. Januar (9. Februar) 1904 mit dem unerwarteten Überfall von zehn japanischen Kriegsschiffen auf das russische Pazifikgeschwader, das vor Port Arthur lag. Dabei wurden zwei russische Panzerschiffe und ein Kreuzer schwer beschädigt. Japan nutzte die Schwäche der russischen Flotte und ließ Truppen in Korea auf der Halbinsel Liaodong landen. Außerdem fielen sie in die Mandschurei ein und belagerten Port Arthur.

Die Absolventen der Kronstädter Marineingenieurschule zeigten für den Krieg mit Japan lebhaftes Interesse, immerhin hing ihr zukünftiger Einsatz vom Verlauf der Kampfhandlungen ab. Trotz der strengen Pressezensur sprach es sich schnell herum, daß der Krieg für Rußland ungünstig verlief. Im Sommer 1904 hatte das 1. Pazifikgeschwader den Versuch unternommen, nach Wladiwostok durchzubrechen. Er mißlang. Nicht viel besser erging es der aus Kreuzern bestehenden Wladiwostok-Abteilung. Sie war ausgelaufen, um sich mit den Flottenkräften vor Port Arthur zu vereinigen, stieß aber auf Schiffe des japanischen Admirals Kaminura. Nach dem Verlust eines Kreuzers drehten die russischen Kräfte ab. Man stellte deshalb in der Ostsee ein großes Geschwader zusammen, das im Fernen Osten das Kriegsgeschehen zugunsten Rußlands beeinflussen sollte.

Am 1. (13.) September 1904 wurden einige Kursanten aus Kronstadt als Maschineningenieure auf die «Orjol» kommandiert.

Die «Orjol» war ein stahlgepanzerter Riese mit vielen Decksaufbauten. Auf dem Vor- und Achterschiff standen massive Schiffsgeschütze mit je zwei 305-mm-Geschützen. Weitere sechs Türme mit jeweils zwei 152-mm-Geschützen befanden sich an den Bordseiten. Zwei Stockwerke tiefer lag das Batteriedeck mit 75-mm-Schnellfeuergeschützen zur Abwehr von Torpedobootan-

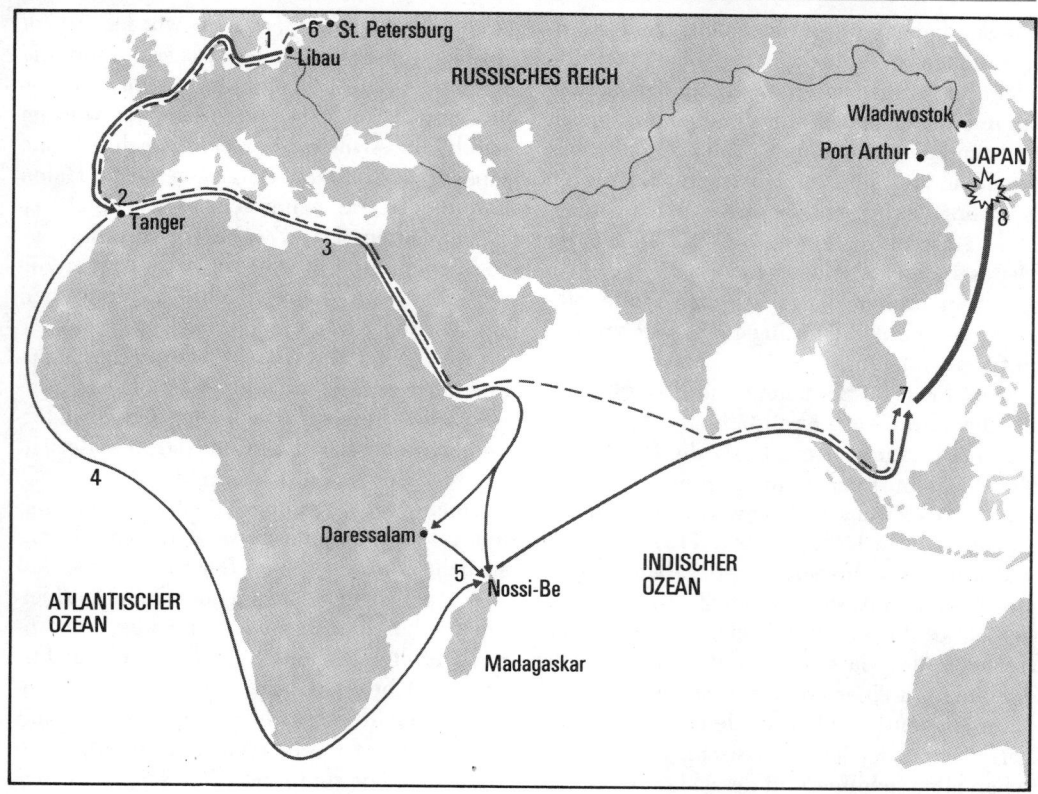

Fahrtroute der Pazifikgeschwader aus der Ostsee in den Stillen Ozean

1 Am 15.10.1904 läuft das Zweite Pazifikgeschwader aus dem Hafen von Libau (Liepāja) aus
2 Das Geschwader trifft am 3.11.1904 in Tanger ein und teilt sich auf
3 Unter Befehl von Konteradmiral Felkersam laufen Schiffe mit geringem Tiefgang durch das Mittelmeer und den Suezkanal
4 Schiffe mit größerem Tiefgang unter Vizeadmiral Roshestwenski laufen um Afrika herum in den Indischen Ozean
5 Beide Geschwader vereinigen sich am 9.1.1905 wieder bei Nossi-Be (Madagaskar) und setzen die Fahrt in den Indischen Ozean fort
6 Am 16.2.1905 eilt ein kleines Drittes Pazifikgeschwader Roshestwenski zu Hilfe
7 Das Zweite und das Dritte Pazifikgeschwader vereinigen sich am 9.5.1905
8 Die Seeschlacht von Tsushima beginnt am 27.5.1905

griffen. Die vordere Kommandobrücke, dreistöckig, trug kleine 47-mm-Kanonen. Auf der vorderen und achteren Kommandobrücke standen Scheinwerfer. Weithin leuchteten zwei große gelbe Schornsteine. Fock- und Großmast waren mit einer Antenne für die Funkentelegrafiestation verbunden. Bereits zu diesem Zeitpunkt hatte Admiral Makarow in einem Befehl festgestellt, daß der drahtlose Telegraf seine Anwesenheit verrate. Daher sei jegliches Telegrafieren zu kontrollieren. Keinerlei Depeschen oder Rufzeichen seien auszusenden, ohne die Erlaubnis des Kommandanten, in der Flottille des Kommandeurs, einzuholen. Die Empfangsanlage habe stets aufnahmebereit zu sein, um Radiogramme abzuhören. Falls ein Telegrafist meine, eine gegnerische Depesche zu empfangen, habe er das umgehend dem Kommandanten zu melden, nach Möglichkeit die Richtung zum gegnerischen Sender zu bestimmen und den gegnerischen Funkspruch vollständig aufzunehmen. Danach habe der Kommandant alles zu unternehmen, um die Kennung des Absenders und das Antwortzeichen zu identifizieren sowie den Inhalt der Depesche zu entschlüsseln.

Leider trauten die zaristischen Flottenoffiziere der Funkaufklärung nicht viel zu und nutzten sie kaum.

Am 17. (30.) September, um 16.00 Uhr, lief die «Orjol» aus Kronstadt aus. Nach zwei Tagen Überfahrt erreichte sie die Reede von Reval (Tallinn) und reihte sich in die Linienschiffe des Zweiten Geschwaders ein. In der Nacht zum 29. September (12. Oktober) wurde das Geschwader nach Libau verlegt. Doch schon am Morgen des 2. (15.) Oktober lichtete es die Anker, eingeteilt in vier Abteilungen. Als Marschordnung war doppelte Kiellinie mit einer Geschwindigkeit von etwa zehn Knoten befohlen worden. Am Horizont verschwand der letzte russische Hafen. Zwischen allen Schiffen und dem Marinestab bestand von nun an reger Funkverkehr.

Der marokkanische Hafen Tanger empfing die russischen Seeleute, als sie am 21. Oktober (3. November) gegen 15.00 Uhr eintrafen, freundlich. In Tanger teilte sich das Geschwader. Der Weg der Linienschiffe «Sissoi Weliki», «Nawarin», der Kreuzer «Swetlana» und «Almas» sollte unter Führung von Konteradmiral Felkersam durch das Mittelmeer, den Suezkanal und schließlich zur Insel Madagaskar führen, die Admiral Roshestwenski für die Vereinigung des Geschwaders bestimmt hatte. Die Hauptkräfte aber, die einen großen Tiefgang besaßen, konnten den Suezkanal nicht passieren. Sie mußten das Kap der Guten Hoffnung, die Südspitze Afrikas, umfahren. Außerdem sollten sich bei Madagaskar jene Schiffe anschließen, die gerade in Rußland fertiggestellt worden waren. Noch

bevor Madagaskar erreicht wurde, erhielt Roshestwenski durch ein Lazarettschiff die Nachricht, daß die Flottenkräfte vor Port Arthur nicht mehr existierten. Sie wurden durch die Artillerie versenkt, nachdem die Japaner den Hohen Berg, einen den Hafen und die Reede beherrschenden Gipfel, erstürmt hatten. Das Zweite Geschwader, ursprünglich zur Unterstützung des Ersten Geschwaders ausgesandt, sollte sich nun den japanischen Kräften allein stellen.

Am Abend des 18. (31.) Dezember empfing der Funktelegrafist der «Orjol» zwei unbekannte Funksprüche. Der Geschwaderkommandeur hatte, als ihm darüber Bericht erstattet wurde, nur abgewinkt.

Doch auch die anderen Schiffe empfingen mit ihren Stationen unverständliche Funksprüche. Roshestwenski folgerte daraus, daß sich japanische Schiffe in der Nähe aufhielten. Er ließ den Ausguck verstärken. Der Admiral fühlte sich unsicher. Während der bisherigen Überfahrt hatte es das Marineministerium nicht vermocht, ihn hinreichend mit Nachrichten zu versorgen. Die direkte Funkentelegrafieverbindung war schon in der Nordsee unterbrochen. Unterwegs blieben nur die wenigen Drahtverbindungen über die russischen Konsulate. Die Bewegung der japanischen Flotte war unbekannt. Das Wenige, was hin und wieder durchdrang, machte Roshenstwenski nur noch nervöser. Andererseits verfolgten britische Kriegsschiffe fast ununterbrochen den Weg des russischen Geschwaders, und es war anzunehmen, daß sie die Japaner detailliert über dessen Stärke und Standort informierten. Der Admiral steuerte dennoch beharrlich auf sein Ziel, Wladiwostok, zu. Dazu mußte das Japanische Meer durchquert werden. Drei Wege führten in den Fernoststützpunkt: die Korea-Straße mit der Insel Tsushima, die Tsugara-Straße zwischen den japanischen Inseln Hokkaido und Hondo und die La-Pérouse-Straße, die nördlichste. Hier endete das japanische Seegebiet, und das russische fing mit der Insel Sachalin an.

Roshestwenski wählte den ersten Weg. Er entließ mehrere Transportschiffe nach Schanghai, um das Geschwader manövrierfähiger zu machen. 38 Schiffe steuerten die Korea-Straße an.

Und wiederum fingen die Funktelegrafisten Signale des Gegners auf, der sich mit seinen Aufklärungskräften verständigte. Doch noch immer war kein japanisches Schiff am Horizont zu sehen. Roshestwenski verbot die Benutzung der Funkstationen des Geschwaders, um dem Gegner die Aufklärung des Geschwaderstandorts zu erschweren. Er untersagte auch, daß die Sendungen der Japaner gestört wurden. Diese Verbote wurden von ihm nie wieder aufgehoben. Dafür übermittelten mitten in der Nacht die Topplaternen des Flaggschiffs Lichtsignale, die von allen anderen Schiffen wiederholt werden mußten. Das geschah mit geringen Unterbrechungen bis zum Morgengrauen. Keinem kam der Gedanke, daß der Lichtschein der Laternen weithin sichtbar war. Außerdem folgten dem Geschwader in geringem Abstand zwei Lazarettschiffe, die alle Positionslichter voll gesetzt hatten.

Am 14. (27.) Mai kam etwa gegen 5.00 Uhr an der Steuerbordseite des Flaggschiffs ein Schiff in Sicht, das sich parallel zum Geschwader bewegte. Man schloß auf ein japanisches Aufklärungsschiff, unternahm aber nichts. Dieses Schiff, ein japanischer Hilfskreuzer, übermittelte an Admiral Togo, den Befehlshaber der japanischen Flotte, folgenden Funkspruch: «Feind im Quadrat 203, hält offenbar Kurs auf die östliche Meerenge!» Um 07.00 Uhr wurde steuerbord ein weiteres Schiff, der japanische Kreuzer «Izumi», ausgemacht. Auch er lief über eine Stunde auf Parallelkurs neben dem Geschwader her. Er hatte genügend Zeit, alle russischen Kräfte aufzuklären und sein Ergebnis an Admiral Togo zu melden. Das stellte der Funker der «Orjol» fest, der die Funksprüche der «Izumi» aufgefangen hatte. Schließlich entfernten sich die Japaner so weit, daß sie kaum noch zu sehen waren, ihr ununterbrochener Funkverkehr aber hielt an.

Um 09.30 Uhr ersuchte das Hilfsschiff «Ural», das über einen leistungsstarken Funktelegrafiesender verfügte, Roshestwenski um die Erlaubnis, die japanischen Funkverbindungen stören zu dürfen. Auf dem Flaggschiff «Suworow» erschien das Signal: «Nicht stören!». Eine weitere Möglichkeit blieb damit ungenutzt!

Mittags, um 13.20 Uhr, wurde zum Angriff getrommelt. Die Hauptkräfte der Japaner kamen in Sicht, der Kampf begann. Dumpfe Detonationen, das Krachen der Granaten, Pulverdampf und Schreie bestimmten den weiteren Verlauf des Tages. Das Zweite Pazifikgeschwader erlitt eine Niederlage, 5 000 russische Seeleute fanden den Tod.

Durch eine bedeutende Kräfteüberlegenheit der Japaner, die technische Unvollkommenheit einiger russischer Schiffe und eindeutige Führungsschwächen des Geschwaderkommandeurs trug Admiral Togo den Sieg davon. Andererseits demonstrierte die Schlacht bei Tsushima den Mut und die Größe der russischen Matrosen. Sie führten eine beispiellose Überquerung dreier Ozeane in 220 Tagen durch. Erstmals nutzten sie drahtlose Telegrafieverbindungen und waren zu Funkstörungen bereit.

Die Zerschlagung der russischen Flotte sowie der Fall von Port Arthur bedeuteten eine schmähliche Niederlage des Zarismus. Der Krieg war verloren.

Der Russisch-Japanische Krieg beschleunigte in Rußland das Heranreifen einer revolutionären Lösung, verschärfte die Widersprüche zwischen den herrschenden Klassen und den breiten Massen der Werktätigen und führte der ganzen Welt vor Augen, wie morsch die zaristische Selbstherrschaft war.

Zwischen Tastfunk und Rundfunk

Eintritt ins Informationsjahrhundert

Jahrhunderte und Jahrtausende hindurch hatten Nachrichtenverbindungen und Informationen nur eine untergeordnete Rolle gespielt. In der Ur- und Frühgeschichte unserer Menschheit blieb der Erkenntniszuwachs äußerst gering. Erst die Spaltung der Gesellschaft in Klassen sowie die Trennung von geistiger und körperlicher Arbeit ließen auch das Bedürfnis nach Informationen ansteigen. Mit dem Entstehen der Bourgeoisie und der industriellen Revolution im 17. und 18. Jahrhundert vergrößerte sich der Informationsbedarf weiter. Das beginnende 20. Jahrhundert mit einer höheren Stufe der Arbeitsteilung und mit allseitigen Kriegsvorbereitungen der imperialistischen Großmächte erzeugte neue, umfassende Informationsbedürfnisse. Diese legten den Grundstein für die Entwicklung der Telegrafie-, Fernsprech-, Funk- und Rundfunktechnik, für die materielle Basis des «Informationsjahrhunderts».

Der erste deutsche Funkkonzern

Um die Jahrhundertwende konnten die Einwohner des kleinen, nordwestlich von Berlin gelegenen Ortes Nauen in einer großen Niederung umfassende Bauarbeiten beobachten. Hohe, in den Himmel ragende Antennen wurden aufgestellt und mehrere feste Gebäude errichtet. Die als Gegenpol zum britischen Marconi-Konzern 1903 in Berlin gebildete Telefunken-Gesellschaft für drahtlose Telegrafie m. b. H. — beteiligt waren Siemens und AEG — baute eine Funkversuchsanlage, aus der sich später die Großfunkstelle Nauen entwickelte.

Geschickt verstand es der Telefunken-Konzern, sich die Erfindungen und Patente von Adolf Slaby, Georg Graf von Arco und von Karl Ferdinand Braun anzueignen und technisch umzusetzen. Braun, ordentlicher Professor für Physik, verbesserte Marconis Senderanordnung, indem er einen geschlossenen Schwingkreis einfügte, der es gestattete, gleichmäßige, gering gedämpfte elektromagnetische Wellen mit hoher Energie zu erzeugen. Slaby konnte 1897 Marconis Versuchen mit drahtloser Telegrafie beiwohnen. Mit seinem Assistenten, Graf von Arco, entwickelte er ein drahtloses Telegrafiesystem, das System Slaby-Arco. Die Telefunken-Gesellschaft verband die von ihr billig erworbene Braunsche Erfindung mit Verbesserungen, die von Slaby und Arco mit der Allgemeinen Elektrizitätsgesellschaft eingebracht wurden, und ließ ihr «System Telefunken» patentieren. Die Gesellschaften Marconi und Telefunken entwickelten sich zu den größten, miteinander konkurrierenden Unternehmen dieses Industriezweigs in Europa.

Die Nauener wunderten sich allerdings zuerst über die ranghohen Marineoffiziere, die man im Ort häufig zu sehen bekam. Sie überwachten die Arbeiten in der Funkversuchsanlage im Auftrag des Admiralstabschefs der

Blick in den Sendesaal der Funkstelle Nauen

Kaiserliche Marine, Hugo von Pohl. Nach offiziellen Angaben gewährleistete der in diesen Jahren in Betrieb genommene Knallfunkensender bei 10 Kilowatt Sendeleistung die Funkverbindungen mit der damaligen deutschen Kolonie in Togo.

Zu Beginn des ersten Weltkriegs wurde es dann offensichtlich: Die Großfunkstelle Nauen übernahm der deutsche Admiralstab.

Inzwischen hatte es weitere technische Entwicklungen gegeben. Ein Löschfunkensender, zuerst mit 35, später mit 100 Kilowatt Sendeleistung, löste den Knallfunkensender ab. Zu den erzeugten schwachgedämpften Schwingungen kam nun eine Tonfrequenz hinzu. Die Morsezeichen knarrten nicht mehr und hoben sich gut von anderen Störgeräuschen ab. Diese Art Sender nannte man deshalb Tonfunkensender, Toffsender oder Tönender Löschfunken. Und die Modernisierung ging weiter. Bald gelang es, ungedämpfte Wellen mit Hochfrequenzmaschinen zu erzeugen. In Nauen wurden Anlagen in Betrieb genommen, in denen Wechselstromgeneratoren hohe Frequenzen erzeugten. Die Leistung dieser Hochfrequenzmaschinensender lag bei 400 Kilowatt, sie dienten ausschließlich dem Marinefunkverkehr.

Der Telefunken-Konzern, der an Marine- und Heeresaufträgen gut verdiente, installierte allein in den Jahren 1907 bis 1913 in Metz, Straßburg (Strasbourg), Köln und Graudenz (Grudziądz) sogenannte Festungsfunkstellen. Dazu verbreitete man das Gerücht, daß man im Falle einer feindlichen Belagerung die Funkverbindung mit dem Hinterland sichern wolle. In Wirklichkeit hielt man über sie die ständige Verbindung zu Luftschiffen und Agenten, die mit Aufklärungsaufgaben betraut waren. Von hier hörte man auch den gegnerischen Funkverkehr ab, warnte bei Luftangriffen und unterstützte den Feldfunkverkehr. Im Feldfunkbetrieb arbeiteten die Festungsfunkstationen nicht nur mit den Feldstationen zusammen, sondern übermittelten auch als Relaisstation Nachrichten an die Hauptfunkstelle in Königs Wusterhausen bei Berlin, die die Militärver-

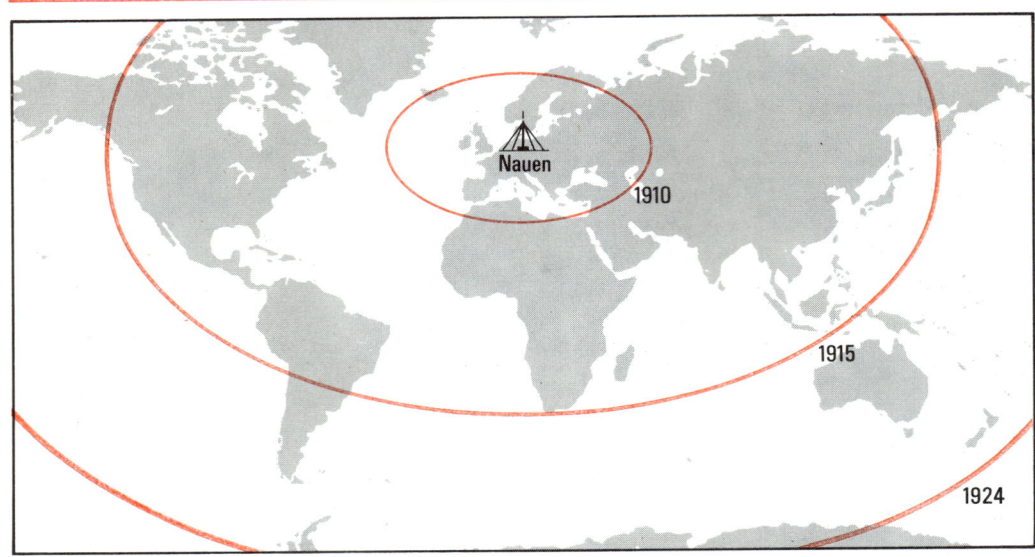

Funkverbindungsreichweiten der Großfunkstelle Nauen

waltung in den Jahren 1914 und 1915 errichten ließ. Große Festungsfunkstellen hatten als Antennenträger zwei bis drei Holzmasten von jeweils 80 Metern Höhe, verfügten in der Regel über zwei Sender mit je 5 Kilowatt Leistung und über 4 Empfänger.

Auch für die Luftschiffe lieferte Telefunken Geräte. Bis 1913 erhielten Heer und Marine 11 Luftschiffe. Damit besaß das deutsche Kaiserreich nicht nur die stärkste Luftflotte der Welt, sie war auch militärtechnisch am weitesten entwickelt.

Der Motorenlärm machte anfangs die Verständigung schwierig. Nachdem man jedoch für den Telegrafieempfang eine schallgedämpfte Kabine, einer Fernsprechzelle ähnlich, eingebaut hatte, änderte sich das. Der Sender mit der Bezeichnung Luftschiffschrankstation bestand aus einem Löschfunkensender mit 800 Watt Antennenleistung. Die Reichweite betrug mehrere 100 Kilometer. Damit waren die Zeppeline militärisch

auch für die Fernaufklärung einsetzbar. So gelang es von Nauen aus, das Zeppelinluftschiff L 59 aus der Gegend von Khartum (Ostafrika) über Funk zurückzubeordern. Die Funkstelle Nauen überbrückte damit eine Entfernung von etwa 4 500 Kilometern.

Bei den Fliegerkräften hatte der Telefunken-Konzern zunächst einige Schwierigkeiten zu überwinden. Der preußisch-deutsche Generalstab stand ohnehin dem Flugzeugeinsatz skeptisch gegenüber. Die deutschen Fliegerkräfte besaßen im Jahr 1912 gerade 48 Flugzeuge, die hauptsächlich als Aufklärungsmittel gedacht waren. Nun sollten sie Funkgeräte einbauen lassen. Verantwortliche kaiserliche Militärs äußerten jedenfalls gegenüber Funkingenieuren, daß man zu den Gefahren des Fluges an sich nicht auch noch die des elektrischen Hinrichtungsstuhls gesellen wolle. Erst 1917, nachdem sich die Militärs vom Nutzen der Funktelegrafie bei den französischen Maschinen überzeugt hatten, wurden in Deutschland die ersten Geräte in den Flugzeugen installiert.

Der Konzern rüstete auch die kaiserliche Armee aus.

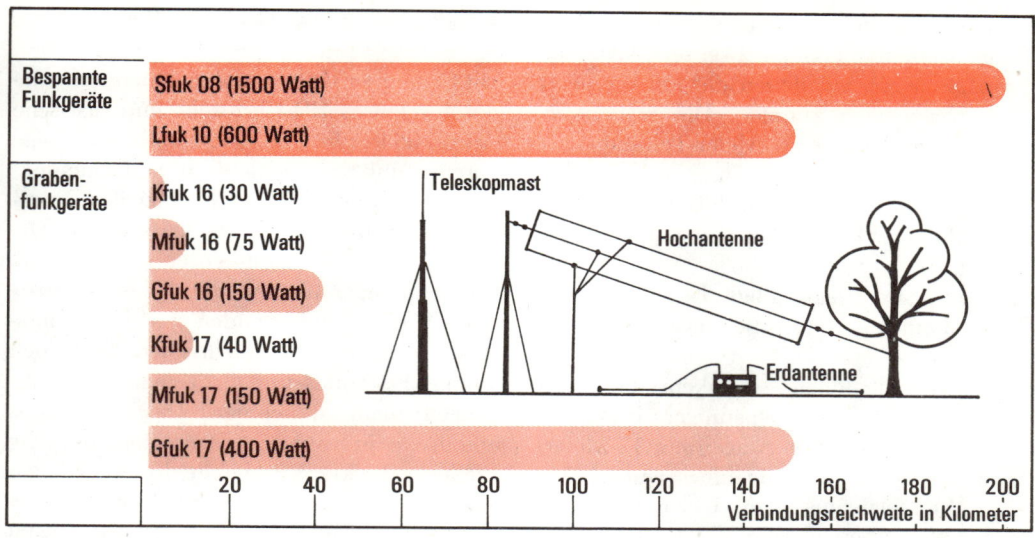

	Verbindungsreichweite in Kilometer									
	20	40	60	80	100	120	140	160	180	200

Bespannte Funkgeräte
- Sfuk 08 (1500 Watt)
- Lfuk 10 (600 Watt)

Graben-funkgeräte
- Kfuk 16 (30 Watt)
- Mfuk 16 (75 Watt)
- Gfuk 16 (150 Watt)
- Kfuk 17 (40 Watt)
- Mfuk 17 (150 Watt)
- Gfuk 17 (400 Watt)

Teleskopmast · Hochantenne · Erdantenne

Mobile Funkgeräte des kaiserlichen deutschen Heeres

Militärtelegrafisten wurden zuerst 1865 in den USA ausgebildet und in einem Signalkorps zusammengefaßt. 1870 folgten Rußland, später Schweden, Belgien, Großbritannien und Italien, während Deutschland und Frankreich besonders lange es dabei beließen, die Militärtelegrafie der Pioniertruppe zuzuordnen.

Eine in Deutschland 1887 entstandene Militärtelegrafenschule und die ihr seit 1896 als Telegrafenlehrkompanie unterstellte 5. Kompanie des Garde-Pionierbataillons unterstützten die Telegrafistenausbildung. Erst am 1. Oktober 1899 formierte man die Telegrafenbataillone 1 bis 3 in Berlin, Frankfurt/Oder und Koblenz. 1901 folgten eine bayrische Telegrafenkompanie, 1907 das Telegrafenbataillon 4 in Karlsruhe sowie Funkerkompanien. Die Funkerkompanien erhielten zunächst Lichtbogenfunkstationen mit Teleskopmasten, denen schon 1910 Löschfunkensender von Telefunken folgten. Von diesen Sendern entstanden zwei Haupttypen, schwere und leichtere. Die «schwere tönende Funkenstation» benötigte zwei sechsspännige Protzfahrzeuge, auf denen die Funker beim Marsch aufsitzen konnten. Die Station erbrachte mit einem 30-Meter-Teleskopmast und 1,5 Kilowatt Sendeleistung im Wellenbereich von 500 Meter bis 18 000 Meter bis zu 250 Kilometer Entfernung eine gute Verständigung.

Eine erste kriegsmäßige Erprobung der Telegrafentruppe fand bereits 1900/01 in China statt.

Die «leichte tönende Funkenstation» benötigte nur ein sechsspänniges Protzfahrzeug, auf dessen Hinterwagen ein 17-Meter-Mast schrägliegend mitgeführt wurde. Mit einer Sendeleistung von 1 Kilowatt und einem Wellenbereich von 300 bis 1 000 Meter konnten 120 Kilometer überbrückt werden. Bei dieser Station waren die Funker beritten.

Im Jahre 1911 wurden das bayrische, 1912 das Telegrafenbataillon 5, 1913 die Telegrafenbataillone 6 und 7 sowie ein zweites bayrisches Bataillon und 8 Festungstelegrafenkompanien geschaffen. Aus diesen Truppenteilen, die eine Friedensstärke von 550 Offizieren und 5 800 Mann hatten, wurden zu Beginn des ersten Weltkriegs Feldverbände mit einer Gesamtstärke von 800 Offizieren und 25 000 Mann aufgestellt, die sich während des Krieges auf über 4 000 Offiziere und 185 000 Mann Nachrichtenpersonal erhöhte. Außerdem verfügte jedes Armeeoberkommando, jede Kavalleriedivision und jeder höhere Kavallerieoffizier über mobile Funkgeräte.

Doch die Telegrafietechnik allein war noch keine Garantie für sichere Nachrichtenverbindungen. Sie mußte zielgerichtet, zweckmäßig und vom Gegner unbemerkt zum Einsatz kommen. Und das gelang im ersten Weltkrieg nicht immer.

Einfälle und Reinfälle

Mit Erstaunen stellten in den ersten Kriegstagen des Jahres 1914 britische und russische Funkaufklärer fest, daß sie nicht in der Lage waren, Funksprüche deutscher Marinefunkstellen aufzunehmen. Nach offiziellen Angaben hatten die Schiffe der kaiserlichen Marine tönende Löschfunkensender an Bord. Als Empfänger dienten die Typen «Muze» und «Maze». Sie bestanden aus einem einfachen Detektor mit Lautsprecher. Und doch konnte die Aufklärung die Telegrafieübertragungen nicht aufnehmen. Das Geheimnis enträtselte in wenigen Tagen der russische Elektrotechniker Schulejkin. Er ging davon aus, daß die Deutschen vom Senden gedämpfter zu ungedämpften Schwingungen übergegangen waren, und schloß an einen Empfänger einen elektromechanischen Unterbrecher, einen Ticker, an. Dadurch wurde der deutsche Marinefunkverkehr wieder abhörbar. Später erfuhr man, daß der dänische Physiker und Hochfrequenztechniker Valdemar Poulsen schon 1903 einen Lichtbogensender konstruiert hatte, der ungedämpfte Schwingungen erzeugte. Im Auftrag des Reichsmarineamts hatte der Telefunken-Konzern die großen Kriegsschiffe zusätzlich mit diesem Sender ausgerüstet. Die Marineführung ließ sie jedoch versiegeln und nahm sie erst zu Beginn des Krieges — zehn Jahre nach ihrer Erfindung — in Betrieb. Die kaiserlichen Offiziere waren sich ihres Geheimnisses so sicher, daß sie die Funksprüche anhand des üblichen Flottensignalbuchs verschlüsseln ließen. Dieser Leichtsinn blieb nicht ohne Folgen!

Am 24. August 1914 lief ein deutscher Schiffsverband, bestehend aus den kleinen Kreuzern «Augsburg» und «Magdeburg» sowie einigen kleineren Schiffen, aus dem Raum Gotland in den Finnischen Meerbusen aus. Er sollte russische Schiffsvorposten angreifen. Ein Minenfeld, vom Minenleger

Löschfunkensender
Rechts neben dem Meßgerät die unterteilte Funkenstrecke

«Deutschland» ausgelegt, mußte umfahren werden. Dazu kamen Dunkelheit und aufkommender Nebel. So kam es, daß die «Magdeburg» den Kontakt zum Verband verlor und mit dem Torpedoboot «V 26» allein weiterlief. Plötzlich durchlief den Kreuzer ein harter Stoß. Er saß auf Grund fest. Die Kriegstagebuchnotiz lautete: «Um 21.00 Uhr, am 26. 8. 14 auf der Position 50° 18′ N, 23° 21′ E vor der Insel Odensholm aufgelaufen. Freikommen mit Bordmitteln nicht möglich.»

Auf der Insel Odensholm, die zum zaristischen Rußland gehörte, befand sich eine Signalstation. Man befürchtete, daß diese über Funk in der Nähe befindliche russische Flottenkräfte herbeirufen könnte. Tatsächlich erschienen am Morgen des folgenden Tages die russischen Panzerkreuzer «Bogatyr» und «Pallada» sowie einige Torpedoboote vor der Insel. Sie eröffneten sofort das Feuer. In die-

ser aussichtslosen Lage befahl der Kommandant der «Magdeburg», Korvettenkapitän Habenicht, den Kreuzer zu sprengen. Vorher verbrannte der Wachoffizier alle Geheimdokumente. Das Signalbuch, das bleibeschwerte Einbanddeckel hatte, wurde vom Funkobermaat Neuhaus, entsprechend der Vorschrift, über Bord geworfen. Es fiel nur wenige Meter tief auf den Meeresboden. Russische Taucher holten es heraus und übergaben eine Kopie den verbündeten Briten. So gelang es sowohl im russischen Flottenstab in Petersburg als auch in der britischen Admiralität, die getarnten Funksprüche der deutschen Flotte mitzulesen.

Kaum ein Jahr nach diesem Vorfall erhielt der Kommandant des Hilfskreuzers «Meteor» den Befehl, vor Schottland in einer Firth of Moray genannten Bucht Minensperren zu legen. Alles sollte streng geheim vor sich gehen. Mit über 400 Seeminen an Bord stach die «Meteor» von Wilhelmshaven aus in See. In der Nacht vom 7. zum 8. August durchbrach sie unbemerkt zwei von Torpedobootzerstörern und bewaffneten Fischdampfern gebildete Bewachungslinien und verlegte die ersten Minensperren im Fahrwasser der Bucht. Plötzlich tauchte eine bewaffnete Dampfjacht auf, die Erkennungssignale forderte. Beim Ausweichmanöver ging viel Zeit verloren, und die kurze Augustnacht reichte nicht mehr aus, die Sperrung des Fahrwassers zu vollenden. Das Schiff mußte den Rückmarsch antreten. Dabei passierte es, ohne bemerkt zu werden, nochmals den Sperrgürtel. Gegen 8.00 Uhr stieß die «Meteor» überraschend auf den schnellen Hilfskreuzer «The Ramsey», den sie aus nächster Nähe mit Granaten und Torpedos versenkte. Am Abend glaubte der Kommandant, Korvettenkapitän von Knorr, einen genügenden Vorsprung zu haben, um eine Funkmeldung absetzen zu können. Der Funkspruch enthielt aber viele Schlüsselfehler, so daß Rückfragen kamen und wieder-

Leichter Kreuzer «Magdeburg» vor Odensholm gestrandet

holt werden mußte. Aus diesem mit Wilhelmshaven geführten Funkverkehr erkannte die britische Funkaufklärung, was sich in der Bucht abgespielt hatte. Außerdem konnte durch Funkpeilung der Rückmarschkurs der «Meteor» ermittelt werden. Starke britische Flottenkräfte begannen die Jagd auf das Schiff, das in der folgenden Nacht noch zwei weitere Funksprüche absetzte. Gegen Morgen sah sich das deutsche Schiff vor Horns Riff durch vier britische Kreuzer gestellt. In Anbetracht der gegnerischen Überlegenheit befahl der Kommandant, den Hilfskreuzer zu versenken. Die Besatzung konnte sich auf in der Nähe befindliche neutrale Fischereifahrzeuge retten.

Auch dieser Fall zeigte, welche ernsten Mängel es im Funkbetriebsdienst der kaiserlichen Marine gab. Dabei hätte der Vorfall mit der «Magdeburg» zu Überlegungen Anlaß geben sollen, denn schon am Abend nach ihrer Sprengung hatte der Befehlshaber der kaiserlichen Ostseestation auf Grund eines eingegangenen Funkspruchs die Marineführung darauf hingewiesen, daß das Signalbuch wahrscheinlich dem Gegner in die Hände gefallen sei. Unfähig oder leichtfertig, die Marineführung nahm davon keine Kenntnis. Sorglosigkeit kennzeichnete auch den nächsten Vorfall.

Der Dampfer «Punga», gebaut in Hamburg, war ein neues, schnelles Schiff. Im Auftrag der Ostafrikanischen Fruchtkompanie sollte der 3 600-Bruttoregistertonnen-Frachter Bananen aus den afrikanischen Kolonien nach Deutschland bringen. Doch am 4. September 1915 stellte man ihn als Hilfskreuzer «Möwe» in Dienst. Man bewaffnete ihn mit vier 150-mm-Schnellfeuerkanonen im Vorschiff, einer 105-mm-Schnellfeuerkanone am Heck, zwei 500-mm-Torpedorohren mit 12 Torpedos und 500 Minen. Austauschbare Blechaufbauten, Verkürzungen der Masten, falsche Schornsteine und andere Veränderungen sollten je nach Wunsch der «Möwe» das Aussehen von drei verschiedenen gegnerischen Handelsschiffen geben. Am 29. Dezember, einem kalten Wintertag, lief der Hilfskreuzer unter dem Kommando von Korvettenkapitän Graf Dohna zu seiner ersten Fahrt aus. Er umging feindliche Kriegsschiffe und legte, als Handelsschiff getarnt, Minen an der Nordküste von Großbritannien und in der Biskaya, versenkte Frachtschiffe im Atlantik, kreuzte zwischen Lissabon und Madeira und kehrte im März 1916 «ohne Zwischenfälle», wie es im Kriegstagebuch hieß, in die Heimat zurück.

Wie der Kommandant nach seiner Rückkehr großmäulig in einem Vortrag in Breslau (Wrocław) erläuterte, war das möglich, weil ihm Standorte und Kurse der britischen Blockadeschiffe von der Funkpeilstelle Helgoland laufend übermittelt worden seien. Er hätte diese Funksprüche sehr gut durch eigene Funkbeobachtungen ergänzen und dadurch rechtzeitig dem Gegner ausweichen können. Dieses militärische Geheimnis wurde aber nicht nur im Vortrag ausgeplaudert, sondern in Schlagzeilen auch noch durch das «Hamburger Fremdenblatt» ver-

Empfangsgerät als Funkaufklärungsanlage (ohne Antenne)

Funkaufklärung
Aufklärung, die mit dem Ziel geführt wird, Angaben über den Gegner durch Abhören und Auswerten seiner Funkübertragungen sowie durch Anpeilen von arbeitenden Funkstellen einzuholen.

breitet. Natürlich erfuhr auch die britische Admiralität von den Möglichkeiten der Deutschen. Schon im darauffolgenden Monat hatte sich der britische Funkverkehr grundlegend verändert. Jetzt sendete man mit größerer Vorsicht. Gleichzeitig wurde damit begonnen, in allen Teilstreitkräften die Funkaufklärung als neues, selbständiges Gebiet der Aufklärung umfassend auszubauen.

Elektronische Detektive

Die Funkaufklärung hatte die Aufgabe, vom Gegner abgestrahlte Morsezeichen aufzufangen und festzuhalten. Besonders ausgebildete Auswerter setzten aus den aufgenommenen Zeichen Funksprüche zusammen. Wurden sie unverschlüsselt, im Klartext, übertragen, war ihr Inhalt leicht zu verstehen, sofern der Auswerter die erforderliche Fremdsprache beherrschte. Doch auch verschlüsselte Funksprüche enthielten für versierte Fachleute viele Informationen. Manchmal war es sogar möglich, in den gegnerischen Kode einzudringen. Der jeweils erste Schritt war aber immer, die Betriebsfrequenz des Senders, die weitgehend geheimgehalten wurde, festzustellen. Ein Funker suchte dazu mit veränderlicher Abstimmung seines Funk- oder speziellen Aufklärungsempfängers so lange den gegnerischen Frequenzbereich ab, bis er einen arbeitenden Sender gefunden hatte.

Dann nahm er die gehörten Morsezeichen auf. Die Tätigkeit der Aufklärungsfunker, der elektronischen Detektive, konnte vom Gegner nicht festgestellt werden. So handelte auch die britische Armeefunkaufklärung. Sie begann damit ihre Tätigkeit im August 1914 mit einem klapprigen Armeekraftwagen. Er stand im Rathauspark der kleinen französischen Stadt Le Cateau. Im Inneren des kastenförmigen Aufbaus saßen Aufklärungsfunker des britischen Expeditionskorps und hörten Funksprüche deutscher Heereseinheiten ab. Die aufgefangenen Funksprüche wurden sofort dem britischen Hauptquartier übermittelt. Die Ergebnisse der Funkaufklärung waren so beeindruckend, daß es innerhalb eines Monats den elektronischen Detektiven voll vertraute. Sehr bald setzte man weitere Abhörwagen in Nordfrankreich ein. Doch die Funkaufklärung wurde auch in anderer Hinsicht wirksam. Am 31. Mai 1915 krachten Bomben, stöhnten Verwundete, sanken Häuser in Schutt und Asche, erlebte London seinen ersten Zeppelinluftangriff. Bis zum November 1915 wurden 50 Einsätze gegen englische Städte geflogen. Ein großer Teil der Luftschiffe erreichte jedoch nicht ihr Ziel. Nach einer Atempause, die durch das schlechte Wetter bedingt war, wurden die Angriffe vom Februar bis November 1916 fortgesetzt. Dann sah sich die deutsche Seite zur Einstellung der Luftangriffe gezwungen, denn die Verluste waren zu groß. Inzwischen hatte die britische Luftabwehr ein wirksames System von Flakzonen, Licht- und Ballonsperren, Flugmelde- und Beobachtungsposten sowie von Flugzeugstaffeln geschaffen. Auch die Funkaufklärung half, die Bevölkerung zu schützen. Die deutschen Luftschiffe wurden nach vereinbarten Peilzeichen von Stationen an der niederländischen und belgischen Kanalküste angepeilt, um ihren Standort zu ermitteln. Britische Funker hörten die Zeichen mit und trugen die Bewegungsrichtungen der Zeppeline in ihre Karten ein. Überflogen sie die Straße von Dover, konnten Luftschutzzentralen durch Sirenenzeichen die Bevölkerung warnen.

Die Erfolge der britischen Armeefunkaufklärung ermutigten die Admiralität, ein umfassendes Marinefunkaufklärungssystem aufzubauen.

Die Ketten der Admiralität

Im ersten Weltkrieg hatte die britische Flotte vorrangig den Schutz der aus Übersee mit Versorgungsgütern und Rohstoffen kommenden verbündeten Schiffe vor deutschen U-Booten zu garantieren. Eine weitere Aufgabe bestand darin, die deutsche Hochseeflotte am Verlassen der Nordsee zu hindern. Um die britischen Flottenkräfte dabei zu unterstützen, ließ die Admiralität mehrere Funkaufklärungs- und Funkpeilketten errichten. Die erste, genannt «Admiralität B», umfaßte 14 Funkpeilstationen und Funksender. Sie unterstützte die Navigation britischer Marineluftschiffe, die, auf der Suche nach meist aufgetaucht fahrenden deutschen U-Booten, ununterbrochen die Ost-, West- und Südküste der Inseln abflogen. Die Stationen der «Admiralität B» nahmen die Signale der Luftschiffe beim Sichten deutscher U-Boote auf und leiteten die Standorte an britische Torpedobootzerstörer weiter. Auf diese Weise konnten sie die U-Boote erfolgreich bekämpfen.

Eine weitere Kette «Admiralität X» besaß 8 Funkaufklärungs- und Funkpeilstationen. Sie hatten die deutschen U-Boote anzupeilen, wenn diese ihre Standort- und Erfolgsmeldungen zum Heimathafen Hamburg sendeten. Das Einpeilen verlief verhältnismäßig einfach. Die U-Boote verfügten über lei-

Zeppelin beim Luftangriff über London

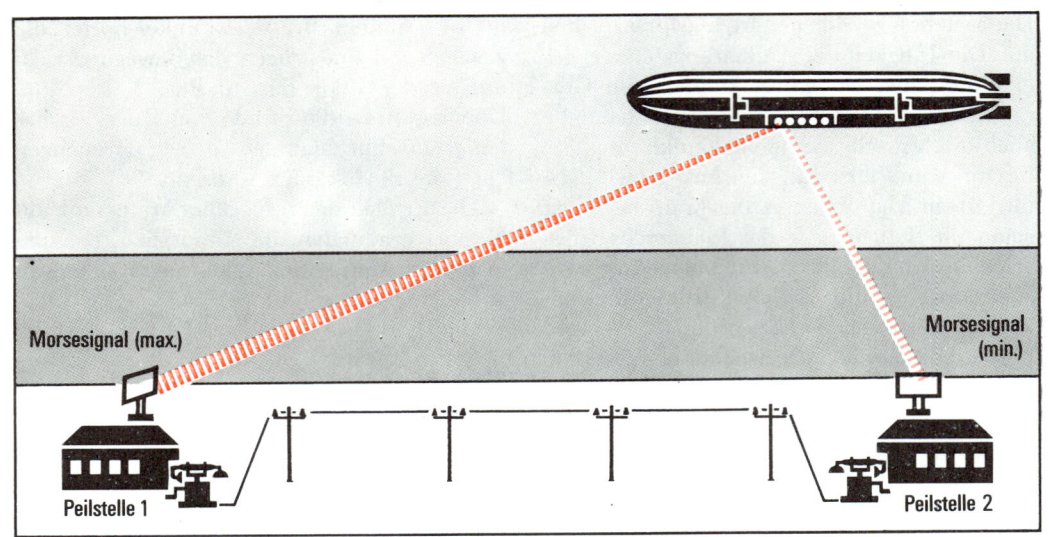

Standortbestimmung mit ortsfesten Landpeilstellen

Langwellen (LW)	20 000 bis 5000	15 bis 60	16 bis 25	am Tage		
				in der Nacht		
	5000 bis 200	60 bis 1500	100 bis 750	am Tage		
				in der Nacht		mehrere tausend
Kurzwellen (KW)	unterhalb 100	oberhalb 3000	nicht verwendet			
Bezeichnung	Wellenlänge in Meter	Frequenz in Kilohertz	Am meisten benutzte Betriebs- frequenzen in Kilohertz	500	1000	2000
					Verbindungsreichweite in Kilometer	

Aufteilung der Frequenzbereiche und Verbindungs-
reichweiten im ersten Weltkrieg

stungsstarke Sender. Durch die günstige Wellenausbreitung war in der Nacht der zweiseitige Funkverkehr auf 750 Kilohertz zwischen den U-Booten und den deutschen Küstenfunkstellen über große Entfernungen hinweg abhörbar. Als Antenne benutzten die U-Boote ihre Netzabweiser, starke, isolierte Stahlseile, die von vorn nach achtern über den ganzen Bootskörper verliefen. Später dienten als Antennenträger auch umlegbare Masten. Das Senden und Empfangen von Funksprüchen auf den U-Booten war zunächst nur in der Überwasserlage möglich. Doch bei ihren Einsätzen stellte man fest, daß die von der Großfunkstelle Nauen gleichzeitig abgestrahlten Frequenzen zwi-

Antennenanlage auf einem hochseefähigen U-Boot

Blick in den Funkraum eines U-Bootes

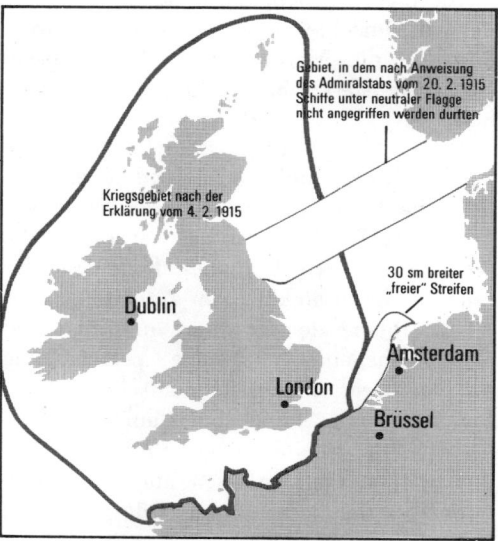

Das Kriegsgebiet um die Britischen Inseln

Innerhalb der Karte:

Gebiet, in dem nach Anweisung des Admiralstabs vom 20. 2. 1915 Schiffe unter neutraler Flagge nicht angegriffen werden durften

Kriegsgebiet nach der Erklärung vom 4. 2. 1915

30 sm breiter „freier" Streifen

Dublin

London

Amsterdam

Brüssel

schen 16 und 25 Kilohertz nicht nur aufgetaucht, sondern auch in der Unterwasserlage bis zu 30 Meter Tauchtiefe gut zu empfangen waren. Dieser Vorteil wurde von den Deutschen sofort genutzt, um gedeckt Einsatzbefehle des Flottenchefs an getauchte U-Boote zu übertragen. Wurden Meldungen an die deutschen Küstenfunkstellen abgesetzt, mußten die U-Boote allerdings nach wie vor auftauchen. Das Wasser absorbierte die von den Funksendern in der Unterwasserlage abgestrahlten elektromagnetischen Wellen zu stark. Diesen Umstand nutzte die Kette «Admiralität X» geschickt aus, um die U-Boote aufzuklären.

Mit der dritten aus 6 Funkaufklärungs-

und Funkpeilstationen bestehenden Kette überwachte man den Funkverkehr der deutschen Hochseestreitkräfte. Sie hatten bisher vornehmlich die Deutsche Bucht zu sichern. Zu diesem Zweck befand sich etwa die Hälfte im Vorpostendienst auf der Reede von Cuxhaven, vor der Weser- oder Jademündung, vor der Ems und im Helgoländer Hafen. Die übrigen Schiffe lagen im Hafen, auf der Innenreede von Wilhelmshaven und Brunsbüttel. Da keine Aussicht bestand, durch Kleinkriegführung die Kräfte in der Nordsee auszugleichen, und zudem die Lage der Mittelmächte immer schwieriger wurde, beschloß die Marineleitung, die Hochseestreitkräfte stärker in den Angriff einzubeziehen.

Ende Mai 1916 berichteten britische Agenten über Funk nach London, daß die deutsche Flotte wahrscheinlich noch innerhalb einer Woche auslaufen werde. Für die britischen Funkpeilstationen bedeutete das erhöhte Wachsamkeit. Am Nachmittag des 30. Mai bemerkten sie dann auch im Raum Wilhelmshaven eine leichte Verschiebung der Standorte arbeitender deutscher Schiffsfunkstellen. Das Mitzeichnen auf einer Seekarte ergab, daß die deutschen Schiffskräfte ihren Stützpunkt verlassen und Ankerpositionen in der Jademündung eingenommen hatten.

John Rushworth Jellicoe, Oberbefehlshaber der britischen Grand Fleet, der Hochseeflotte, erhielt vom Ersten Seelord den Befehl, mit seinen Kräften in Richtung auf die Deutsche Bucht in See zu stechen. Die Funkaufklärung hatte ihm einen Zeitvorteil von zweieinhalb Stunden geschaffen. Zu diesem Zeitpunkt wußte die deutsche Flottenleitung noch nichts vom Auslaufen der britischen Flotte. Die ersten Informationen darüber erhielt Vizeadmiral Reinhard Scheer, Chef der deutschen Hochseeflotte, am 31. Mai, 06.37 Uhr, durch Funksprüche zweier U-Boote, die vor der Firth-of-Forth-Bucht la-

Gruppierung	Britische Flotte	Deutsche Flotte
Aufklärungsgruppen		
Linienschiffe (Dreadnoughts)	4	6
Schlachtkreuzer	6	5
Seeflugzeugträger	1	0
Kleine Kreuzer	14	5
Zerstörer	27	30
Schlachtflotten		
Linienschiffe (Dreadnoughts)	24	16
Ältere Linienschiffe	0	6
Schlachtkreuzer	3	0
Panzerkreuzer	8	0
Kleine Kreuzer	12	6
Zerstörer	50	31

gen, doch da tobte bereits im nordöstlichen Teil der Nordsee, zwischen der Nordküste von Jütland, der Südküste von Norwegen und der Westküste des südlichen Schwedens, die größte Seeschlacht des ersten Weltkriegs, die später unter dem Namen Skagerrakschlacht in die Geschichte einging. An ihr nahmen die wichtigsten Linienkräfte der britischen und deutschen Flotte teil.

Das kaiserliche Deutschland wollte mit ihr den Kriegsverlauf zu seinen Gunsten verändern, die britische Hochseeflotte zerschlagen und die Freiheit der eigenen Handlungen sichern. Später wollte man durch eine uneingeschränkte Seeblockade Großbritannien niederzwingen. Diese Ziele erreichte es jedoch nicht. Großbritannien ging es darum, die bestehenden Machtverhältnisse auf See in seinem Interesse weiter zu erhalten und die Seeblockade gegen Deutschland zu verstärken. Das wurde durch die Seeschlacht im wesentlichen ermöglicht.

Strategische Ergebnisse brachte die Skagerrakschlacht nicht. Beide Seiten nahmen jedoch unter großem propagandistischem

Aufwand den Sieg für sich in Anspruch. Entschieden wurde der erste Weltkrieg an der Landfront.

Musik und Sprache über Ätherwellen

Die überwiegende drahtlose Übertragungsart während des ersten Weltkriegs war die Telegrafieübertragung, der Tastfunk. Er wurde in allen Armeeteilen verwendet. Daneben gab es nicht wenige Versuche, auch Musik oder menschliche Sprache drahtlos über Ätherwellen zu übertragen. Sinnvoll wurden solche Experimente erst nach der Erfindung der Elektronenröhre. Der Amerikaner Lee de Forest entwickelte 1906 die Dreielektrodenröhre, Triode, die die Grundlage der Radioröhrentechnik bildete. Für einen Röhrengenerator, der ungedämpfte Schwingungen erzeugte, erhielt 1913 der österreichische Physiker Alexander Meißner das Patent. Er erfand auch die nach ihm benannte Rückkopplungsschaltung von Elektronenröhren.

Am 16. November 1919 führte dann der damalige Ministerialdirektor, Dr. Hans Bredow, in einem öffentlichen Vortrag die drahtlose Musikübertragung vor. Dabei prägte er die Bezeichnung Rundfunk. Ein vom Telegrafentechnischen Reichsamt zusammengestellter Röhrensender übermittelte Sprache und Musik, die mit einem Lautsprecher hörbar gemacht wurden. Von 1920 an verbreitete die Deutsche Reichspost über einen ihrer Sender in Königs Wusterhausen Testunterhaltungssendungen, und am 23. Oktober 1923 wurde dann die erste öffentliche Unterhaltungssendung übertragen. Die Nachkriegszeit und schließlich die Inflation machte den Kauf eines Rundfunkgerätes für die meisten unerschwinglich. So fehlte es den zahlreichen Firmen, die Geräte produzierten, an Käufern. Deshalb bot die Industrie billige Detektorempfänger an. Trotzdem

waren in den Jahren 1924/25 etwa die Hälfte aller betriebenen Radiogeräte selbstgebaut. Wer ein anspruchsvolleres Gerät kaufen wollte, mußte einen Röhrenempfänger erwerben, der wesentlich mehr kostete.

Für das rasche Ausbreiten des Rundfunks in Deutschland sorgten Ortsempfänger, billige Geräte mit zwei bis drei Radioröhren. Mit ihnen konnte man den nächstliegenden Sender gut hören. Geräte für den Fernempfang mit vier bis sechs Röhren konnten sich nur wenige leisten. In Frühjahr 1928 verfügte Deutschland über 23 Rundfunksender, die im Wellenbereich zwischen 500 und 1 500 Kilohertz ihre Programme abstrahlten. Die Sender hatten zunächst alle eine Leistung von 700 Watt. Für die Sender Berlin, Breslau, Frankfurt a. Main, Hamburg, Königsberg, Leipzig, München, Stuttgart, Nürnberg und Köln erhöhte man die Sendeleistung auf 4 Kilowatt, während der sogenannte Rheinlandsender in Langenberg 50 Kilowatt abstrahlte. Außerdem errichtete Telefunken in Königs Wusterhausen den Deutschlandsender mit 80 Kilowatt Sendeleistung. Auf 240 Kilohertz verbreitete er die Programme der «Deutschen Welle G.m.b.H» sowie Abendprogramme der übrigen deutschen Rundfunkgesellschaften.

Als die Faschisten in Deutschland an die Macht kamen, nutzten sie den Rundfunk bewußt als propagandistisches Mittel. Noch 1933 lief die Produktion eines einheitlichen, einfachen Einkreisempfängers an, des Volksempfängers VE 301, der zu 76 Reichsmark auf den Markt kam und in jedem Haushalt stehen sollte. Mit diesem Gerät konnte man den nächstgelegenen «Reichssender» auf Mittelwelle und den Deutschlandsender auf Langwelle hören. Der Empfang ausländischer Sender war unerwünscht, im zweiten Weltkrieg wurde er sogar mit der Todesstrafe geahndet!

Als die von der Naziführung erwartete große Nachfrage nach den Volksempfängern

Serie der Volksempfänger

ausblieb, senkte man den Verkaufspreis 1936 auf 65 Reichsmark. Schließlich kamen 1938 ein verbesserter Typ mit elektrodynamischem Lautsprecher (VE dyn) sowie ein noch billigerer Empfänger, der «Deutsche Klein-Empfänger DKE 38», für 35 Reichsmark in den Handel. Die Millionenauflage dieser Typen sicherte der Rundfunkindustrie trotz des geringen Preises hohe Profite.

Auch in anderen Ländern nahm der Rundfunk in den zwanziger Jahren eine stürmische Entwicklung. In den Vereinigten Staaten von Nordamerika vollzog sie sich ohne Zutun der Regierung. In rascher Folge entstanden so Tausende Rundfunksender, die ein einziges Wellenchaos verursachten. Deshalb wurden Regeln eingeführt, ähnlich dem deutschen Rundfunksendenetz, und ein zentraler Rundfunküberwachungsausschuß, die Federal Radio Commission, gebildet. Wollte man von nun an einen Rundfunksender betreiben, mußte man die Genehmigung dieser Kommission einholen. 1928 wurde

die Zahl der Rundfunkteilnehmer auf mindestens 6,5 Millionen geschätzt.

Privatfirmen bauten auch in Frankreich die ersten Rundfunkanlagen, doch in der Programmgestaltung unterlagen die zwei Sender in Paris und die in Lyon, Marseille, Toulon und Bordeaux der staatlichen Kontrolle.

In Japan überwachte das Verkehrsministerium den Rundfunk. Drei private Rundfunkgesellschaften, die sich zu der Broadcasting Corporation of Japan zusammengeschlossen hatten, errichteten 11 Sender. Sie teilten sich in Rundfunksender für Entfernungen bis zu 160 Kilometer auf Frequenzen zwischen 780 und 833 Kilohertz sowie in Sendeeinrichtungen bis 30 Kilometer Entfernung um 1300 Kilohertz.

In Großbritannien legte die Regierung den Betrieb und die Programmgestaltung in die Hände der British Broadcasting Corporation, kurz BBC genannt. Der Gesellschaft gehörten Fabrikanten an, die Rundfunkapparate produzierten, und Großhändler. Der Staat hatte in ihrem Aufsichtsrat keine Stimme und war auch nicht an ihr beteiligt. Die BBC errichtete 20 Rundfunksender und eine Großsendestelle in Daventry, die Ende der zwanziger Jahre 2,5 Millionen Hörer hatte.

Die österreichische Regierung übertrug das Senderecht an die Radio-Verkehrs-A.G. (Ravag) in Wien. Mit sechs Rundfunksendern hatte die Ravag 1925 rund 285 000 Zuhörer.

Ähnliche Organisationsformen entwickelten sich in der Schweiz, in Italien, in Polen, in Schweden, in Norwegen und anderen Ländern.

Der Übergang von Funken- und Maschinensendern zu Sendern mit Röhrengeneratoren leitete eine neue Entwicklung der Funk- und Rundfunktechnik ein und gestattete es, Kurzwellenübertragungen einzuführen.

In jenen Jahren glaubte man felsenfest, daß die Kurzwellen für Fernverbindungen völlig ungeeignet seien, denn man hatte es bereits auf verhältnismäßig kurzen Entfernungen vergeblich versucht. Die Funkamateure bewiesen jedoch das Gegenteil.

Nach dem ersten Weltkrieg war in den USA ein großer Bestand an Funkgeräten vorhanden, die die Armee an Funkamateure verkaufte. Um den Betrieb kommerzieller Funk- und Rundfunkstationen nicht zu stören, durften sie jedoch nur auf Frequenzen über 1 500 Kilohertz arbeiten. So kam es,

daß in der Anfangszeit des Rundfunks diese Amateure die Möglichkeiten der Kurzwellenverbindungen anschaulich demonstrierten. Im Gegensatz zu den Rundfunksendern mit ihren gewaltigen Leistungen überbrückten sie mit wenigen Watt riesige Entfernungen.

Man untersuchte die Kurzwellenübertragung näher und stellte fest, daß nach einer «toten Zone», in der nichts zu empfangen war, ausgestrahlte Kurzwellensignale wieder hörbar wurden. Schon 1902 hatte der Wissenschaftler O. Heaviside in Großbritannien vermutet, daß es in der Hochatmosphäre eine besonders stark ionisierte Schicht gibt, die einfallende elektromagnetische Wellen wieder zur Erde reflektiert. Das konnte nun nachgewiesen werden.

War während des ersten Weltkriegs die drahtlose Telegrafie die vorwiegende Übertragungsart, so trat Mitte der zwanziger Jahre der Rundfunk an die erste Stelle. Er sendete auf Mittel- und Langwellen und nutzte die Kurzwellenverbindungen mit Frequenzen von 3 750 bis 30 000 Kilohertz.

Gleichzeitig wurden mit noch höheren Frequenzen Echoversuche durchgeführt, um die Höhe der Atmosphäre zu bestimmen. Sie bildeten die Grundlage für ein völlig neues Gebiet der Funktechnik.

Das große Geheimnis Funkortung

Das Experiment am Rhein

Die über den Rhein führende Hohenzollernbrücke in Köln konnte am Vormittag des 18. Mai 1904 die zahlreich versammelten Menschen kaum fassen. Man kam mit Kind und Kegel. In Windeseile hatte sich in der Stadt die Nachricht verbreitet, daß ein interessantes Experiment stattfinden sollte. Vor einigen Tagen, hieß es, habe der Techniker Christian Hülsmeyer für eine Erfindung, das sogenannte Telemobiloskop, das Patent mit der Nummer 165 546 erhalten. Es ging um ein «Verfahren, entfernte metallische Gegenstände mittels elektrischer Wellen einem Beobachter zu melden».

In der Patentschrift hieß es: «Vorliegende Erfindung hat eine Vorrichtung zum Gegenstand, durch welche die Annäherung beziehungsweise Bewegung entfernter metallischer Gegenstände (Schiffe, Züge oder dergleichen) mittels elektromagnetischer Wellen einem Beobachter durch hör- oder sichtbare Signale gemeldet wird.»

Hülsmeyer, am 25. Dezember 1881 als Sohn eines Landwirts geboren, hatte ein Lehrerseminar absolviert und war nach Düsseldorf gezogen. Hier beschäftigte ihn nur die Aufgabe, wie man die Kollision von Schiffen vermeiden könne. Die zahlreichen Versuche von Hertz und Popow mit Radiowellen kannte er nicht. Er experimentierte, und schließlich funktionierte sein Telemobiloskop. Nun führte er es der gespannten Öffentlichkeit vor.

Auf dem Rhein näherte sich ein Schiff.

Unsichtbare Wellen wurden durch die vom Gerät ausgestrahlte elektromagnetische Energie am Schiff reflektiert, von einer kleinen Antenne aufgefangen, verstärkt und lösten einen Klingelton aus. Der schrille Ton verstummte erst, als der Dampfer den Meßbereich des Geräts von einigen 100 Metern wieder verlassen hatte.

Die Zuschauer auf der Rheinbrücke blieben skeptisch. Viele Journalisten machten sich danach in den Zeitungen über die Klingelei lustig. Professoren schüttelten die Köpfe. Auch Graf Arco, Direktor im Telefunken-Konzern, lehnte die Produktion des Geräts ab. Selbst die kaiserliche deutsche Marine äußerte kein Interesse. Der militärische Nutzen des Telemobiloskops war noch nicht offensichtlich!

Doch der Erfinder gab nicht auf. Anläßlich eines internationalen Schiffahrtkongresses in Rotterdam gelang es ihm, den Meßbereich des Geräts auf 3 Kilometer zu vergrößern. Aber selbst seine Voraussage, daß es bald möglich sein würde, sowohl das Vorhandensein als auch die Entfernung zu einem Schiff festzustellen, fand, abgesehen von einer kleinen Zeitungsnotiz, keine Beachtung. Dieselben bitteren Erfahrungen machte Hülsmeyer später in London und Paris.

Entmutigt und wegen fehlender finanzieller Mittel stellte er schließlich seine Arbeiten am Telemobiloskop ein und widmete sich fortan dem lukrativeren Kessel- und Apparatebau.

Auch ein anderer bekannter Erfinder wie

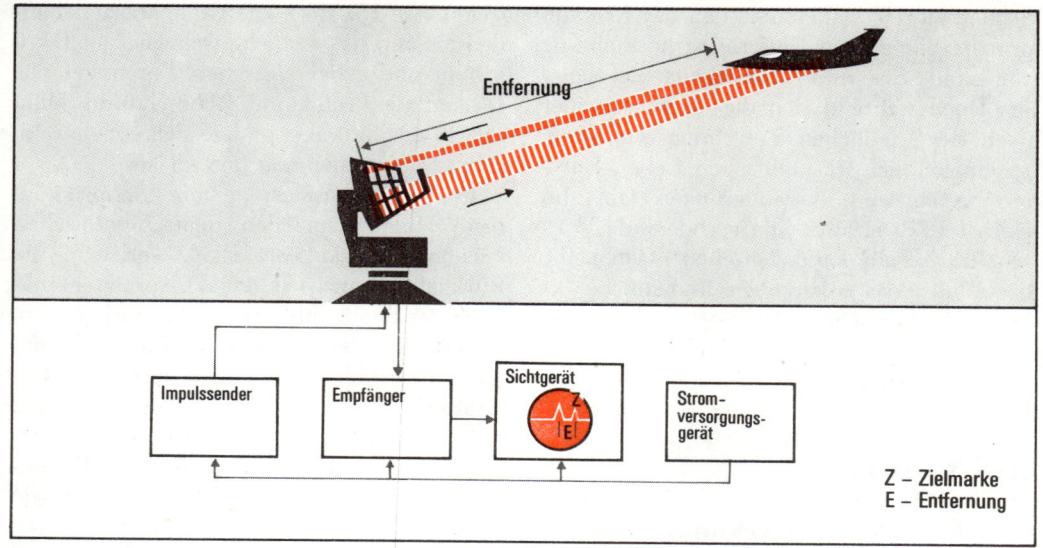

Entfernung

Impulssender | Empfänger | Sichtgerät | Stromversorgungsgerät

Z – Zielmarke
E – Entfernung

Echolotprinzip zur Entfernungsbestimmung

der in Großbritannien lebende Guglielmo Marconi, der für viele technische Lösungen zur drahtlosen Telegrafie mit dem deutschen Professor für theoretische Physik Karl Ferdinad Braun 1909 den Nobelpreis für Physik in Empfang nehmen konnte, hatte zunächst keinen Erfolg. Im Frühjahr 1922, während eines Vortrags im New Yorker Institute of Radio-Engineers griff Marconi die Idee der Ortung metallischer Körper mit unsichtbaren Wellen wieder auf. «Ich habe die Wirkungen von gebündelten hochfrequenten Wellen beobachtet und bin überzeugt, daß dieses Phänomen es uns ermöglichen wird, andere Schiffe in Dunkelheit und Nebel rechtzeitig festzustellen», führte er aus. Als geschäftstüchtiger und weitsichtiger Mann, er war Begründer und Generaldirektor der «Wireless Telegraph Company», unterbreitete Marconi den Marineministerien Großbritanniens und der USA Pläne zum Bau solcher Geräte, doch hergestellt wurden auch sie nicht.

Um das Jahr 1920 herum hatte man in

vielen Ländern begonnen, sich intensiv mit der Ausbreitung und Reflexion elektromagnetischer Schwingungen im Meterwellenbereich zu beschäftigen.

Der sowjetischen Wissenschaftler Wydschinski unternahm Reflexionsversuche mit Frequenzen um 79 Megahertz. Das Technisch-Physikalische Institut in Jena forschte mit 100 Megahertz. 1925 untersuchten die US-Amerikaner Breit und Tuve Schichten in der höheren Atmosphäre, die elektromagnetische Wellen reflektierten. Sie konnten sich dabei auf Aussagen von Heaviside stützen. Die US-Amerikaner strahlten Impulse mit einer Millisekunde Dauer ab. Die reflektierte Energie wurde von einer Antenne aufgenommen und einem unmittelbar neben dem Sender befindlichen Empfänger zugeführt. Man bestimmte die Laufzeit des Impulses über Sendung — Reflexion — Empfang und erhielt so bei bekannter Ausbreitungsgeschwindigkeit der elektromagnetischen Wellen die direkte Höhe der elektromagnetische Energie reflektierenden Schichten.

Unabhängig voneinander gelangten Wissenschaftler und Techniker in verschiedenen

Staaten zu der Auffassung, daß das Echolotprinzip sehr gut zur Entfernungsbestimmung von Land-, See- und Luftfahrzeugen geeignet sei. Doch während sich die Wissenschaftler noch der friedlichen Forschung widmeten, zeichneten sich im politischen Leben Europas gefährliche Veränderungen ab. Im Herbst 1929 erfaßte eine verheerende Wirtschaftskrise alle kapitalistischen Staaten. Sie beeinflußte das gesamte gesellschaftliche Leben. Die herrschende Klasse suchte nach Auswegen, die in Deutschland in den Faschismus mündeten.

Am Vorabend

Am 30. Januar berief Reichspräsident Paul von Hindenburg Hitler, den Führer der faschistischen Partei, zum Reichskanzler. Damit übernahm eine Partei die Macht, deren aggressives Programm den Interessen des deutschen Monopolkapitals am meisten entsprach. Die Militarisierung Deutschlands wurde forciert und eine mächtige militärökonomische Basis aufgebaut. Im Zentrum Europas entstand ein gefährlicher Kriegsherd. Das faschistische Regime entzog sich nach und nach den Beschränkungen, die der Versailler Vertrag Deutschland auferlegt hatte. Am 14. Oktober 1933 trat es aus dem Völkerbund aus und gliederte am 1. März 1935 das Saargebiet wieder an Deutschland an. Kurze Zeit später verfügte Hitler die Einführung der allgemeinen Wehrpflicht, zunächst auf ein Jahr. Doch schon wenige Wochen nach dem von Hitlerdeutschland und Mussolini-Italien mit Waffengewalt unterstützten Franco-Putsch in Spanien wurde sie im August 1936 auf zwei Jahre verlängert.

Am 1. März 1938 marschierte die faschistische Wehrmacht in Österreich ein, und im September 1938 wurde mit dem Münchener Abkommen die Tschechoslowakei gezwungen, das Sudetengebiet an Deutschland abzutreten. Am 15. März 1939 annektierte Hitlerdeutschland das restliche tschechische Territorium und errichtete einen Tag später das sogenannte Protektorat Böhmen und Mähren. In der Slowakei bildete sich ein slowakischer Marionettenstaat unter Tiso.

In einer Reichstagsrede vom 28. April kündigte Hitler dann den deutsch-polnischen Nichtangriffspakt von 1934, verlangte die Rückgabe Danzigs (Gdańsk), sprach Frankreich das Recht auf Elsaß und Lothringen ab, erklärte das deutsch-britische Flottenabkommen von 1935 für ungültig und forderte von Großbritannien die Rückgabe der Kolonien.

In jenen Jahren wurde in Deutschland der Bau militärischer Anlagen forciert, die Rüstungsausgaben stiegen. 1933 betrugen sie 7 Prozent des Volkseinkommens. Sie stiegen auf 21 Prozent im Jahre 1936 und auf 32 Prozent im Jahre 1938. Zu diesem Zeitpunkt standen bereits 52 Divisionen bereit. Der Bau von Unterseebooten wurde vorangetrieben. Außerdem liefen Schlachtschiffe, schwere Kreuzer und moderne Zerstörer vom Stapel. Bis zum 1. April 1937 war auch die Luftwaffe kampfbereit.

Obwohl die meisten Gelder in den Bau von Kanonen, Panzern, Flugzeugen und Kriegsschiffen flossen, wurde die Forschung und Erprobung zum elektromagnetischen Echolotprinzip streng geheim fortgesetzt. Denn die militärische Bedeutung war offensichtlich.

In Berlin hatte sich 1933 mit Mitteln der Marine die Firma GEMA-Gesellschaft für elektroakustische und mechanische Apparate m. b. H. etabliert. Nur wenige wußten, daß sich hinter dieser harmlos bezeichneten Firma ein Teil der deutschen Radarentwicklung oder, wie man sie hierzulande nannte, von Funkmeßgeräten, verbarg. Sie erhielten den Tarnnamen Dete-Gerät, Dezimeter-Telefonie. Fehlende finanzielle Mittel ermöglichten zunächst nur eine sehr bescheidene Forschung.

Bezeichnung	Freya	Seetakt	Würzburg-D-Gerät	Würzburg-Riese
Einführungsjahr	1939/40	1940	1940/41	1941
Ausführung	Land, ortsfest	Schiffsgerät	mobil	Land, ortsfest
Zweckbestimmung	Luftraum-beobachtung	Überwasser-beobachtung	Feuerleitung Flak	Feuerleitung Flak Jägerleitung
Betriebsfreqenz	125 MHz	375 MHz	560 MHz	560 MHz
Impulsleistung	10 kW	5 kW	8 bis 10 kW	8 kW
Ausmach-entfernung	Luftziele: 40 bis 75 km	Überwasserschiffe 8 bis 15 km	Luftziele maximal 40 km	Luftziele maximal 70 km
Impulsdauer	1,5 µs	1,5 µs	2 µs	2 µs
Entfernungsmeß-genauigkeit	2 bis 4 km	1 bis 2 km	25 bis 40 m	25 bis 40 m
Winkelmeß-genauigkeit	5 bis 10 Grad	3 bis 5 Grad	Seite: 05 bis 08 Str. Höhe: 0,45 bis 0,56 Grad	Seite: 1,7 bis 2,0 Str. Höhe: 0,1 Grad
Bedienung	1 Mann	1 Mann	4 Mann	6 Mann
Sichtgerät	Kathodenstrahl-röhre A-Darstellung	Kathodenstrahlröhre A-Darstellung	Kathodenstrahlröhre A- und B-Darstel-lung	Kathodenstrahlröhre A- und B-Darstel-lung
Anmerkung	ohne Kennungs-gerät	ohne Kennungsgerät	mit Kennungsgerät	mit Kennungsgerät

Die ersten Funkmeßgeräte des faschistischen Deutschlands

Freya Z-Stand

Anfang September 1937 ging ein Versuchsgerät der Firma GEMA, als Frachtgut getarnt, auf die Reise nach Pommern. Im großen Versuchsmanöver vom 15. bis 25. September, dem sogenannten Mussolini-Manöver, kam es als Freya-Gerät zum Einsatz. Seinen Standort erhielt es bei Swinemünde (Świnoujście), bedient wurde es durch eine Besatzung von Firmenangehörigen und der Marine. Bei der Zielsuche schwenkte man die Antenne des Geräts zusammen mit der Kabine, die man auf die Kreuzlafette einer 8,8-cm-Fliegerabwehrkanone montiert hatte. Dabei gelang es mehrmals, aus 70 bis 80 Kilometer Entfernung anfliegende Maschinen zu erfassen und sie an das Flugkommando in Swinemünde zu melden.

Im Sommer 1939 wurde auf der Nordseeinsel Wangerooge ein verbessertes Freya-Gerät stationiert. Der Geräteführer, ein Marineoffizier, sprach von einem «ortsfesten und beschränkt beweglichen Weitsuchgerät zum Suchen und Peilen von Luftzielen». Damit konnte zwar die Entfernung, nicht aber die Höhe eines Flugzeugs vermessen werden.

Maritimer Einsatz von Freya/Würzburg-Geräten auf
dem Nachtjagdleitschiff «Togo»

Die Antenne, die wie ein hochgestellter Rahmen aussah, nannten die Seeleute respektlos Matratze. Diese Bezeichnung bekam auch die Antenne der Bordvariante des Freya, die seit einiger Zeit im Vormars der großen deutschen Überwasserschiffe zu sehen war. Für die GEMA waren Freya und die Schiffsvariante Seetakt nun technisch ausgereift und nicht weiter verbesserungswürdig. Das blieb mehrere Jahre so.

Auch der Telefunken-Konzern arbeitete an einer geheimen Entwicklung: dem Würzburg-Gerät für Flugmeldeposten der faschistischen Luftwaffe. Nicht einmal die Befehlshaber der anderen Teilstreitkräfte unterrichtete man. Wohlüberlegt hatte die Luftwaffenführung in das System Würzburg viel Geld investiert. Telefunken lieferte dafür mehrere Entwicklungsstufen. Der Grundaufbau der Geräte erlaubte es, durch Zusatzteile den jeweils neuesten Erkenntnisstand zu berücksichtigen. Die erste Entwicklungsstufe Würz-

burg-A war ein einfaches, handbedientes Gerät, die Endstufe der Serie erhielt den Namen Würzburg-Riese. Alle diese Geräte arbeiteten im Dezimeterwellenbereich, das sicherte ihnen im Gegensatz zum Meterwellengerät Freya eine bessere Ortungsgenauigkeit der Luftziele. Die Würzburg-Geräte hatten als Antennen Parabolspiegel. Trotzdem waren mit Freya die Ausmachentfernungen der Lufziele größer. Später setzten deutsche Flugmeldeposten Würzburg- und Freya-Geräte kombiniert ein.

Für seine Flugzeuge besaß Hitlerdeutschland zu Beginn des zweiten Weltkriegs weder entwickelte noch erprobte Funkmeßgeräte.

Italien lag auf dem Funkmeßgebiet noch hinter dem faschistischen Deutschland. Die wenigen Geräte, die die Armee besaß, waren ausrangierte deutsche Anlagen. Auch die japanische Funkmeßentwicklung befand sich 1939 im Rückstand. Erst im Kriegsverlauf entwickelten japanische Ingenieure leistungsstarke Geräte, von denen die meisten jedoch bis zur Kapitulation nicht mehr zum Einsatz kamen.

Geheimentwicklungen

1930 begann in der Sowjetunion ein Kollektiv unter der Leitung von P.K. Ostschepkow im Leningrader Elektrophysikalischen Institut ein Impulsgerät zu bauen. Nach mehreren Entwicklungsstufen begutachtete im Januar 1934 eine Kommission der Akademie der Wissenschaften, die von Joffé geleitet wurde, das Projekt und kam zu dem Schluß, daß es in der Luftverteidigung «bei weiterer technischer Entwicklung zur Bekämpfung von unsichtbaren Zielen durch Flak-Artilleriefeuer breite Anwendung finden kann». Im Juli erprobte man in Leningrad die erste Funkortungsstation RLS. Die erzielten Ergebnisse stimmten alle Beteiligten sehr zuversichtlich: Ein Aufklärungsflugzeug vom Typ R-5 war bei einer Betriebsfrequenz von 64 Megahertz mit 200 Watt Sendeleistung auf über 50 Kilometer Entfernung erfaßt worden. Die Antenne war drehbar angeordnet.

Weitere technische Verbesserungen führten zu einem Sender mit der Impulsröhre IG-8 und schließlich zum Magnetron.

Das Magnetron, dem sich besonders der sowjetische Hochfrequenztechniker M. A. Bontsch-Brujewitsch widmete, stellte eine Revolution in der Funkortung dar. Es war die am besten geeignete Senderröhre zur Erzeugung schmaler Impulse bei beachtlichen Leistungen.

Indessen rückte die Gefahr eines Weltkriegs immer näher, und es war offensichtlich, daß das Hauptangriffsziel des faschistischen Deutschland nach wie vor die Sowjetunion sein würde. Ihr Versuch, im August 1939 ein Bündnis mit Großbritannien und Frankreich zu schließen, scheiterte an der Politik der Westmächte. Im Westen durch das faschistische Deutschland und im Fernen Osten durch Japan bedroht, brach für die sowjetischen Menschen eine schwere Zeit an. Daran änderte auch der Nichtan-

Schnitt durch ein Magnetron

RUS-1 Beobachtungssystem

griffspakt nichts, den die Regierung, einem deutschen Angebot folgend, am 23. August mit der Hitlerregierung abschloß. Die Sowjetregierung hegte dabei keinerlei Illusionen gegenüber der Vertragstreue des Hitlerregimes, doch sie gewann Zeit, ihre Verteidigung auf allen Gebieten zu stärken. Auch die Funkortung spielte dabei eine Rolle.

Bezeichnung	Gneis-2	RUS-2 (Redut)	RUS-2s (Pegmatit)	SON-20t
Einführungsjahr	1942	1940/41	1942	1942
Ausführung	Flugzeugstation	mobil	transportabel (Kisten)	mobil
Zweckbestimmung	Nachtjagd	Luftraumbeobachtung Jägerleitung	Luftraumbeobachtung	Feuerleitung Flak
Betriebsfrequenz	200 MHz	63,8 MHz	75 MHz	75 MHz
Impulsleistung	10 kW	70 bis 120 kW	40 bis 50 kW	250 kW
Ausmachentfernung	Bombenflugzeug bis 3,5 km	Luftziele maximal bis 150 km	Luftziele maximal bis 160 km	Luftziele maximal 20 bis 40 km
Impulsdauer	2,5 µs	10 bis 15 µs	8 bis 12 µs	
Entfernungsmeßgenauigkeit	375 m	1 bis 2 km	1 bis 2 km	25 bis 70 m
Winkelmeßgenauigkeit	5 Grad	2 bis 3 Grad	2 bis 3 Grad	Seitenwinkel: 12 TD Höhenwinkel: 7 TD
Bedienung	1 Mann	3 bis 5 Mann	3 Mann	4 Mann
Sichtgerät	Kathodenstrahlröhre H-Darstellung	Kathodenstrahlröhre Rundsicht- u. A-Darstellung	Kathodenstrahlröhre Rundsicht u. A-Darstellung	Kathodenstrahlröhre E-Darstellung
Anmerkung		keine Höhenbestimmung	keine Höhenbestimmung	Einsatz mit Kommandogerät

Die ersten Funkortungsstationen der UdSSR

RUS-2 Sender und Sendeantenne

Als der Generalstab dazu überging, größere Verbände der Luftverteidigung aufzustellen, kam bei ihnen zuerst das von D. S. Stogow entwickelte Beobachtungssystem RUS-1 zum Einsatz. Auf Kraftfahrzeugen aufgebaute Sende- und Empfangsstationen schufen eine Art elektromagnetischen Vorhangs. Durchflog ihn ein gegnerisches Flugzeug, wurde es bis 12 000 Meter Höhe erfaßt und auf einem Papierstreifen grafisch aufgezeichnet. Die zu einem Komplex gehörende Sendestation und zwei Empfangsstationen mußten dabei auf einer geraden Linie aufgestellt werden. Seine erste Bewährungsprobe bestand RUS-1 während des sowjetisch-finnischen Feldzugs von 1939 bis 1940. Es warnte sowjetische Truppen im Raum Leningrad rechtzeitig vor finnischen Flugzeugen. RUS-1, im Dauerstrichbetrieb arbeitend, konnte allerdings weder Flughöhe noch Entfernung der Maschinen feststellen. Erst die Impulsfunkortungsstation Redut gestattete, Entfernung, Seitenwinkel und die Höhe gegnerischer Flugzeuge zu bestimmen. In der

Jahr/ Typ	1940	1941	1942	1943	1944	1945	Gesamt
RUS-1	31	14	–	–	–	–	45
RUS-2, 2 Antennen	2	10	–	–	–	–	12
RUS-2, 1 Antenne	–	15	14	39	43	21	132
RUS-2s	–	12	39	29	110	273	463
Gesamt	33	51	53	68	153	294	652

Produktionsziffern sowjetischer Beobachtungssysteme und Funkortungsstationen der Typen «RUS» zum Ausmachen von Luftzielen

zuerst gebauten Version bestand sie aus einem Sende- und einem Empfangsfahrzeug mit jeweils drehbarer Antenne, einem Anzeigegerät mit Kathodenstrahlröhre sowie einem Stromversorgungsfahrzeug. Die gleichartigen Antennen drehten sich synchron. Schon 1941 konnten die Zuverlässigkeit und die Bedienung der Station durch die Verwendung von nur einer Antenne für Sendung und Empfang weiter verbessert werden. 1942 erhielt sie ihre endgültige Bezeichnung RUS-2. Für die stationären funktechnischen Posten der Luftverteidigung konstruierte man unter der Bezeichnung Pegmatit in Kisten verpackte transportable Funkortungsstationen.

Im Juli 1943 wurde in Moskau der Rat für Funkortung gebildet. Zum Vorsitzenden ernannte man den Sekretär des ZK der KPdSU G. M. Malenkow, Stellvertreter war A. I. Berg. Von diesem Zeitpunkt an wurden Entwicklung, Erprobung und Produktion von Funkortungsstationen zentral gelenkt. Im Rat prägte man auch den Begriff Funkortung; vorher sprach man in allen Dokumenten von Funkauffassung. Der Rat gliederte sich in 4 Abteilungen, eine wissenschaftliche, eine für die Produktion, eine militärische und eine für die wissenschaftlich-technische Information. Zu ihm gehörte auch das spä-

tere Mitglied des Politbüros des ZK der KPdSU und ehemaliger Verteidigungsminister D. F. Ustinow. In kurzer Zeit erhöhte sich nun der Produktionsausstoß von Funkortungsstationen. 1944 wurde die Entwicklung der P-3 mit dem Musterbau von vierzehn Stationen abgeschlossen. Ihre Produktion lief danach in großer Stückzahl an. Später wurden für die Luftverteidigung die Meterwellen-Funkortungsstationen P-8, P-10, P-12 und die Geschützrichtstation SON entwickelt.

Im wissenschaftlichen Forschungsinstitut der Luftstreitkräfte (NIIWWS) war es — als es um die Funkortungsstationen für die sowjetischen Fliegerkräfte ging — zu einer stürmischen Diskussion gekommen. Wortführer war General Danilin. Er hatte 1939 die Redut im Testeinsatz gesehen und war von ihren Möglichkeiten fasziniert. Sie diente dem Institut als Prototyp für die ersten Nachtjagdanlagen. Doch zur Betriebsfrequenz gab es unterschiedliche Standpunkte. Danilin und eine Gruppe von Ingenieuren sprachen sich für den Gigahertz-Bereich aus. Die Anlagen würden dadurch kleiner, und ihre Meßgenauigkeit wäre größer. Andere Ingenieure wollten den Megahertz-Bereich nutzen. Dieser würde von der Industrie technisch beherrscht, und man könne die Station günstiger produzieren. Bestätigt wurde schließlich der erste Vorschlag. Doch es bereitete Probleme, die Station im Flugzeug unterzubringen. Berechnungen ergaben, daß sie mit Stromversorgung und Verkabelung 500 Kilogramm auf die Waage brachte. Das

Meterwellen-Funkortungsstation P-8

war für ein einsitziges Jagdflugzeug zu viel. Die Lösung kam vom Testpiloten des Instituts, dem Helden der Sowjetunion S. P. Suprun. Er schlug vor, die Station in dem Zweisitzer Pe-2 einzubauen. Der Pilot eines Einsitzers hätte sowieso keine Möglichkeit gehabt, neben der Flugzeugführung die Anlage zu bedienen. Supruns Vorschlag wurde angenommen.

Anfang 1941 entstand das Labormuster der Nachtjagdanlage Gneis-1. Sie arbeitete zur Impulserzeugung mit einer neuentwickelten Röhre, einem Klystron. Leider wurden bei den ersten Laborversuchen alle vorhandenen Klystrons verbraucht. Unter den schwierigen wirtschaftlichen Bedingungen der Jahre 1941 und 1942 gelang es nicht, die Arbeiten auf dem Gigahertz-Gebiet fortzusetzen. Im Sommer 1942 stand jedoch die erste Megahertz-Nachtjagdanlage unter der Bezeichnung Gneis-2 zur Flugerprobung bereit. Parallel dazu lief die Entwicklung für Gneis-5.

Auch die Flotte unternahm ähnliche Versuche. Ihr wissenschaftliches Forschungsinstitut (NIMIST) erprobte 1936 auf der Insel Kronschlot ein Gerät, das unter der Bezeichnung Strela die erste Marinefunkortungsstation darstellte. Ihre zwei Parabolspiegel, 1,5 Meter große Sende- und Empfangsantennen, überragten das winzige Eiland. Dieser Station gelang es, mittelgroße Überwasserziele auf 3 000 bis 5 000 und Torpedoboote auf 500 Meter Entfernung aufzufassen; doch bei stärkerem Seegang kam es im Empfänger zu Störungen, die den Empfang wesentlich beeinträchtigten. Das Institut, unzufrieden mit den Testergebnissen, übergab die Station zunächst nicht der Industrie. Im Protokoll hieß es, daß die bisher benutzten Sendeleistungen für maritime Zwecke unzureichend seien, größere Reichweiten zu erzielen. Auch könne man die Antennen der im Megahertz-Bereich arbeitenden Stationen an Bord kaum unterbringen. Doch eine serienmäßige Produktion von Senderöhren im Gigahertz-Bereich gab es noch nicht! NIMIST wandte sich daher an die Funkindustrie mit der Bitte, auf der Grundlage von RUS-2 eine Schiffsfunkortungsstation zu entwickeln. Um Entwicklungs- und Fertigungszeiten einzusparen, benutzten die Konstrukteure bereits erprobte Bauelemente und Schaltungen und berücksichtigten den Seegang eines Schiffes, die größere Luftfeuchtigkeit sowie Decksaufbauten und Masten für die Antennen. Bereits im Mai 1941 bewährte sich bei Manövern der Schwarzmeerflotte eine Redut-K, wie sie genannt wurde, an Bord des Kreuzers «Molotow».

Das Radar kommt

In Großbritannien entstand die Funkortung oder das «Radar», wie man nach der Abkürzung «Radio detection and ranging» (Entdeckung und Entfernungsmessung mit hochfrequenter Strahlung) sagte, als militärische Notlösung. Zunächst sah man bei der Abwehr von Luftangriffen keine Schwierigkeiten. Doch als man die Luftmanöver der Royal Air Force des Jahres 1934 auswertete, stellte man fest, daß nur etwa jedes dritte «gegnerische» Bombenflugzeug von britischen Jagdflugzeugen abgefangen worden war. Außerdem glich sich die Geschwindigkeit zwischen beiden Typen immer mehr an. Selbst wenn die Küstenwache oder im Kanal patrouillierende Schiffe einen anfliegenden Luftgegner sofort meldeten, konnte er erst weit über der Insel gestellt werden. So viel Zeit brauchte die Luftverteidigung.

Ältere Militärs erinnerten sich noch gut an den ersten Weltkrieg. Damals lag die britische Hauptstadt im Aktionsbereich deutscher Maschinen. Allein von März bis Juli 1918 hatten sie fast 3 000 Tonnen Bomben über London abgeworfen. Sollte sich ähnliches wiederholen?

Einer der Wenigen, die diese Gefahr erkannten, Sir Henry Tizard, gewann einige Wissenschaftler, die den Schutz Großbritanniens bei möglichen gegnerischen Luftangriffen untersuchen sollten. Abgeschirmt von der Öffentlichkeit, diskutierten sie viele Möglichkeiten und kamen schließlich zu dem Schluß, daß alle Abwehrmaßnahmen zwecklos wären, wenn ein anfliegendes gegnerisches Flugzeug nicht rechtzeitig vor dem zu schützenden Objekt erfaßt werden könne.

Etwa zur selben Zeit war eine kleine Forschungsgruppe unter der Leitung von Watson-Watt, den man später in Großbritannien «Vater des Radar» nannte, auf dem Gebiet der elektromagnetischen Zielansprache erfolgreich. Sie erreichte ziemlich schnell, daß

in besonders gefährdeten Anflugrichtungen eine Frühwarnkette aus Radarstationen errichtet wurde. 1936 begann unter strengster Geheimhaltung der Aufbau der BHC, einer Frühwarnkette. Jede Station war mit einer ortsfesten Sendeantenne sowie zum Empfang der vom Flugzeug reflektierten Echos mit drei feststehenden, verschieden gerichteten Empfangsantennen ausgerüstet. Letztere konnten je nach Bedarf ein- und ausgeschaltet werden, um die Richtung, aus der das Echo einfiel, eindeutig bestimmen zu können. Die Radarstationen der Kette arbeiteten mit wassergekühlten Senderöhren, in denen das Vakuum ständig mit starken Pumpen gehalten werden mußte. Trotzdem erbrachten sie eine Impulsleistung von 150 Kilowatt. Im März 1938 schützte die BHC mit fünf Radarstationen in einem Abstand von 40 Kilometern den Abschnitt von der Themsemündung bis zur Hauptstadt London nahezu lückenlos. In Flughöhen um 3 000 Meter betrug die Auffassungsreichweite eines einzelnen Flugzeugs ungefähr 200 Kilometer. Nach Hitlers Reichstagsrede vom 28. April 1939 wurde die BHC vervollständigt. Bis 1939 umfaßte die Frühwarnkette den größten Teil der britischen Süd- und Ostküste. Nach der Meinung britischer Militärs hatten die Radarstationen jedoch mindestens zwei Nachteile: Sie erfaßten keine niedrig fliegenden Maschinen unter 350 Meter Flughöhe und konnten nicht eine größere Anzahl von Flugzeugen aus verschiedenen Anflugrichtungen gleichzeitig begleiten.

In den USA waren es nur wenige Techniker und Wissenschaftler, die sich ab 1934 in einem Forschungslabor der US-Marine mit Radarversuchen befaßten. Sie hatten es schwer. Das Marineministerium beachtete ihre Empfehlungen nicht und zog es vor, eine schon seit Jahren ganz anders gelagerte Versuchsserie fortsetzen zu lassen: Mit Infrarot sollten Flugzeuge von einer Bodenstation erfaßt werden. Erst als bekannt wurde, daß diese Wellen im Gegensatz zu einer weitverbreiteten Meinung Nebel nicht durchdringen konnten, stellten die Ingenieure in den USA ihre Versuche ein. Erst 1937 führte man den Militärs die erste Versuchsradaranlage vor. Man benutzte eine Betriebsfrequenz von 200 Megahertz und verfügte über eine Sendeleistung von 100 Kilowatt. Ein Jahr später lief die Produktion von Radaranlagen der Typen CXAM und SCR-268 an. Sie dienten der Feuerleitung für Armee und Marine. Ab 1940 tauschten Großbritannien und die USA wissenschaftliche und technische Informationen aus, so daß sich die Zeit für die Entwicklung und Produktion von Radaranlagen wesentlich verkürzte. Das betraf beispielsweise die Konstruktion eines Flugzeugbordgeräts zum Ausmachen von Überwasserzielen aus der Luft, ASV, und eines Radargeräts für Nachtjagdflugzeuge AI. Von diesen Informationen wurde die UdSSR ausgeschlossen.

CHL warnt Großbritannien

Dann kam der 1. September 1939. Die faschistischen Truppen überfielen Polen, und der zweite Weltkrieg begann. Die britische und die französische Regierung erklärten am 3. September Hitlerdeutschland den Krieg, doch sie leisteten ihrem polnischen Verbündeten keinen militärischen Beistand. Ihre Armee stand über acht Monate untätig an der deutschen Grenze. Mit diesem sogenannten seltsamen Krieg verfolgten die Westmächte noch immer das Ziel, die Stoßrichtung Hitlerdeutschlands gegen die Sowjetunion zu lenken. Indes besetzten die faschistischen Truppen Norwegen und Dänemark, und unter Mißachtung der Neutralität Belgiens und der Niederlande begannen sie am 10. Mai 1940 ihre Offensive in Westeuropa. Sie okkupierten Luxemburg und eroberten bis zum 4. Juni 1940 Belgien, die Niederlande und Nordfrankreich. Am 22. Juni kapitulierte

die Pétainregierung. Die Faschisten hatten damit die Herrschaft über Nord- und Westeuropa erzwungen und günstige Stützpunkte für den Luft- und Seekrieg gegen Großbritannien gewonnen.

Im Mai 1940 hatten sich in Großbritannien viele Menschen vor den Straßenlautsprechern versammelt. Wer nur irgend konnte, versuchte, die Sitzung des britischen Unterhauses zu verfolgen, in der das neue unter Winston Churchill gebildete Kriegskabinett gebildet wurde. Der Premierminister sagte: «Uns steht eine Prüfung allerschwerster Art bevor. Wir haben viele, viele lange Monate des Kämpfens und Leidens vor uns. Sie werden fragen: Was ist unsere Politik? Ich erwidere: Unsere Politik ist Krieg zu führen, zu Wasser, zu Lande und in der Luft, mit all unserer Macht und mit aller Kraft, die Gott uns verleihen kann; Krieg zu führen gegen eine ungeheuerliche Tyrannei, die in dem finsteren, trübseligen Katalog des menschlichen Verbrechens unübertroffen bleibt. Das ist unsere Politik. Sie fragen: Was ist unser Ziel? Ich kann es in einem Wort nennen: Sieg — Sieg um jeden Preis, Sieg trotz allen Schreckens, Sieg, wie lang und beschwerlich der Weg dahin auch sein mag; denn ohne Sieg gibt es kein Weiterleben!»

Von Juli bis Dezember 1940 flog die faschistische Luftwaffe über Großbritannien 37 948 Bombereinsätze. Dabei wurden 33 099,8 Tonnen Spreng- und Brandbomben abgeworfen. Die britische Bevölkerung hatte 23 002 Tote und 32 138 Verwundete zu beklagen. Doch die geplante Zerstörung des kriegswirtschaftlichen Potentials, verbunden mit einer umfassenden Demoralisierung der britischen Bevölkerung, blieb aus, nicht zuletzt auch auf Grund falscher Aufklärungsangaben. Danach nahmen die faschistischen Generale an, die britischen Jagdfliegerkräfte seien ihrer Luftwaffe unterlegen. Und sie täuschten sich. Außerdem gelang es dieser nicht, bei ihren ersten Schlägen das Überra-

Auffassungsreichweite
bei 4500 m Anflughöhe

Auffassungsreichweite
bei 150 m Anflughöhe

Shetland

Orkney

Glasgow
Edinburgh

Belfast

Dublin

Hull

London

Radargeschütztes Gebiet von Großbritannien im Jahre 1940

die an Bord von LZ 130 befindlichen komplizierten Geräte hatten eine andere Aufgabe. Mit ihrer Hilfe sollte die Betriebsfrequenz der britischen Funkmeßanlagen ermittelt werden. Zwei aufeinanderfolgende Flüge entlang der britischen Hoheitsgewässer brachten nichts. Die großen, auffälligen Antennentürme der BHC blieben unbemerkt, und die mitgeführten Meßempfänger sprachen auf die Betriebsfrequenzen der britischen Anlagen nicht an. So flog die faschistische Luftwaffe ihre Angriffe, ohne auf die Funkmeßabwehr vorbereitet zu sein.

Verantwortlich für die britische Luftverteidigung war das Fighter Command unter Marschall Hugh Dowding. Es befand sich in Stanmore, nordwestlich von London. Die Dowding unterstellten Jagdfliegergruppen schützten jeweils ein bestimmtes Gebiet. Ihnen zugeordnet waren das Sperrballonkommando, das Königliche Aufklärungskorps, das Fliegerabwehrkommando und die 60. Signalgruppe mit fünfzig Radarstationen entlang der englischen Küste. Die Stationen des CHL-Systems erfaßten gegnerische Flugzeuge rechtzeitig und konnten ihre Anflugrichtung, Flughöhe und ungefähre Anzahl bestimmen — im Vergleich zur BHC eine wesentliche Verbesserung! Die Luftlagemeldungen der CHL-Stationen gelangten direkt auf die Lagetische des Fighter Command. Von hier aus wurden an die zur Abwehr vorgesehenen Jagdfliegerkräfte die Einsatzbefehle erteilt.

Die voraussichtlichen Angriffsziele der deutschen Bomberverbände ließen sich in der Regel jedoch erst feststellen, wenn diese die englische Küste überflogen hatten. Dann betrug die Flugzeit bis zur britischen Hauptstadt noch etwa zwanzig Minuten. Es blieb der britischen Luftverteidigung sehr wenig Zeit, ihre Jagdflieger starten zu lassen und auf die Flughöhe der Bomberverbände von 6 000 bis 7 000 Metern zu bringen. An diesem Problem arbeitete das Fighter Command

schungsmoment zu nutzen. «Schuld» hatte ein neues Frühwarnsystem, das auf der Insel unter der Bezeichnung CHL (Chain Home Low-Flying) von der deutschen Aufklärung unbemerkt entstanden war.

Schon 1939 hatte das Luftschiff LZ 130 keine Funkmeßtätigkeit an der Küste Großbritanniens feststellen können. Am 3. August 1939 war es mit einer geheimgehaltenen Last über die Deutsche Bucht in Richtung Kanal geflogen. Nach dem Kurs, der viele Kurven und Schleifen vollführte, hätte man an eine Spazierfahrt denken können. Doch

sehr intensiv. Neue taktische Verfahren wurden entwickelt und die Nachtjagd trainiert.

Da die Angriffe bei Tage zu hohe Verluste brachten, ging die faschistische Luftwaffe mehr und mehr zu Nachtangriffen über. Die Briten nutzten nun das inzwischen entwickelte GCI-System, eine vom Boden gesteuerte Abfangmethode. Leitoffiziere der Jagdfliegergruppen verfolgten auf den Sichtgeräten ihrer GCI-Radarstationen den im Frühwarnsystem CHL aufgefaßten Gegner und den Kurs der eigenen Nachtjäger und führten sie über Funk an den Gegner heran. Waren sie etwa 5 Kilometer von diesem entfernt, erhielten sie den Befehl, ihre Nachtjagdanlagen einzuschalten. Mit diesen Anlagen gelang es, die deutschen Bombenflugzeuge unbemerkt zu erfassen und alle Zielparameter für den nachfolgenden Angriff zu bestimmen.

Durch den Einsatz von CHL, GCI und AI erhöhten sich die Verluste der faschistischen Bombenfliegerkräfte bedeutend. Und wenn auch das Leid unter der englischen Zivilbevölkerung groß war — Großbritannien konnte mit der «Luftschlacht um England» nicht geschlagen werden. Die Faschisten hatten die Kampfkraft der RAF, den persönlichen Mut, die Tapferkeit britischer Jagdflieger und den ständigen unsichtbaren Kontakt zwischen den britischen Radarstationen und den deutschen Bomberverbänden unterschätzt. Für sie bestand auch keine Notwendigkeit, sich über die Verteidigung des eigenen Luftraums Gedanken zu machen.

Das «Himmelbett»-Verfahren

«Meier will ich heißen, wenn ein feindliches Flugzeug in den Luftraum eindringt», hatte Reichsmarschall Göring 1939 großspurig verkündet. Im Volksmund nannte man ihn schon recht bald Meier, denn gegnerische Maschinen kamen. Zunächst waren es wenige, dann wurden es mehr.

Das wichtigste Glied der faschistischen Luftverteidigung war die Flak. Geführt von Luftgaukommandeuren, gehörten zur Luftverteidigung außerdem Luftsperrabteilungen mit Sperrballons, Scheinwerferbatterien, der Flugmelde- und der Luftwarndienst und der örtliche Luftschutz. Im März 1940 wurden den inzwischen gebildeten Luftverteidigungskommandos einige Jagdfliegergruppen unterstellt. Das schien den Faschisten auszureichen. Doch dann bombardierten plötzlich am 25. August britische Bombenflugzeuge Berlin. Eilig wurden Flaktürme im Tiergarten, im Humboldthain und im Friedrichshain aufgestellt. Die Bevölkerung mußte Luftschutzbunker und Luftschutzräume errichten. Die mit großen, weißen Buchstaben aufgetragene Beschriftung LSR (Luftschutzraum) war bald an Kellerräumen und Tunneln in allen Straßen Berlins sowie in ganz Deutschland zu lesen. Aber der deutschen Luftverteidigung fehlte es vor allem an technischen Mitteln, die eine wirksame Luftabwehr in der Nacht gestatteten. Das Zusammenwirken der Flakartillerie mit den Scheinwerferbatterien war uneffektiv. Man benötigte Funkmeßgeräte! Doch die deutsche Industrie produzierte in erster Linie schwere Kriegstechnik. Im Herbst waren erst 18 und zu Weihnachten 1941 ungefähr 30 Prozent der Flakbatterien mit Funkmeßgeräten vom Typ Würzburg ausgerüstet.

Die in den ersten Kriegsjahren in Deutschland betriebene «helle» Nachtjagd, bei der in 30 bis 50 Kilometer breiten Scheinwerferriegeln die Hauptanflugrichtungen britischer Bombenflugzeuge ausgeleuchtet wurden, diente dazu, sie besser durch Jagdflugzeuge bekämpfen zu können. Schließlich erstreckte sich eine Luftverteidigungslinie, bestehend aus den Funkmeßgeräten Würzburg, Freya und ihren Nachfolgemustern Mammut und Wassermann, vom okkupierten Dänemark

Funkmeßgerät Würzburg

Funkmeßgerät 65 Würzburg-Riese

über Norddeutschland, die Niederlande und Ostfrankreich bis an die Grenze der Schweiz. In speziellen Jägerleitzentralen wurden die gegnerischen Luftziele und die angreifenden faschistischen Flugzeuge nach Angaben der Funkmeßgeräte auf einer Glaskarte, dem sogenannten Seeburgtisch, dargestellt. Der an der Karte arbeitende Jägerleitoffizier führte die Jagdflugzeuge in «dunkler» Nachtjagd, also ohne Scheinwerferhilfe, über Funkbefehle an die Luftziele heran. Das Verfahren nannte man «Himmelbett», die Luftverteidigungslinie nach einem faschistischen Luftwaffenoberst Kammhuber-Linie. Sie gestattete die Frühwarnung und Führung von vier Jagdfliegergeschwadern mit 265 Maschinen. Im Frühjahr 1942 war man bestrebt, mindestens 140 ständig einsatzbereit zu halten. Durch Funkmeßeinsatz wurde die «helle» Nachtjagd hinfällig, die Scheinwerferbatterien löste man im Sommer 1942 auf.

Nachdem Bordfunkmeßgeräte des Typs FuG 202, Lichtenstein BC ab Februar 1942 in einzelne Nachtjagdflugzeuge des Typs Me 110 eingebaut worden waren, wurde das «Himmelbett»-Verfahren effektiver. Die Bordfunkmeßgeräte ermöglichten dem Piloten, zwischen 200 und 4000 Meter Entfernung gegnerische Luftziele selbst zu suchen. Der Jägerleitoffizier konnte vom Seeburg-Tisch aus gleichzeitig mehrere Nachtjagdflugzeuge an britische Bombenflugzeuge heranführen und diese nach selbständiger Aufnahme des Funkmeßkontakts den Gegner angreifen lassen. Trotzdem überstieg das «Himmelbett»-Verfahren bei weitem die realen Möglichkeiten der faschistischen Luftwaffe. Ungefähr 140 Mann Bodenpersonal waren erforderlich, um ein einziges Nachtjagdflugzeug an die britischen Bomberverbände heranzubringen. Aber man benutzte das Verfahren noch, solange es ging. Trotzdem war der rapide Rückgang der Abwehrkraft der faschistischen Luftverteidigung nicht mehr aufzuhalten. Auch um die Seeherrschaft stand es hoffnungslos.

47

Schlachtschiff «Bismarck»

Der Untergang der «Bismarck»

Einen Monat vor dem Überfall Hitlerdeutschlands auf die Sowjetunion liefen das Schlachtschiff «Bismarck» und der schwere Kreuzer «Prinz Eugen» zum Unternehmen «Rheinübung» in den Atlantik aus. Beide Schiffe sollten die aus Übersee nach Großbritannien laufenden Geleittransporte angreifen und versenken. An Bord der Schiffe waren deutlich die großen Antennen der Seetakt-Funkmeßgeräte zu sehen, mit denen man aber das Feuer der Schiffsartillerie nicht leiten konnte.

Die britische Flottenführung wußte von dem Unternehmen, denn bei der Ausfahrt aus dem Korsfjord in Nordnorwegen hatte der Verbandschef, Vizeadmiral Lütjens, einen Funkspruch an das deutsche Marine-Gruppenkommando «West» absetzen lassen. Diesen Spruch nahm die britische Funkaufklärung auf und wertete ihn aus. London rechnete daher mit einem Marsch der Großkampfschiffe in den Atlantik und verstärkte die nördliche Patrouillelinie durch Kräfte der

Home Fleet und durch die Schiffe «Hood» und «Prince of Wales». Am Abend des 23. Mai gelang es den britischen Kreuzern «Norfolk» und «Suffolk», die deutschen Schiffe über Radar zu orten.

Nachdem die «Hood» in einem Seegefecht vernichtet und die «Prince of Wales» zum Abdrehen gezwungen worden war, ging der britische Radarkontakt verloren. Doch die deutsche Seite hatte keinen Grund zur Freude.

Am 24. Mai nachmittags stimmte das deutsche Marine-Gruppenkommando der Absicht des Verbandschefs zu, die «Prinz Eugen» selbständig handeln zu lassen. Weitere Geleite sollten aufgespürt werden. Gleichzeitig wurde ihm empfohlen, sich aber in ein entlegenes Seegebiet zurückzuziehen. Die «Prinz Eugen» lief gegen 19 Uhr ab, und Lütjens ließ mehrere Funksprüche an das Marine-Gruppenkommando durchgeben, darunter seinen Gefechtsbericht. Außerdem teilte er mit, daß der Gegner Funkmeßgeräte mit einer Reichweite von rund 35 Kilometern besitze, die seiner Meinung nach das Unternehmen «Rheinübung» im stärksten Maße beeinträchtige.

Auch diese Funksprüche, die mindestens dreißig Minuten über den Äther gingen, nahm die britische Funkaufklärung auf und peilte den annähernden Standort der «Bismarck» ein. Aus Unkenntnis oder durch Unaufmerksamkeit erhielt der Befehlshaber der britischen Verfolgergruppe die Funkpeilungen mit einer um 180 Grad versetzten Richtung übertragen, so daß sie sich vom tatsächlichen Standort der «Bismarck» noch weiter entfernte. Es dauerte fast einen Tag, bis die Briten mit einem «Catalina»-Flugboot die «Bismarck» stellten und durch Radar des britischen Verbands wieder Kontakt aufnehmen konnten. Funkaufklärung, Funkpeilung und Radar hatten somit großen Anteil daran, daß am 27. Mai 1941 das 52 600 Bruttoregistertonnen große Schlachtschiff «Bismarck» durch Beschuß schwer getroffen sank. Von der über 2 000 Mann zählenden Besatzung überlebten 110 Seeleute.

Bis zum Unternehmen «Rheinübung» gab es weder im Operationsbefehl der Seekriegsleitung noch in Weisungen des Marine-Gruppenkommandos «West» Hinweise oder Empfehlungen für den Einsatz der deutschen Bordfunkmeßgeräte. Auch auf ähnliche Geräte beim Gegner und ihre Möglichkeiten wurde nicht aufmerksam gemacht. Entsprechende Vorschriften wie der «Seetaktische Funkmeßdienst» und die «Anleitung für den Funkmeßbeobachtungsdienst» erschienen erst im Herbst 1943.

Mit dem Unternehmen «Rheinübung» war offenbar geworden, daß die Konzeption der faschistischen deutschen Seekriegsleitung, Tonnagekrieg mit Großkampfschiffen zu führen, nicht aufging. Dazu wurden mit der Aggression gegen die Sowjetunion Materiallieferungen für Heer und Luftwaffe immer vordringlicher. Deshalb kam der Bau von großen Überwasserschiffen völlig zum Erliegen. Die Mittel für die Marine gingen vor allem in die forciert betriebene U-Boot-Rüstung. Hier glaubte man im Handelskrieg auf dem Atlantik, im Kampf auf den Seeverbindungswegen erfolgversprechender zu operieren.

Unsichtbarer Kampf auf den Seeverbindungswegen

28. April 1941. Schon seit Tagen befand sich U 65 südöstlich Islands auf Nordmeerfahrt, auf Feindfahrt, wie es im Jargon der U-Boot-Fahrer der faschistischen Kriegsmarine hieß. Der Kommandant, Kapitänleutnant Hoppe, brummte unzufrieden. Noch war es ihm bei dieser Fahrt nicht gelungen, zum Schuß zu kommen. Bald würden seine Tanks leer sein. Hing das vielleicht mit der neuen Erfindung, dem Radar, zusammen, die die Engländer gemacht hatten? Offiziell hörte man nichts darüber, aber die Männer auf dem Turm flüsterten so einiges.

Die Luft war kalt, die Sicht mäßig. Eine leichte Brise hatte eingesetzt und wehte von West bei Stärke 3. Kräuselnde Wellen tanzten auf und ab. Die Dämmerung kam und schnell die Dunkelheit. Endlich konnte man die Luft im Boot erneuern und die für die Unterwasserfahrt lebensnotwendigen Bleiakkumulatoren mit dem laut ratternden Diesel aufladen. Der Ausguck auf dem Turm fluchte: Kaum Sicht, und die Kälte drang immer mehr durch Lederpäckchen und Wollsweater. Plötzlich näherte sich Motorengebrumm. Fast gleichzeitig mit dem blendenden Licht der Scheinwerfer eines Sunderland-Flugbootes fielen Bomben. Zuerst backbord querab, dann immer näher.

Alarm! Zu spät! In einem ohrenbetäubenden Krachen gingen alle Befehle unter, dann wurde mit dem Boot die gesamte Besatzung in die Tiefe gerissen. Von dieser Fahrt kehrte keiner zurück.

Den Kampf auf den atlantischen Seeverbindungswegen hatte das faschistische Deutschland zunächst mit etwa 70 einsatzfähigen U-Booten aufgenommen. Ihre Produktion wurde so beschleunigt, daß jedes Jahr 200 Tauchboote immer modernerer Konstruktion in Dienst gestellt werden konnten.

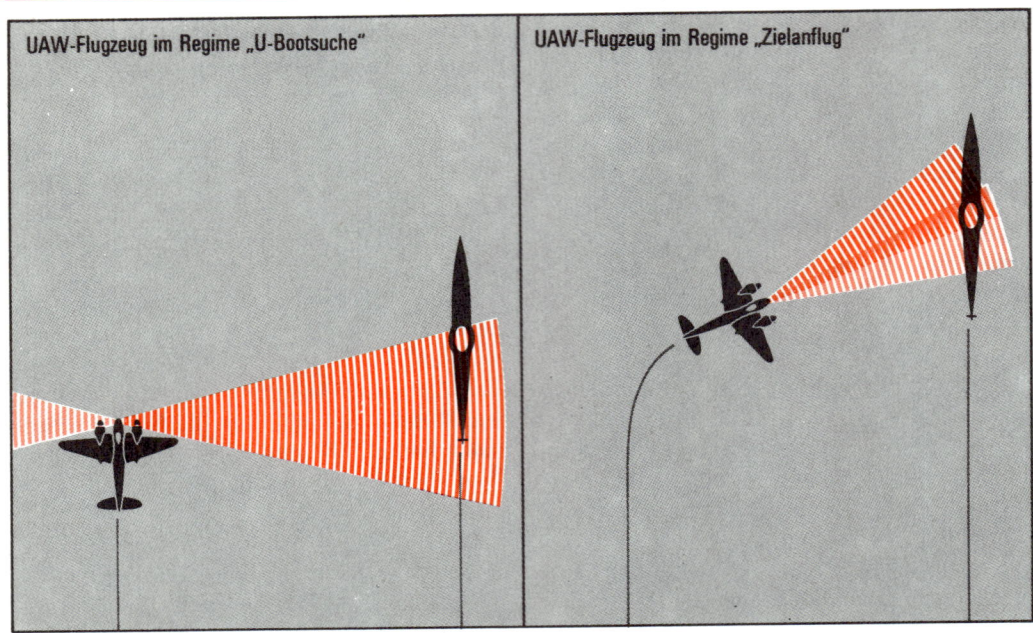

UAW-Flugzeug im Regime „U-Bootsuche"　　　UAW-Flugzeug im Regime „Zielanflug"

Einsatzprinzip eines UAW-Flugzeugs, ausgerüstet mit der Radaranlage ASV Mark II

So soll es während des zweiten Weltkriegs insgesamt rund 1 000 deutsche U-Boote gegeben haben. Sie wurden hauptsächlich gegen anglo-amerikanische Geleitzüge eingesetzt.

Eine britische Studie hatte 1943 ergeben, daß allein an Nahrungsmitteln täglich 50 000 Tonnen auf dem Seeweg eingeführt wurden. Für Großbritannien fuhren auf allen Weltmeeren ständig etwa 2 500 Handelsschiffe verschiedener Staaten und Reedereien.

Die faschistische Marineführung wußte, wie wichtig die überseeischen Verbindungen für Großbritannien waren.

Mit dem U-Boot-Krieg glaubte man nun, diese Verbindungen unterbrechen und Großbritannien zum Kriegsaustritt bewegen zu können. Die westalliierten Schiffsraumverlu-

ste waren entsprechend hoch. Sie betrugen von 1939 bis 1940 4 658 000 Bruttoregistertonnen.

In dieser Auseinandersetzung kam dem Radar von Anfang an eine dominierende Rolle zu. Um aufgetauchte U-Boote nachts unbemerkt ausmachen und dann bekämpfen zu können, rüstete Großbritannien im Laufe des Winters 1940 zunächst die Zerstörer als Geleitführer mit den für Flugzeuge entwickelten ASV-Anlagen aus. Die zur U-Boot-Jagd eingesetzten Flugzeuge erhielten ebenfalls diese 200-Megahertz-Anlage. Anfang 1942 bekamen dann alle U-Boot-Abwehrfliegerkräfte die verbesserte Radaranlage ASV Mark II. Sie arbeitete bereits mit Dezimeterwellen von 390 bis 1 500 Megahertz. Mit diesen Anlagen erzielten die Flugzeuge bedeutende Erfolge. Von Januar bis Juli 1942 verlor die faschistische Kriegsmarine monatlich 3 bis 4 U-Boote, von Juli bis Dezember 1942 stiegen die Verluste auf 10 bis 11 Boote im Monat. 1942 gingen demnach mehr Boote verloren, als das faschistische Deutschland im Januar 1941 besaß. Trotzdem versenkten im zweiten Halbjahr 1942 deutsche U-Boote im Monatsdurchschnitt noch eine halbe Million Bruttoregistertonnen, und der November brachte nach britischer Darstellung mit 700 000 Bruttoregistertonnen die höchsten Schiffsverluste des zweiten Weltkriegs. Doch schon bald überstiegen die alliierten Schiffsneubauten jene Verluste, die von den in Rudeln handelnden U-Booten verursacht wurden.

Vizeadmiral Maertens, Chef des Marinenachrichtendienstes, erhielt von Dönitz, Befehlshaber der U-Boote, den Befehl, die Ursache für die hohen U-Boot-Verluste herauszufinden. Er stellte fest, daß britische Funkmeßgeräte die Boote orten konnten. Daraufhin sollten die U-Boote mit einem passiven Funkmeßbeobachtungsgerät (FuMB) und einem aktiven Funkortungsgerät (FuMO) ausgerüstet werden, damit neben der unbemerkten Funkmeßaufklärung auch eine Ortung möglich war. Außerdem mußte ein Mittel gefunden werden, die U-Boote vor den Funkmeßstrahlen zu tarnen. Als FuMB entschied man sich nach längerer Suche für einen in Paris erbeuteten Empfänger R 600 Metox. Seine Produktion lief als Großserie mit 1 100 Stück an. Die Hilfsantenne des Empfängers — druckfeste Antennendurchführungen gab es noch nicht — bestand aus einem auf einem Holzstock angebrachten Dipol, dem «Biscaya-Kreuz». Vor dem Wegtauchen des U-Bootes mußte es erst in den Turm gebracht werden, damit verlängerte sich die Abtauchzeit. Vom Herbst 1942 an fuhren alle U-Boote mit dem «Biscaya-Kreuz». Sie fühlten sich wieder sicherer.

Mit dem Einbau eines FuMO kam die Marine nicht so schnell voran. Das Seetakt-Gerät konnte wegen der großen Antenne nicht in Frage kommen. Außerdem benötigte eine Antenne eine drucksichere Kabeldurchfüh-

rung vom Turm in den Druckkörper. Man konnte sie nicht wie das «Biscaya-Kreuz» in der Hand halten. Bis Kriegsende blieb diese Frage ungelöst. Nur sehr wenige Boote erhielten noch ein FuMO, das aus einem weiterentwickelten FuG 200 «Hohentwiel» der Luftwaffe entstanden war.

Die Einführung des R 600 Metox zwang die Alliierten, neue Wege zu suchen, um deutsche U-Boote aufzuspüren. Man rüstete die Überwasserschiffs- und Marinefliegerkräfte Großbritanniens und der USA, die im Dezember 1941 in den Krieg mit Deutschland eingetreten waren, mit neuentwickelten Radaranlagen der Typen ASG und ASV Mark III aus, die bereits im Zentimeterwellenbereich arbeiteten.

Wieder häuften sich die Fälle, in denen faschistische U-Boote, ohne den Gegner rechtzeitig zu orten, durch Flugzeuge versenkt wurden. Metox war wirkungslos geworden. Fieberhaft suchten deutsche Spezialisten nach einem Ausweg. Ein Ingenieur stellte fest, daß das Metox bei Inbetriebnahme eine Eigenstrahlung entwickelte. Sabotage? Doch in einem Kriegsgerichtsverfahren mußte man kleinlaut eingestehen, daß die Strahlung zu gering sei, um vom Gegner aufgefaßt zu werden. Das war also nicht der Grund für das große U-Boot-Sterben, das inzwischen eingesetzt hatte! Einige deutsche Techniker meinten, daß von den Alliierten Wärmestrahlen verwendet würden. Sofort konzentrierten sich alle Anstrengungen darauf, Gegenmaßnahmen zu entwickeln. Und es wurde weiter gerätselt, bis ein Gerät buchstäblich vom Himmel fiel.

Im Februar 1943 schossen Flakkanoniere der faschistischen Luftwaffe bei Rotterdam ein britisches Bombenflugzeug vom Typ Avro Lancaster ab. Dieses neu zum Einsatz gekommene Standardnachtbombenflugzeug besaß eine Höchstgeschwindigkeit von 435 Kilometern je Stunde und eine Gipfelhöhe von 6 500 Metern. Auf der Suche nach

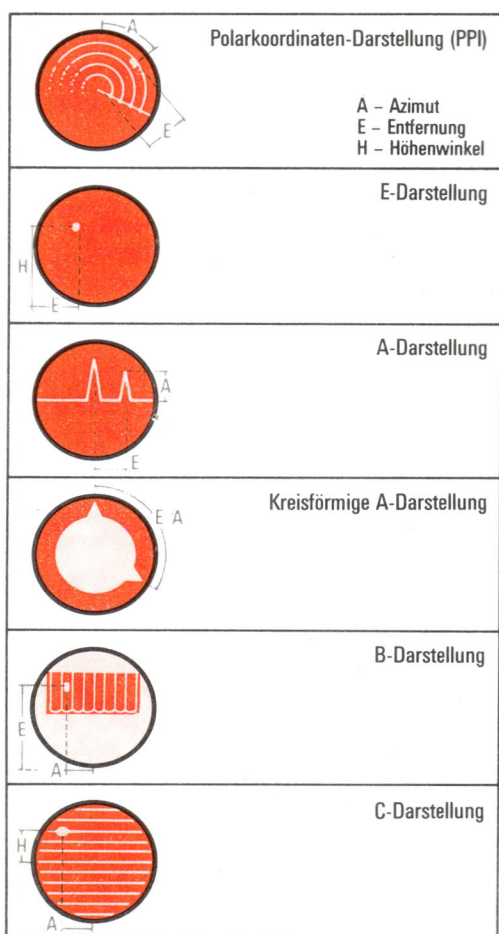

Polarkoordinaten-Darstellung (PPI)

A – Azimut
E – Entfernung
H – Höhenwinkel

E-Darstellung

A-Darstellung

Kreisförmige A-Darstellung

B-Darstellung

C-Darstellung

Verschiedene Oszillographen-Darstellungen in Sichtgeräten der Radarstationen, im Bild Beispiel einer Rundsichtdarstellung (PPI)

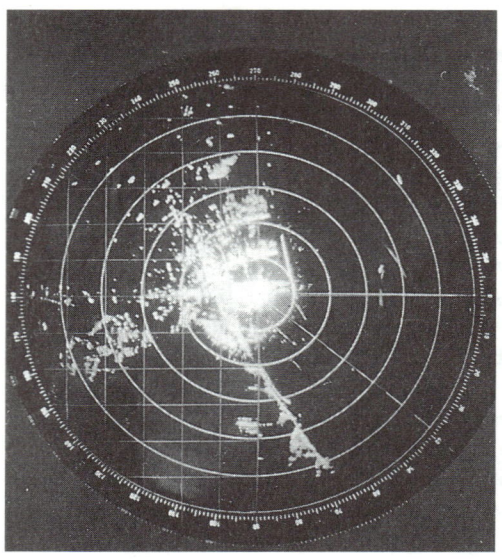

Papieren, Chiffreschlüsseln und Karten fand man ein unbekanntes elektronisches Gerät. Es bestand aus einer kleinen, drehbar gelagerten Antenne, einer Röhre mit starken Magneten und hohlen, rechteckigen Rohrenden. Nach dem Fundort nannten es die Techniker Rotterdam-Gerät. Im Werk des Telefunken-Konzerns in Berlin-Zehlendorf stellte man fest, daß es sich um ein Funkmeßgerät mit

einer für die deutsche Seite vollkommen unbekannten Wellenlänge im oberen Zentimeterwellenbereich handelte. Die von starken Magneten umgebene Röhre war ein Magnetron. Bereits seit 1937 in der Sowjetunion bekannt, war es nun auch in amerikanisch-britischer Zusammenarbeit entwickelt worden. Das Magnetron erzeugte im britischen H_2S-Gerät, so lautete die offizielle Bezeichnung, eine Betriebsfrequenz von rund 3 Gigahertz und eine Impulsleistung von 500 Watt. Diese Technik war für die deutschen Funkmeßspezialisten vollkommenes Neuland, so daß man sich anfangs die genaue Arbeitsweise nicht erklären konnte. Doch konnte bei Berlin ein zweites gleichartiges Gerät geborgen und ein Funktionsmuster geschaffen werden. Man erprobte es im Flakbunker Humboldthain. Das Bild, das die Straßen Berlins und die umliegenden Seen kartenähnlich auf einer Katodenstrahlröhre darstellte, war überwältigend. Die Alliierten nannten diese Rundsichtdarstellung PPI. Dabei hatten noch vor wenigen Wochen deutsche Wissenschaftler dem Generalbevollmächtigten für technische Nachrichtenmittel,

General Martini, mitgeteilt, daß sich nach neuesten Untersuchungen die Zentimeterwellen nicht für Funkmeßzwecke eignen, da ihre Reflexion spiegelnd erfolge. Göring hatte daraufhin den Befehl gegeben, alle Entwicklungsarbeiten auf dem Zentimeterwellengebiet einzustellen. Man hoffte, daß auch die Alliierten keine entsprechenden Entwicklungen besaßen. Jetzt, nach dem Abschuß der Avro Lancaster, war alles klar: Wieder einmal hatte man den Gegner unterschätzt! Das Sichtgerät der Rotterdam-Anlage zeigte die Zielechos der aufgefaßten U-Boote wie auf einem Präsentierteller.

Leo Brandt, Entwicklungsgruppenleiter im Telefunken-Konzern, übernahm die Aufgabe, ein neues FuMB für den Zentimeterwellenbereich zu entwickeln. Das dauerte bis Ende 1943. Bis zum April 1944 bekamen die U-Boote das FuMB Naxos. Die Antenne dieses Geräts hielt man wie beim «Biscaya-Kreuz» zunächst provisorisch in der Hand. Später gelang es, die Antenne fest einzubauen.

1943 stiegen die U-Boot-Verluste erneut sprunghaft an; allein im Mai gingen 41 verloren. Der Oberbefehlshaber der Kriegsmarine richtete an den Leiter der Marinefunkaufklärung die Frage, ob der Gegner eventuell in der Lage sei, die an die U-Boote und von ihnen gesendeten Funksprüche mitzulesen und danach seine Abwehr einzurichten. Das wurde verneint. Die Schlüsselmittel seien «absolut sicher».

Der U-Boot-Krieg kam fast völlig zum Erliegen. In einer Denkschrift vom 8. Juni mußte Dönitz an Hitler melden: «Der Hauptträger dieser Kriegführung, das U-Boot, ist durch die mit Anspannung aller Kräfte vorwärtsgetriebene feindliche U-Bootabwehr, die sich vor allem durch die feindliche Luftwaffe infolge noch nicht erkannter Ortung und neuartiger Unterwasserwaffen auswirkt, in seiner Kampfkraft eingeschränkt.» Der Admiral forderte neue Entwicklungen, um der gegnerischen U-Boot-Abwehr wirkungsvoll entgegentreten zu können. Man nahm an, daß diese nur mit Radar orte. Doch man irrte.

Im Gegensatz zur deutschen Seite, die, um gegnerische Geleite auszumachen, ihre Anstrengungen vorrangig auf die Entschlüsselung von Funksprüchen ausrichtete, setzten die Alliierten zum Auffinden von U-Booten Funkpeil-, Radar- und Anlagen zur Unterwasserortung (Sonar) ein. Die Ortungsentfernung der U-Boote mit Radar und Sonar von Bord der zu ihrer Suche eingesetzten Schiffe und Flugzeuge war gering. Deshalb kamen diese Mittel erst zum Einsatz, nachdem die Kräfte nahe genug an das U-Boot herangeführt worden waren. Dazu diente die Kurzwellenpeilung, im Slang «Huff-Duff» (HF/DF) genannt. Mit ihr wurden die Funksignale der am Geleit fühlunghaltenden U-Boote eingepeilt. Von diesen Fühlunghaltersignalen hing die Taktik der deutschen U-Boote ab, deren Handlungen eine zentrale Landführungsstelle steuerte. Das erste U-Boot, das sich dem Geleit näherte, sandte Kurzsignale mit Standortangaben, die laufend ergänzt werden mußten. Der Befehlshaber der U-Boote konnte nun über Funk andere, in der Nähe befindliche U-Boote als Gruppe an das Geleit heranführen.

Die faschistische Seite sah in den Fühlunghaltersignalen nach anfänglichen Sorgen keine Gefahr, nachdem Untersuchungen gezeigt hatten, daß eine Einpeilung der Signale von Land aus zu ungenau war, um den Sicherungsfahrzeugen der Geleite eine ausreichend genaue Standortangabe der U-Boote geben zu können. Kurzwellen-Peilgeräte an Bord vermutete man wegen des zu großen Raum- und Massenbedarfs nicht. Wiederum ein folgenschwerer Irrtum.

Natürlich war es schwierig, Funkpeilanlagen an Bord der Zerstörer und Fregatten einzubauen, doch die Männer um Watson-Watt gaben nicht auf. Es gelang ihnen, eine Kreuzrahmenantenne zu entwickeln, die an der Mastspitze ihren Platz fand. Diese gut sichtbare Antenne wurde vom faschistischen Gegner überhaupt nicht beachtet. Ahnte man nichts? Die Funkpeiltechnik war doch in Deutschland ungewöhnlich hoch entwickelt. Sie wurde jedoch in anderer Richtung eingesetzt. Da der Widerstand gegen das faschistische Regime wuchs, brauchte die Gestapo die Funkpeiltechnik, um fortschrittliche Kräfte zu jagen, um Sender des antifaschistischen Widerstandskampfes aufzuspüren. Dazu entstanden immer raffiniertere Geräte: Tragbare Funkpeilanlagen in «Kofferausführung», Peiler, getarnt in privaten Lieferautos, sogenannte Gürtelpeiler, mit Armbandanzeige am Mann zu tragen, und andere.

Die Seeleute auf den U-Booten aber durften weiter sterben. HF/DF, Radar und Sonar ließen ihnen keine Ruhe mehr. Allein 33 000 Angehörige der U-Boot-Waffe, das sind 69 Prozent aller Menschenverluste der Kriegsmarine, bezahlten den abenteuerlichen Krieg der Faschisten mit dem Leben.

Die deutsche Marineführung tat noch ein übriges, um die Fühlunghaltersignale besser erkennbar zu machen; ihnen wurde als Dringlichkeitszeichen der griechische Buchstabe Alpha und später Beta vorangestellt. Mit ihnen sollten andere, auf derselben Frequenz arbeitende U-Boote und Landstellen zum Schweigen gebracht werden.

Ergab ein auf einer U-Boot-Frequenz abgesetztes Alpha- oder Beta-Kurzsignal bei der britischen HF/DF-Einpeilung einen Standort, der auf der Lagekarte mit einem Geleit übereinstimmte, konnte man annehmen, daß es sich um das Fühlunghaltersignal eines deutschen U-Bootes handelte. Dazu mußte nicht einmal der Spruch entziffert werden. Das Geleit konnte so über Funk gewarnt werden.

Insgesamt konnten von Juli 1941 bis zum Januar 1942 alle alliierten Geleite durch rechtzeitige Funkpeilung deutscher U-Boote

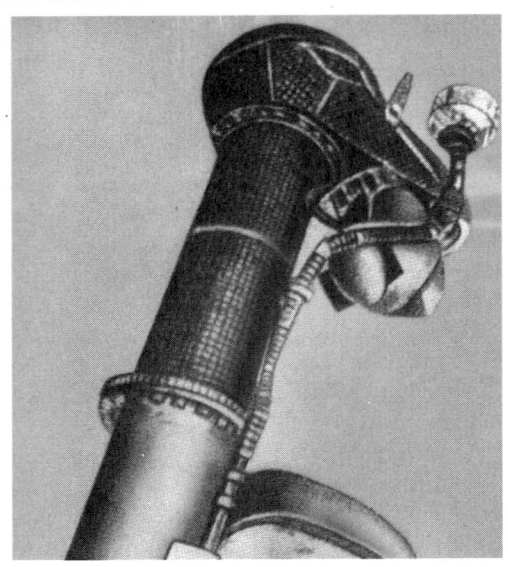

Schnorchel mit Radarschutzüberzug

auf der Nordatlantikroute um die deutschen U-Boot-Stellungen herumgeführt werden. Nur wenn ein auf dem An- oder Abmarsch befindliches U-Boot, dessen genaue Position in London natürlich nicht bekannt war, zufällig ein Geleit erfaßte, kam es noch zu Versenkungen. Nach vorsichtigen Schätzungen blieben damit rund 1,5 Millionen Bruttoregistertonnen der alliierten Transportschiffahrt erhalten.

Am 1. Januar 1944 schrieb Propagandaminister Goebbels im «Völkischen Beobachter»: «Das scheinbare Abflauen des U-Bootkrieges beruht auf einer einzigen technischen Erfindung auf seiten unserer Gegner. Sie auszuschalten sind wir nicht nur im Begriff, sondern sind überzeugt, daß dies auch in kurzer Frist gelungen sein wird.»

Die faschistische Kriegsmarine führte den «Schnorchel» ein, eine Art Luftröhre mit einem wenig wirksamen Radarschutzüberzug. Mit Hilfe des Schnorchels wurde Frischluft angesaugt, so konnten die U-Boote ihre

Schlachtschiff «Scharnhorst»

Bleiakkumulatoren, ohne voll aufzutauchen, mit dem Dieselmotor aufladen.

Im Gegenzug entwickelten die Alliierten auf 3,5 Zentimeter Wellenlänge arbeitende sogenannte Meddo-Radaranlagen. Sie entdeckten bei geringer Flughöhe sogar die Schnorchel und Sehrohre abgetauchter U-Boote. Mit der benutzten PPI-Anzeige gelang es mühelos, die Umgebung eines patrouillierenden U-Jagdflugzeugs zu überwachen. Die Antenne der Radaranlage hing an der Rumpfunterseite der Maschine in einer wellendurchlässigen Kuppel. Meddo-Anlagen wurden zusammen mit neuentwickelten Funkbojen (Sonarbojen) eingesetzt, die mit Schallwellen die U-Boote in der Unterwasserlage ausmachten.

Und wieder mußte man sich bei Telefunken anstrengen und neue FuMB-Geräte entwickeln. Sie erhielten die Bezeichnung Tunis, kamen jedoch bis zum Kriegsende nicht mehr zum Einsatz.

Es wurde immer offensichtlicher, daß die Faschisten ihre propagandistisch aufgemachte «Schlacht im Atlantik» verloren. Ein Versprechen, 1943 von Dönitz als neuer Chef der Seekriegsleitung an Hitler gegeben,

wurde ebenfalls nicht erfüllt. Seine Überwasserkräfte versagten, wurden teilweise versenkt. So erging es auch dem Schlachtschiff «Scharnhorst».

Tödliche Funkmeßstille

Die «Scharnhorst», ein Schiff mit 26 000 Bruttoregistertonnen, lief mit mehreren Zerstörern als Sicherung in den letzten Dezembertagen des Jahres 1943 aus, um ein aus Großbritannien kommendes und für Murmansk bestimmtes Geleit (Kodename JW 55) zu stellen und zu vernichten. Einige Tage vorher hatte Admiral Dönitz in der Marinefunkaufklärung anfragen lassen, ob in der Beobachtungsleitstelle etwas über diesen Konvoi und seine Sicherung vorliege. Das wurde verneint. Daß jedes Murmansk-Geleit stark gesichert lief, war aber allgemein bekannt.

Der deutsche Verband stand unter dem Befehl von Konteradmiral Bey. Das Wetter in der Polarnacht, Sturm und Schneetreiben, ließ kaum Sicht zu. Im Operationsbefehl war Funkstille angeordnet, das übertrug man auch auf die Funkmeßgeräte des Flaggschiffs. Am Morgen des 26. Dezember, kurz vor Beginn der Dämmerung, lag die

Kodenamen der wichtigsten alliierten Geleite im zweiten Weltkrieg

HG	– Homeward from Gibraltar – von Gibraltar nach Großbritannien
HX	– von Halifax/Neufundland nach Großbritannien
PQ	– von britischen Häfen und Reykjavik nach Murmansk und Archangelsk
OA	– Oversea – Übersee, von britischen Häfen bis 30 Grad West, schnellaufendes Geleit
OB	– Oversea – Übersee, von britischen Häfen bis 30 Grad West, langsamlaufendes Geleit
OG	– Oversea to Gibraltar – von Übersee nach Gibraltar
ON	– Oversea northbound (Vorläufer von «OA»)
ONS	– Oversea northbound slow (Vorläufer von «OB»)
QP	– from Polar coast – von Murmansk und Archangelsk in britische Häfen und nach Reykjavik
SC	– von Sydney/Kanada nach Großbritannien, langsamlaufendes Geleit
SL	– von Sierra Leone nach Großbritannien
UGS	– von den USA nach Gibraltar
WS	– Winstons Special – Truppentransporter nach Nahost

«Scharnhorst» überraschend unter Beschuß eines schweren Kreuzers. Als erstes fiel das Funkmeßgerät im Vormars aus. Nur das auf dem achteren Stand stehende, bedeutend niedrigere Funkmeßgerät blieb betriebsklar. Es hatte eine geringere Ausmachentfernung und durch seinen Standplatz nach voraus einen breiten toten Winkel. Trotzdem kam es nicht zum Einsatz. Der Verband lief in der Polarnacht «blind».

Nach dem überraschenden Beschuß gab Konteradmiral Bey, der den Gegner nicht sah, sein Vorhaben auf und befal, mit Höchstfahrt und südöstlichem Kurs zur norwegischen Küste abzudrehen. Aber die erste britische Schlachtgruppe (Force I) hielt Radarkontakt und ermöglichte es einer zweiten (Force II), bestehend aus dem Schlachtschiff «Duke of York», einem Kreuzer und vier Zerstörern, die «Scharnhorst» am Nordkap zu stellen. Damit war das Schicksal des Schiffes besiegelt. Von 45 auf das Schlachtschiff

abgeschossenen Torpedos trafen 14. Hinzu kamen zahlreiche Artillerietreffer. Es sank, fast 2 000 Besatzungsmitglieder mit sich in die Tiefe ziehend. Nur 34 Matrosen konnten gerettet werden.

Auch in diesem Kampf setzten die britischen Schiffe ihre Radaranlagen richtig ein. Auf der deutschen Seite hatte man den Befehl zur Funkstille ohne Bedenken auch auf die Funkmeßanlagen übertragen. Selbst die begleitenden Zerstörer durften ihre Seetakt-Geräte nicht einsetzen. Bey hatte Furcht, die eigenen Schiffsbewegungen zu verraten, und beschränkte sich auf die kaum vorhandene optische Sicht.

Angemerkt sei jedoch, daß diese blind befolgte Funkmeßstille im krassen Widerspruch zu der am 25. Dezember nichteingehaltenen Funkstille stand. Um 23.55 Uhr hatte nämlich Admiral Bey seinem Vorgesetzten das Ablaufen der «Scharnhorst» über Funk gemeldet. Der britische Aufklärungsdienst registrierte das sofort.

Hitlerdeutschland hatte insgesamt auf dem Funkmeßortungsgebiet, speziell in der Luftverteidigung und im Seekrieg, während des zweiten Weltkriegs keine nennenswerten Erfolge. Außerdem ließ es sich von gezielten Einzelaktionen der Alliierten leicht täuschen.

Der Raub der «Würzburg»

Im dritten Kriegsjahr hielt die Wehrmacht noch immer große Teile Europas besetzt. Faschistische Uniformen bestimmten das Bild an der französischen Kanalküste. Laufgräben entstanden, Bunker und Geschützstellungen wurden errichtet, Flugplätze angelegt und Alarmanlagen installiert. Die wenigen französischen Zivilisten, die den Strand betreten durften, erblickten stark bewachte elektronische Anlagen mit eigentümlichen Antennen: Funkmeßgeräte der Typen Freya und Würzburg, die anfliegende gegnerische Bomberverbände rechtzeitig ausmachen und der deutschen Luftabwehr melden sollten.

In der Nacht vom 27. zum 28. Februar 1942 saß das diensthabende Personal bei Cap d'Antifer vor den Sichtgeräten und beobachtete aufmerksam den Luftraum. Vor fast einer Stunde hatte es den Einflug einer kleinen Gruppe britischer Flugzeuge gemeldet. Sicher Aufklärungsmaschinen! Wer aufgeschreckt war, schlief wieder ein. Plötzlich fielen Schüsse. Die Bewachung und Bedienung des Flugmeldepostens wurden von maskierten Gestalten überwältigt. Engländer? Angehörige der Resistance? Niemand hatte Zeit, darüber lange nachzudenken. Die Eindringlinge interessierten sich nur für das Würzburg-Gerät. Fotoaufnahmen wurden gemacht, Unterlagen zusammengerafft und das Gerät mit Beilen, Metallsägen und Blechscheren auseinandergerissen. Das alles dauerte nur wenige Minuten. Dann verschwanden sie mit einigen Gefangenen und einem Funkorter. Mit einer Sprengladung flogen die Geräteteste in die Luft. Ein Täuschungsmanöver! Die Deutschen sollten denken, mit dem Überfall sollte lediglich das Gerät zerstört werden. Eine inzwischen alarmierte Wehrmachteinheit versuchte, den Angreifern den Weg zur Küste zu verlegen. Vergebens! Schnellbootmotoren heulten auf, und schon war der Spuk in Nacht und Nebel verschwunden. Die Beute gelangte wohlbehalten nach Großbritannien.

Eine sofort eingesetzte Untersuchungskommission der Luftwaffe stellte fest, daß es sich nur um einen britischen Überfall gehandelt haben könnte. Doch worin bestand das Ziel dieses gefahrvollen Unternehmens? Man vermutete alles Mögliche. sprach sogar von einer neuen Form der Kriegführung durch Kommandotruppen und anderem. Doch Tatsache war folgendes: Das britische Kabinett hatte vor wenigen Wochen ausgedehnte Luftangriffe gegen deutsche Städte beschlossen. Um die Verluste der RAF durch Jagdflugzeuge und Flak möglichst gering zu halten, sollten die Leitgeräte der faschistischen Luftverteidigungslinie durch Funkmeßstörungen niedergehalten werden. Alle an der französischen Kanalküste erbeuteten Geräteteile und Unterlagen analysierte man sorgfältig und stellte fest, daß die deutschen Anlagen bei künstlichen Störungen nicht mehr arbeiten konnten. Deshalb kam es eineinhalb Jahre später zu einer Katastrophe für die deutsche Luftverteidigung. Zunächst mußten die Briten einer anderen Spur nachgehen, die zur geheimsten Waffenerprobungsstelle Hitlerdeutschlands führte.

Radaranflug auf Peenemünde

Im Frühjahr 1943 standen einige zivile und uniformierte Luftbildauswerter der RAF vor einem Foto, das von einem «Mosquito»-Fernaufklärungsflugzeug aus großer Höhe aufgenommen worden war. Das Luftbild zeigte den Nordzipfel der stark gegliederten Ostseeinsel Usedom. Agenten hatten berichtet, daß man dort an einer Geheimwaffe arbeitete. Außerdem gab es da noch eine auf unerklärliche Weise zum britischen Marineattaché in Oslo gelangte Notiz über Raketenversuche in Peenemünde auf Usedom.

Verwunderlich wäre es nicht. Die Faschisten hatten an der Wolga ein Fiasko erlitten, ihre 6. Armee war vernichtet; das militärische Prestige sank. Unter dem Eindruck des sowjetischen Sieges bei Stalingrad erlebte der antifaschistische und nationale Befreiungskampf in den besetzten Gebieten einen neuen Aufschwung. Dem wollte Hitler etwas entgegensetzen. Hatte er nicht vor kurzem in einer Rede mit deutschem Erfindergenie geprahlt, das nicht müßig gewesen sei und neue Waffen geschmiedet habe?

Da das Luftbild keine eindeutigen Aussa-

Zum Gedenken an die Opfer der Fliegerangriffe auf Peenemünde

gen zuließ, kam es Ende April 1943 zu weiteren britischen Aufklärungsflügen. Nach und nach sah man klarer. Einzelne Gebäude, ein Kraftwerk, Werkhallen, Gleisanlagen, Bunker, Erdwälle und sogar ein etwa 7,5 Meter langes zigarrenförmiges Projektil konnten identifiziert werden. Das britische Kabinett kalkulierte daraufhin einen Raketenangriff auf London und plante eine Teilevakuierung der Londoner Bevölkerung ein. Außerdem wurde der Angriff gegen die Heeresversuchsanstalt Peenemünde durch die RAF vorbereitet.

Am 17. August 1943 begann dann die Operation «Hydra». Gegen 22 Uhr starteten in Großbritannien 500 viermotorige Bombenflugzeuge, 65 Pfadfindermaschinen und acht «Mosquitos» von verschiedenen Flugplätzen mit Kurs auf Deutschland. Während die «Mosquitos» einen Angriff auf Berlin vortäuschten und mit ihm geschickt die Jagdflugzeuge der faschistischen Luftwaffe ab-

lenkten, flog die Hauptmacht nach Peenemünde. Es war Vollmond, die Sicht günstig, doch künstlicher Nebel machte das Erkennen der Bodenziele unmöglich. Außerhalb ihrer vertrauten Funkleitverfahren und nur nach PPI-Darstellung ihrer Radargeräte navigierend, wurden die «Pfadfinder», die den Bombenangriff leiteten, unsicher. Einige setzten die Leuchtmarkierungen für Bombenflugzeuge zu weit südlich; ein Fehler, der viele ausländische Kriegsgefangene das Leben kostete. Dabei wurden auch antifaschistische Widerstandskämpfer getötet, die wesentlich zur Aufklärung der deutschen Raketenentwicklung beigetragen hatten. Bomben fielen aber auf das Sauerstoffwerk, auf Produktionshallen, Prüfstände und Gleisanlagen. Mit diesem Angriff wurde die Raketenentwicklung der A 4 um Monate zurückgeworfen. Man verlegte sie schließlich in die «Mittelwerke» im Kohnstein bei Nordhausen. Den unterirdisch gelegenen Betrieb erbauten Buchenwald-Häftlinge. Dazu bildeten die Faschisten das Außenkommando «Dora», das später als selbständiges Lager «Mittelbau-Dora» funktionierte. Im September 1943 arbeiteten hier knapp 3 000 Häftlinge. Ein Jahr später gab es in «Dora» schon über 20 000 und Ende 1944 über 32 000. Die meisten überlebten jedoch das Ende der Barbarei nicht.

Das ebenfalls in Peenemünde entwickelte Flügelgeschoß Fi 103, ein kleines, unbemanntes Flugzeug, von den Faschisten V 1 (Vergeltungswaffe 1) genannt, entging dem Schlag und blieb in der Entwicklung. Erst als am 22. August ein Irrläufer auf der Ostseeinsel Bornholm abstürzte, erfuhr Großbritannien durch einen dänischen Agenten von seiner Existenz. Erneut wurde für London Raketenalarm gegeben. Das britische Kommando der Luftverteidigung arbeitete den Plan «Diver» aus, der einen mit Flügelraketen geführten Luftüberfall abwehren sollte.

Am 15. Dezember baten die Briten die

A-4-Rakete in Startstellung

Fi 103 wird abschußbereit gemacht

8. US-amerikanische Luftflotte, sich an Vernichtungsangriffen auf aufgeklärte Abschußrampen für Fi-103-Geschosse zu beteiligen. Rund 23 000 Tonnen Bomben fielen bis zum 12. Juni auf die Startrampen, die aber schon seit Monaten keinen praktischen Zweck mehr erfüllten. Inzwischen hatten die Faschisten einfachere, vorfabrizierte Katapulte in Stellung gebracht. Zu spät stellten die Briten das fest!

Vom 14. bis zum 22. Juni 1944 lag London im Feuer von 1 000 Flügelgeschossen. Allein am 16. Juni wurden über England 144 derartige Geschosse geortet, von denen die britische Luftverteidigung lediglich 22 abschießen konnte. Die Terrorwaffe richtete unter der Bevölkerung beträchtliche Verluste an. Es stellte sich heraus, daß der Plan «Diver» unreal war. Das Frühwarnsystem CHL war nicht in der Lage, die anfliegenden Flügelgeschosse rechtzeitig aufzufassen.

Noch größere Opfer forderten die A-4-Raketen, von den Faschisten mit V 2 bezeichnet. Sie kamen erstmals am 8. September 1944 gegen London zum Einsatz. Das faschistische Heereswaffenamt hatte die A 4 unter der Leitung von Walter Dornberger und Wernher von Braun in Peenemünde entwickeln lassen. Gegen diese ballistische Rakete gab es faktisch keine Abwehrmöglichkeiten, während die Fi 103 mit Jagdflugzeugen bekämpft werden konnte. Später wurden mehr als 1 100 Einschläge der A 4 gezählt. Ihre mobilen Startrampen in den Niederlanden waren schwer zu treffen.

Insgesamt wurden im zweiten Weltkrieg 4 300 A-4-Raketen und 23 137 Fi-103-Flügelgeschosse eingesetzt. Ziele waren London, später auch Antwerpen, Brüssel und Lüttich. Nach unvollständigen Angaben forderte der Beschuß 13 030 Opfer, weitere 38 676 Personen wurden verwundet, 206 406 Gebäude zerstört und über eine Million beschädigt.

Kriegsentscheidende Bedeutung hatte diese Terrorwaffe jedoch nicht, im Gegenteil! Die V-Angriffe nahm das britische Kabinett

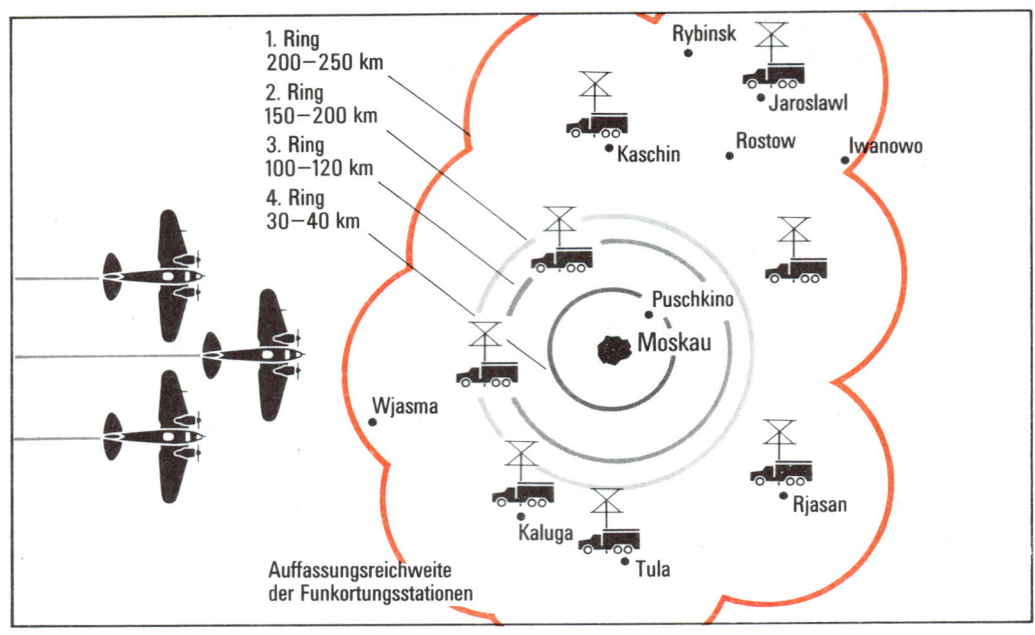

Die Organisation der Luftverteidigung Moskaus im
Großen Vaterländischen Krieg

zum Anlaß, gemeinsam mit der 8. und
15. US-amerikanischen Luftflotte zu einer
verschärften Luftkriegführung gegen die Bevölkerung in Deutschland vorzugehen. US-
amerikanische Bombenfliegerkräfte bei Tage
und britische Bombenfliegerkräfte bei Nacht
waren ständig im Einsatz. Terror wurde mit
Terror beantwortet. Die Hauptfront des zweiten Weltkriegs blieb die sowjetisch-deutsche
Front. Hier wurden die kriegsentscheidenden
Schlachten geschlagen.

Redut und Pegmatit
im Einsatz

Zu Beginn des faschistischen Überfalls gab
es in den Luftverteidigungsstellungen rund
um Moskau und Leningrad bereits zahlreiche technische Beobachtungssysteme und
Funkortungsstationen. Vor der sowjetischen
Hauptstadt gliederten sie sich in mehrere
Verteidigungsringe, in denen zur Luftabwehr
verschiedene Kräfte und Mittel herangezogen wurden. Im ersten und zweiten Ring befanden sich Luftwarnposten und RUS-Funk-
ortungsstationen, der dritte, gleichzeitig
Handlungsraum der Jagdfliegerkräfte, war
mit Scheinwerferbatterien versehen. Sie sollten bei faschistischen Nachtangriffen die
Bombenflugzeuge für die sowjetischen Jagdflieger sichtbar machen. Im vierten Ring befand sich der Feuerstreifen der Flak. Das unmittelbare Stadtzentrum schützten Ballonsperren.

Die Luftangriffe der faschistischen Bombenflugzeuge auf Moskau begannen in der
Nacht vom 21. zum 22. Juli 1941. Sie kamen
wellenweise mit 195 Maschinen; doch schon
der erste von 22.25 bis 03.35 Uhr dauernde
Angriff scheiterte. Es gelang den Bomberpiloten nicht, die Moskauer Luftverteidigung
zu überwinden und geschlossen das Stadt-

zentrum, den Kreml, zu erreichen. Bis in den Herbst hinein flog die faschistische Luftwaffe mit 4 000 Maschinen rund 30 Angriffe auf die Hauptstadt der Sowjetunion. Nur ein Bruchteil der Flugzeuge, etwa 3 Prozent, konnte bis in die Metropole vorstoßen.

Die Luftangriffe richteten sich auch auf Leningrad, Orjol, Tula und andere Zentren. Aus den Erfahrungen, die man bisher gemacht hatte, wurde die Luftverteidigung am 9. November 1941 zentralisiert. Die Funktion eines Stellvertreters für Luftverteidigung wurde beim Volkskommissar für Verteidigung geschaffen, ihm unterstellte man alle erforderlichen Kräfte und Mittel. Hinzu kamen 1942 Jagdflugzeuge, die bestimmte Objekte zu sichern hatten. In der sowjetischen Armee gab es von nun an eine neue Teilstreitkraft, die Luftverteidigung. Zu ihr gehörten auch der Flugmeldedienst mit Funkortungsstationen der Typen RUS-2 (P-2M) und RUS-2s (Pegmatit). Ihre Serienproduktion lief unter komplizierten Bedingungen, da man infolge des Vorstoßes der faschistischen Wehrmacht sowohl die Produktionsstätten als auch das Leitinstitut ins Hinterland hatte evakuieren müssen.

Um die Luftverteidigung zu verstärken, stellte man im Frühjahr 1943 bei Moskau das erste sowjetische Nachtjagdfliegerregiment auf, dessen Maschinen vom Typ Pe-2 mit Funkmeßanlagen ausgerüstet waren. Die verwendete Nachtjagdanlage Gneis-2 besaß eine Auffassungsreichweite von 300 bis 4 000 Metern. Bis Ende 1944 kamen 230 Stück aus der Produktion. Wenig später war die verbesserte Ausführung Gneis-5 truppenreif, so daß das in Wnukowo stationierte Regiment mit beiden Typen ausgerüstet werden konnte.

Meist starteten die sowjetischen Nachtjagdflugzeuge erst, wenn die Funkorter den anfliegenden Gegner auf 130 bis 150 Kilometer Entfernung erfaßt hatten, weil dann die Fliegerkräfte über den größten Aktionsra-

dius verfügten. Man setzte auch die Pe-2 zu Patrouillenflügen ein; dabei suchten sich die Piloten ihre Ziele selbst. Vielfach wurden die Maschinen über Funk vom Boden aus an den einfliegenden Luftgegner herangeführt.

Dem sowjetischen Nachtjägerregiment gelang es, bereits bei seinen ersten Einsätzen mehrere faschistische Nachtbombenflugzeuge abzuschießen. Während des Großen Vaterländischen Krieges formierte sich aus diesem Truppenteil eine Nachtjagddivision, die auch an den Kämpfen um Riga, Lwow, Posen (Poznań) und Breslau (Wrocław) beteiligt war. Die Funkorter der sowjetischen Luftverteidigungstruppen verstanden es immer besser, einen ständigen Funkmeßkontakt mit einem eindringenden Luftgegner herzustellen. Sie ließen sich weder täuschen noch ablenken und verloren nicht die Übersicht über die Luftlage.

«Tora, Tora – Überraschung geglückt!»

Der Krieg im Fernen Osten begann am Sonntag, dem 7. Dezember 1941. Im Weißen Haus in Washington herrschte Ruhe. Präsident Roosevelt hatte seine Briefmarkensammlung ausgebreitet. Bei ihm war sein engster Freund und Berater, Harry Hopkins. Gegen 14 Uhr wurde die Stille durch einen dringenden Anruf des Marineministeriums unterbrochen. «Luftangriff auf Pearl Harbor, Mister Präsident! Keine Übung!»

·«Das kann nicht wahr sein!» rief Roosevelt. Doch die Meldung stimmte!

Pearl Harbor, auf der Hawaii-Insel Oahu gelegen, war die größte US-amerikanische Marinebasis im Stillen Ozean. Dort hatte man mehr als die Hälfte aller Schiffe der US-Pazifikflotte stationiert; insgesamt 93, darunter solche Riesen wie die Schlachtschiffe «Arizona», «Oklahoma», «Westvirginia», «Maryland», «Tennessee», «Nevada», «California» und das Flaggschiff «Pennsylvania». Auf den Flugplätzen von Oahu standen 394 Militärmaschinen, viele davon veraltet und nicht einsatzbereit. Kampffähig waren nur 143.

Unbemerkt hatte sich im Morgengrauen ein japanischer Verband, bestehend aus 6 Flugzeugträgern, 5 Kreuzern, 9 Zerstörern, 10 U-Booten und 8 schnellaufenden Tankern den Hawaii-Inseln genähert. Die Überfahrt vollzog sich bei absoluter Funkstille. Um den Eindruck zu erwecken, als befänden sich die japanischen Schiffe nach wie vor in ihren Stützpunkten, lief aber der normale Funkverkehr weiter, mit dem Unterschied, daß die ausgetauschten Bordfunker, deren «Handschrift» der US-amerikanischen Funkaufklärung gut bekannt war, von Land aus sendeten. Sie wickelten einen regen Scheinfunkverkehr ab und führten damit die Funkaufklärung der US-Pazifikflotte in die Irre.

Zu früher Morgenstunde, um 06.00 Uhr, startete von den Flugzeugträgern die erste Angriffswelle mit 183 Flugzeugen. Um 07.15 Uhr folgte die zweite mit 171 Maschinen. Ihr Kurs führte nach Pearl Harbor.

Der diensthabende Funkorter der Radarstation auf Oahu bemerkte um 07.02 Uhr auf seinem Sichtgerät mehrere, sich schnell nähernde Ziele. Ihm war bekannt, daß die Flotte eine Übung durchführte, bei der man ein unbekanntes U-Boot entdecken wollte, und vermutete zunächst einen Zusammenhang. Doch dann dachte er an die «fliegenden Festungen», die B-17-Bombenflugzeuge, die man zu den Hawaii-Inseln verlegt hatte. Vorsichtshalber gab er eine Meldung an das Informationszentrum. Hier waren jedoch außer dem Diensthabenden alle zum Frühstück gegangen. Der Offizier entsann sich, daß der Rundfunksender Honolulu schon die ganze Nacht über ein flottes Musikprogramm mit Hawaiiklängen abgestrahlt hatte. «Sicher als Leitsignal für die anfliegenden eigenen Flugzeuge», meinte er und gab den folgenschwe-

ren Befehl, die Radarstation abzuschalten.

Der Rundfunksender Honolulu hatte den japanischen Piloten als Leitstrahl gedient! Um 07.53 Uhr meldeten sie in einem Funkspruch: «Tora, Tora — Überraschung geglückt!» Als um 07.55 Uhr auf den amerikanischen Schiffen die übliche Flaggenparade begann, griffen die Japaner an. Noch dachte niemand an Krieg. Dann krachten Bomben und Torpedos. Um Punkt 08.00 Uhr erhielten alle Schiffe über Funk die offizielle Meldung vom Angriff der japanischen Marinefliegerkräfte. Nur zögernd begann eine Abwehr. Wo war die Munition? Wo waren die Feuerleitoffiziere? Nur hier und da schossen einige Geschütze auf den Schiffen. Gleichzeitig mit dem Überfall auf die Flotte begann der japanische Angriff auf die Flugplätze Oahus. Wie zur Parade ausgerichtet standen die Maschinen, ungedeckt und gut sichtbar. Sie gingen beim ersten Anflug in Flammen auf.

Um 09.45 Uhr war alles vorbei. Über 2 000 Tote, 710 Verwundete, 4 verlorene und 4 schwer beschädigte Schlachtschiffe sowie 3 mittelschwer getroffene Kreuzer und Zerstörer waren die Bilanz. Bei den Landstreitkräften gab es 218 Tote und über 300 Verwundete. Auch die Marineinfanterie hatte 109 Tote und 70 Verwundete.

Die Japaner büßten 29 Flugzeuge und 6 U-Boote, davon 5 Kleinst-U-Boote, ein.

Der Überfall auf Pearl Harbor traf die USA völlig überraschend und hart. Die Führung der Pazifikflotte war überzeugt gewesen, die japanischen Kräfte unter Kontrolle zu haben. Nach der Luftaufklärung schloß man auf einen eventuellen japanischen Angriff gegen Malaya, Niederländisch-Indien oder die Philippinen, für die eigenen Stützpunkte sah man keine Gefahr. Nach ihrer Meinung existierte gar kein Verband, der Pearl Harbor hätte angreifen können. Doch es gab einen solchen Verband.

Nach dem Überfall auf Pearl Harbor sahen sich die USA gezwungen, Japan noch am selben Tag den Krieg zu erklären. Damit wurde der letzte Schritt zu einer umfassenden antifaschistischen Koalition getan. Schon lange vor Ausbruch des zweiten Weltkriegs von der Sowjetunion angestrebt, verwirklichte sich nun die Zusammenarbeit von sozial grundverschiedenen Staaten zur Abwehr der Aggressoren. Die Sorge um die eigene Existenz und der Druck der bedrohten Völker drängten zumindest vorübergehend den Antikommunismus in den Hintergrund. Der sozialistische Staat in dieser Antihitlerkoalition bot jetzt die Garantie für den endgültigen Sieg über den Faschismus.

Die Funkortung, das große Geheimnis, half im zweiten Weltkrieg, unterschiedlichste Kampfhandlungen sicherzustellen. Ergänzt wurde sie durch verschiedene Funkaufklärungs-, -peil- und -navigationsmittel. Einmal entdeckt, entwickelte sie sich mit rasender Schnelligkeit. In den größten kriegführenden Ländern arbeiteten Tausende von Ingenieuren, Hochfrequenztechnikern und Physikern an zu lösenden Funkortungsproblemen. In den Gefechten der Fliegerkräfte, Fla-Artillerie und Überwasserkriegsschiffe bestimmten die neu geschaffenen elektronischen Mittel die Effektivität des Waffeneinsatzes. Die Funkortung führte in den Streitkräften zu neuen Fachrichtungen und Waffengattungen. Besonders umfangreiche praktische, organisatorische und technische Erfahrungen im Einsatz der Funkmeßmittel konnten die Sowjetunion, Großbritannien und das faschistische Deutschland erwerben. Auch der militärische Funkverkehr hatte nach den ersten Versuchen inzwischen eine stürmische Entwicklung erfahren. Er eroberte immer höhere Frequenzbereiche und wurde für die Truppen- und Flottenführung unentbehrlich.

Auf allen Frequenzen für den Sieg

Der schwere Anfang

Der Überfall der faschistischen Wehrmacht traf die sowjetischen Truppen in den grenznahen Militärbezirken und das Sowjetvolk überraschend. Bis zum Dezember 1941 okkupierte sie die baltischen Sowjetrepubliken, Belorußland, Moldawien, große Teile der Ukraine und Gebiete der RSFSR. In nordöstlicher Richtung stießen die faschistischen Truppen 850 Kilometer vor und bedrohten Leningrad, in östlicher Richtung die Hauptstadt der Sowjetunion, Moskau. Im Südosten erreichten sie das Donezbecken und besetzten fast die gesamte Krim. Doch zu dem geplanten «Blitzkrieg» kam es nicht, denn bereits im Herbst 1941 begann die Sowjetunion, die Pläne des faschistischen Oberkommandos zu durchkreuzen. Die Rote Armee hielt den wuchtigen Schlägen des Gegners stand. Das gesamte Volk schuf die Voraussetzungen für den Umschwung.

Die zu Kriegsbeginn an der sowjetisch-deutschen Front entstandene operativ-strategische Lage war für die Truppenführung außerordentlich kompliziert. Das betraf auch die Nachrichtentruppen der grenznahen Militärbezirke. Sie besaßen nur Friedensstärke und sollten erst während der Mobilisierung aufgefüllt werden.

Der rasche Vorstoß der Faschisten machte jedoch die vorgesehene Mobilisierung von Nachrichtensoldaten in Belorußland und den baltischen Republiken zunichte, auch der Kiewer und der Odessaer Militärbezirk lösten diese Aufgabe unvollständig.

Man wandelte die Stäbe der Militärbezirke in Front- und Armeestäbe um und teilte ihnen die geringen Nachrichtenmittel zu. Es fehlten Feldkabel, Gerät und Nachrichteninstandsetzungstruppen. Die vorhandenen Freileitungen waren bevorzugtes Angriffsziel der gegnerischen Fliegerkräfte und wurden über große Strecken zerstört. Die Truppenfunkstationen, obwohl den feindlichen Luftangriffen nicht so sehr ausgesetzt, waren anfangs wenig leistungsstark. Viele Kommandeure und Stabsoffiziere waren auch ungenügend im Funkbetriebsdienst ausgebildet, und die Funker besaßen nur wenig praktische Erfahrungen. Außerdem ruhten die erforderlichen Funkunterlagen in den Panzerschränken der Militärbezirke und erreichten mit den beginnenden Kampfhandlungen nicht die Stäbe.

Das Kampfgeschehen erforderte einen ständigen Wechsel der Korps-, Divisions-, Armee- und Frontführungsstellen. Er war immer auch mit dem Entfalten oder Verlegen der entsprechenden Nachrichtenzentralen verbunden. Doch das hatte man ungenügend trainiert. Alles zusammen führte dazu, daß selbst höhere Stäbe oft keine oder nur unzureichende Informationen über die Lage und die Handlungen des Gegners erhielten. Das beeinträchtigte die Entschlußfassung der Kommandeure. Viele Divisionen besaßen so über längere Zeit keine Verbindung zum Vorgesetzten oder zum Nachbarn und kämpften selbständig.

In seinen Memoiren charakterisierte der ehemalige Chef Nachrichten der 13. Armee,

Oberst I. F. Achremenko, den schweren Anfang zu Beginn des Großen Vaterländischen Krieges: «Die Funkbeziehungen auf der Armee-Ebene hatten keinerlei System. Es gab weder einheitliche Funkunterlagen, noch trafen vom Stab des Westlichen Militärbezirks irgendwelche Anweisungen zur Organisation der Funkverbindungen ein. Die Kommandeure griffen deshalb auf die wenigen Drahtverbindungen und auf andere Möglichkeiten wie Verbindungsoffiziere, Melder und Kradfahrer zurück. Auch die Feldposteinrichtungen konnten ihre Tätigkeit erst eineinhalb Monate nach Kriegsbeginn aufnehmen.»

Um die in weit auseinandergezogenen Räumen handelnden Verbände besser führen zu können, richtete man in den Armeen neben bereits bestehenden Führungsstellen und rückwärtigen Führungsstellen Hilfsführungsstellen ein. Sie leiteten besonders diejenigen Kräftegruppierungen, die in den wichtigsten Richtungen handelten oder selbständige Aufgaben lösten. Die Hilfsführungsstelle unterstand in der Regel dem Stellvertreter des Oberbefehlshabers und vereinfachte die komplizierte Organisation der Nachrichtenverbindungen.

Man mußte energische Anstrengungen unternehmen, um auf diesem Gebiet weiterzukommen. Das Verschlüsseln von Funksprüchen und unklare Vorstellungen über die demaskierenden Eigenschaften der Funksendestellen hatten viele Kommandeure davon abgehalten, Funkmittel einzusetzen. Die Luftangriffe auf Führungsstellen und Nachrichtenzentralen wurden lediglich dem Umstand zugeschrieben, daß der Gegner in der Lage sei, die Funkstellen, die räumlich nicht abgesetzt von diesen Einrichtungen arbeiteten, einzupeilen. Einige Offiziere verboten grundsätzlich den Betrieb und setzten die Funker als Schützen ein. Andere ließen die Funksprüche offen absetzen, ohne sie zu verschlüsseln.

Der Volkskommissar für Verteidigung for-

Marschall der Nachrichtentruppen Iwan Terentjewitsch Peressypkin (1904—1978)

Im April 1919 Freiwilliger der Roten Armee. 1924 Abschluß der Militärpolitischen Schule in Kiew. 1932 bis 1937 Studium an der Elektrotechnischen Akademie der Roten Armee. 1939 Oberst und Volkskommissar für das Nachrichtenwesen. Ab Juli 1941 Stellvertreter des Volkskommissars für Verteidigung, Chef Nachrichten der Roten Armee und gleichzeitig Volkskommissar für das Nachrichtenwesen. 1944 zum Marschall der Nachrichtentruppen ernannt. 1958 Mitarbeiter in der Gruppe der Generalinspekteure im Ministerium für Verteidigung der UdSSR.

derte in einer Direktive, die Funkverbindung endlich als Hauptmittel der Truppenführung anzusehen, besonders angesichts der zunehmenden Gefechtsdynamik. Er verlangte, daß alle Kommandeure in der Lage sein müssen, ihre Truppen über Funk zu führen. Gleichzeitig wurden Kommandeursfunkstellen eingeführt. Wo immer sich ein Befehlshaber oder Kommandeur auch befand, diese Funkstelle mußte bei ihm sein. Außer dem Funker gehörten zu ihr ein Offizier der operativen Abteilung und ein Chiffrieroffizier. Die

RB-Funkstation im Einsatz

Kriegsräte und die Kriegskommissare kontrollierten, daß diese Direktive auch durchgesetzt wurde.

Um das Nachrichtenwesen weiter zu vereinheitlichen und zu zentralisieren, wurde am 23. Juli 1941 auf Beschluß des Staatlichen Verteidigungskomitees Oberst I. T. Peressypkin zum Chef Nachrichten der Roten Armee ernannt. Er war gleichzeitig auch für das zivile Nachrichtenwesen verantwortlich und wurde Stellvertreter des Volkskommissars für Verteidigung.

Im August 1941 bildete Peressypkin die Hauptverwaltung Nachrichten der Roten Armee (GUSKA), die für Verbindung des Hauptquartiers zu den Fronten, Armeen und Teilstreitkräften verantwortlich war.

Die Fronten und Armeen erhielten mobile Nachrichtentruppen. Doch noch fehlte es an

Technik; die materiellen und personellen Verluste waren sehr hoch. Man mußte deshalb die Normausrüstung der Truppen mit Nachrichtenmitteln zeitweise um das Dreibis Fünffache herabsetzen. Gehörten zum Bestand einer Division vorher 63 Funkstationen, so wurden sie auf 12, für Feldkabel von 473 auf 100 Kilometer und für Fernsprechapparate von 327 auf 100 Stück gekürzt. Grundsätzlich löste man damit das Nachrichtenproblem nicht. Es war erforderlich, die Rundfunkindustrie schnellstens in das Landesinnere zu verlegen und dort die Produktion wieder aufzunehmen. Im August 1941 begann man mehrere Leningrader und im Oktober einige Moskauer Betriebe zu evakuieren. Anfang 1942 waren sie produktionsfähig. Zusätzlich verfügte die GUSKA den Bau von zwei Betrieben für militärische Nachrichtenmittel. Institute und Lehreinrichtungen der GUSKA suchten gleichzeitig nach Lösungen, fehlende Bauelemente für Funkgeräte durch andere zu ersetzen. So wurde das Funkgerät RB durch die 13 R und 12 RP abgelöst, deren Baugruppen denen ziviler Rundfunkempfänger entsprachen. Das Panzerfunkgerät 71 TK ersetzte man durch den Gerätetyp 10 R, der im Grundaufbau mit der Flugzeugfunkstation RSI 4 identisch war und in großer Stückzahl gefertigt werden konnte.

Um die Nachrichtenkommandeure und -ingenieure kontinuierlich weiterbilden zu können, wurde die Elektrotechnische Akademie der Roten Armee von Moskau nach Tomsk verlegt. Für die Kommandeure verkürzte sich die Ausbildungszeit von vier Jahren auf ein und für die Ingenieure auf zwei Jahre.

Damit verwandelte sich die Akademie aus einer höheren Bildungsanstalt in eine Fachschule. Daß diese Maßnahme unzweckmäßig war, wurde bald erkannt und die normale Ausbildungszeit wieder eingeführt. Nachrichtenspezialisten schulte man in vielen Lehrgängen im östlichen Landesteil. Außerdem

Typ der Station	Antennen- leistung in Watt	Funkverbindungsreichweite in Kilometern		Frequenz- bereich in Megahertz	Unter- bringung
		Betriebsart Telegrafie	Betriebsart Telefonie		
Truppenfunkstationen					
RAT	1 000	2 000	600	2,4–12,0	3 LKW
RAF-KW	400–500	bis 600	bis 300	2,5–12,0	2 LKW
RSB-F	40–50	mit 4-Meter-Stabantenne		2,5–12,0	1 LKW
		bis 60	bis 30		
		mit 10-Meter-Langdraht- antenne			
		bis 150	bis 75		
RB	0,5	mit Stabantenne		1,5–6,0	2 Tor- nister
		10	7		
		mit Dipolantenne			
		20	10		
RRU	0,1	–	2,5–3	33,14– 40,43	1 Tor- nister
Flugzeugfunkstationen					
RSB-3 bis	50	bis 1 500	bis 350	2,5–12,0	Flugzeug
RSI-4	5	–	bis 150	3,5–5,0	Flugzeug
RSR-M	30	bis 200	bis 100	2,5–12,0	Flugzeug
Panzerfunkstationen					
9R	8	in der Bewegung:		4,0–5,62	Panzer
		–	bis 18		
		im Stand:			
		–	bis 25		
10R	10	in der Bewegung:		3,75–6,0	Panzer
		–	bis 25		
		im Stand:			
		–	bis 40		
RSMK	50	in der Bewegung:		2,4–12,0	Panzer
		bis 60	bis 40		
		im Stand:			
		bis 200	bis 100		

Taktisch-technische Angaben von Funkstationen der Roten Armee zu Beginn des Großen Vaterländischen Krieges 1941

ging man dazu über, Reservenachrichten- truppenteile aufzustellen.

Trotzdem waren weitere technische, orga- nisatorische und personelle Maßnahmen er- forderlich, um die Truppenführung spürbar zu verbessern. Sie unterlagen der ständigen Kontrolle durch die GUSKA und zogen sich bis Mitte 1943 hin. Doch die Kommandeure hatten begriffen, daß es ohne Nachrichten- verbindungen und ohne Führung keinen Sieg geben konnte.

Die Nervenstränge der Roten Armee

In Wolgograd, am Steilufer des Flusses, in der Nähe des Werkes «Barrikady», steht ein einfaches Denkmal, ein Obelisk. Es wurde zu Ehren des Nachrichtenpersonals errichtet, das, ob in Uniform oder Zivil, sein Leben für die sowjetische Heimat einsetzte. Stellvertretend für alle stehen vier Namen: «In den Unterständen am Wolgaufer verteidigten 1942 vier heldenhafte Nachrichtensoldaten der 138. Schützendivision, die Genossen Wetoschkin, Kusminski, Charasija und Kolossowoi — ihr Rufzeichen war ‹Rolik› —, hartnäckig sechs Wochen lang ihre Nachrichtenstelle und ließen die faschistischen Eroberer nicht durchkommen.»

Im Juni 1942 hatten die Faschisten ihre Sommeroffensive begonnen. Die Heeresgruppen A und B näherten sich im Osten der Wolga und im Süden dem Kaukasus. Stalingrad sollte schnell genommen und das Erdölgebiet für die Faschisten erobert werden. So befahl es Hitler.

Das sowjetische Hauptquartier wollte unter allen Umständen den Gegner in diesem Raum binden und ihn nach hartnäckigem Widerstand zu einer Entscheidungsschlacht zwingen. Mitte Juli begannen die schweren Abwehrkämpfe. Faschistische Fliegerkräfte flogen massierte Angriffe auf das Stalingrader Stadtzentrum und zerstörten viele nachrichtentechnische Einrichtungen. Das Fernsprech- und das Telegrafenamt wurden schwer beschädigt. Artilleriebeschuß unterbrach wiederholt die Drahtverbindungen zu den Verteidigungsschwerpunkten der Stadt. Laufend fielen Verteilungskabel und Leitungen des Fernsprechnetzes aus. Trotzdem schafften es die Nachrichtensoldaten immer wieder, bis zur beginnenden Angriffsoperation der Stalingrader Front die Verbindungen sowohl vom Gefechtsstand in Krasni Sad als auch von der Hilfsführungsstelle mit dem Generalstab, den Nachbarfronten und unterstellten Armeen aufrechtzuerhalten.

Als auf der Wolga der Eisgang einsetzte, fielen Feldkabelleitungen aus, die man im Fluß verlegt hatte. Dazu kamen Minen und gegnerischer Beschuß. Tagelang bestanden zu den Stäben der 62., 64., 57. und 51. Armeen keine Drahtverbindungen. Natürlich gab es Funkverbindungen, doch aus Angst, der Gegner könne den Funkverkehr aufklären und die Standorte der Funkstellen sofort einpeilen, wurden sie von vielen Kommandeuren nur zögernd eingesetzt. Man überschätzte die Möglichkeiten der gegnerischen Funkaufklärung. Dabei war aus Gefangenenaussagen bekannt, daß sich der Funkverkehr der Roten Armee nur schwer aufklären ließ. Der häufige Wechsel der Funkunterlagen, der Parolenaustausch in den Funkbeziehungen und eine straffe Abwicklung garantierten außerdem die Geheimhaltung. Tschuikow, der Befehlshaber der 62. Armee, gehörte zu denen, die die Funkverbindungen als unersetzliche Hilfe ansahen und sie deshalb voll nutzten.

Um die Drahtverbindungen schnellstens wiederherzustellen, ließ das Hauptquartier auf dem Luftweg ein spezielles Unterwassernachrichtenkabel nach Stalingrad bringen. Im eiskalten Wasser der Wolga, unter Artilleriebeschuß und Luftangriffen verlegten es die Nachrichtensoldaten gleichzeitig von beiden Ufern. Diese Verbindung spielte bei den Kämpfen und der Vernichtung der eingeschlossenen faschistischen Truppen eine maßgebliche Rolle.

Bereits im September 1942 hatte man im Hauptquartier begonnen, an dem detaillierten Plan zur Zerschlagung des Gegners im Raum Stalingrad zu arbeiten. Er erhielt den Decknamen «Uranus». Unter größter Geheimhaltung wurden 55 Schützendivisionen, 9 Schützenbrigaden, 7 Panzerkorps und 30 Panzerbrigaden im Raum Stalingrad zusammengezogen.

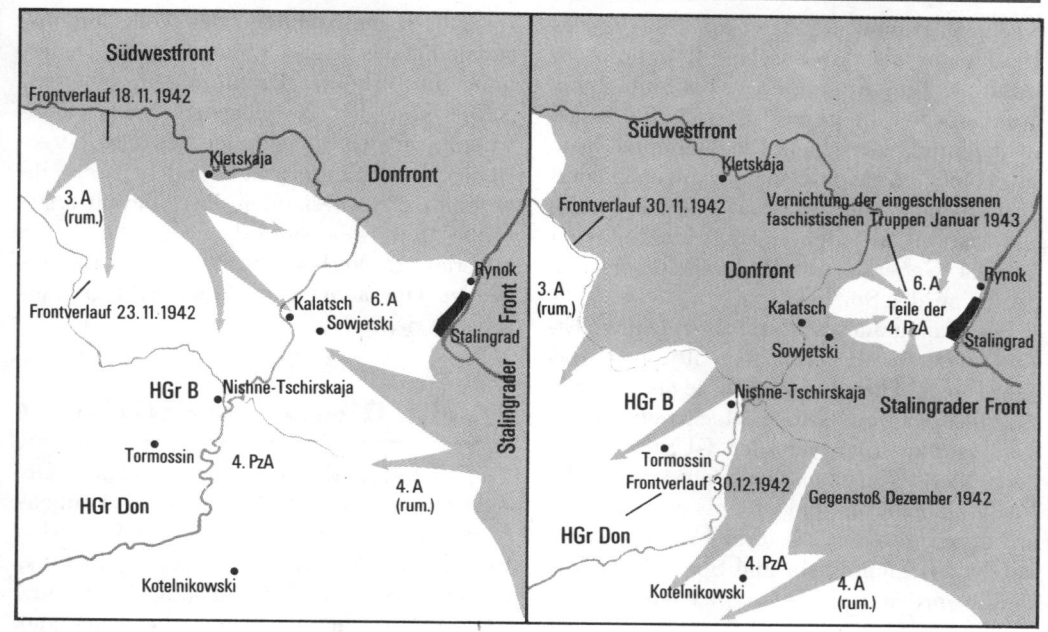

Plan zur Vernichtung der faschistischen Truppen bei
Stalingrad
Am 23. November 1942 vereinigten sich die Stoß-
gruppen der Südwest- und der Stalingrader Front bei
Kalatsch

Auch die Nachrichtentruppen bereiteten
sich intensiv auf die Angriffsoperation vor.
Sie besaßen zu diesem Zeitpunkt schon Erfahrungen, wie man Nachrichtenverbindungen bei Verteidigungsoperationen organisierte, jedoch kaum welche für großräumige
Angriffshandlungen, verbunden mit dem
Einkreisen und Vernichten gewaltiger Kräfte
des Gegners. Man beriet deshalb sehr gründlich und wertete mit den Chefs Nachrichten
der Fronten und Armeen die Gegenoffensive
vor Moskau aus. Das Nachrichtenpersonal
wurde speziell geschult.

Für das faschistische Oberkommando völlig überraschend, brüllten Geschütze in den
kalten Morgenstunden des 19. November
1942. Tausende «Katjuschas» heulten über

die tief verschneite Donsteppe auf die gegnerischen Stellungen zu. Das massierte Feuer
von 3500 Geschützen und Granatwerfern an
einem 28 Kilometer langen Frontabschnitt
war der Auftakt der sowjetischen Gegenoffensive. Unterstützt von stärkeren Panzer-
kräften, durchbrachen Stoßgruppierungen
der Südwest- und der Stalingrader Front die
Verteidigung des Gegners nördlich und südlich von Stalingrad, stießen weit in das Hinterland der faschistischen Gruppierung vor
und vereinigten sich im Raum Kalatsch. Am
23. November war der Gegner völlig einge-
schlossen. Von Dezember 1942 bis Januar
1943 zogen die sowjetischen Truppen den
Einschließungsring immer enger. Der Winter
war hart. Starke Winde, Schneeverwehungen
und Fröste bis zu 32 Grad erschwerten die
Angriffe. Hitlers Pläne, die bei Stalingrad eingeschlossenen Kräfte der 6. Armee und Teile
der 4. Panzerarmee zu entsetzen, erlitten ein
Fiasko.

Alle Aufrufe, sich zu ergeben, verhallten

ergebnislos, und so gingen am Morgen des 10. Januar die sowjetischen Truppen der Donfront zum Angriff über. Bis zum 2. Februar wurden die gegnerischen Kräfte aufgespalten und vernichtet. Die Gesamtverluste an Toten, Verwundeten, Gefangenen und Vermißten beliefen sich auf fast 1,5 Millionen Mann. Unter den Gefangenen befanden sich 24 Generale mit Generalfeldmarschall Paulus an der Spitze.

Die Stalingrader Schlacht brachte neue Erkenntnisse für die Nachrichtentruppen. Das betraf sowohl die Planungsphase als auch die Angriffsoperation selbst. Rechtzeitig hatte das Hauptquartier von der GUSKA gefordert, klare Aufgaben zu stellen, wie die Nachrichtenverbindungen zweckmäßig zu organisieren seien. Die drei Fronten waren mit Nachrichtenmitteln und Spezialisten aufgefüllt worden. Die Chefs arbeiteten sehr eng zusammen.

Eine im Raum Kalatsch im Woronesher Gebiet entfaltete operative Nachrichtenzentrale verband die Armeen, die die Einschließung der gegnerischen Truppen bei Stalingrad vollendeten. In den Hauptrichtungen wurden die Handlungen der Schützendivisionen über spezielle Funkführungsnetze koordiniert. Auch das unmittelbare Zusammenwirken zwischen der in der ersten Staffel im Angriffsstreifen der Südwestfront handelnden 5. Panzerarmee mit den übrigen Truppen der Front sowie der 61. Armee der Stalingrader Front verlief auf diese Weise. Frontoberbefehlshaber und Generalstab benutzten den Funkfernschreiber. Zu den Armeebefehlshabern bestand ebenfalls Funkverbindung. Die Panzerverbände verfügten über selbständige Führungsnetze. Die Schützendivisionen und Korps wurden fast ausschließlich über Funk geführt. Drahtverbindungen verlegte man nur zu den Ausgangsräumen, und beim Angriff wurden sie als Nachrichtenachse weitergeführt. Unterstützung erhielten die Nachrichtentruppen durch

Instandsetzungsbataillone des Volkskommissariats für das Nachrichtenwesen, die Dauerlinien mit erhöhter Drähtezahl installierten.

Die von den sowjetischen Nachrichtentruppen in der Stalingrader Schlacht hergestellten Funk-, Fernsprech- und Fernschreibverbindungen bestanden ihre Bewährungsprobe und bildeten die Grundlage für zuverlässige Verbindungen in den nachfolgenden Operationen des Großen Vaterländischen Krieges.

Marineflieger über Berlin

21. Juli 1941. Aus Richtung Minsk und Orscha flogen über 200 faschistische Bombenflugzeuge die sowjetische Hauptstadt an. Der Befehlshaber der Luftverteidigung Moskaus, Generalmajor M. S. Gromadin, löste kurz nach 22.00 Uhr von seinem Gefechtsstand über Drahtfunk Alarm aus. Die Flak begann ihr Werk. An diesem Tag wurden 22 Bombenflugzeuge vernichtet. Größeren Schaden erlitt die Hauptstadt nicht. Trotzdem fielen dem Luftbombardement Hunderte von Moskauern zum Opfer.

Der sowjetische Generalstab entschloß sich, auf die faschistische Metropole einen Gegenschlag zu führen. Mit ihm würde die verlogene faschistische Propaganda entlarvt, die lauthals verkündete, die Sowjetarmee sei zerschlagen und die sowjetischen Fliegerkräfte bereits zerstört.

Doch die Moskauer Flugplätze lagen von Berlin zu weit entfernt. Auch Leningrad kam nicht in Frage. Lediglich von dem kleinen Feldflugplatz Kagul auf der Insel Saaremaa war ein Start der Bombenflugzeuge vom Typ DB-3F (Il-4) möglich. Man wählte die günstigste Flughöhe und flog der größeren Sicherheit wegen die Route bis Königsberg über See. Dort gab es keine deutsche Luftverteidigung. Nach dem Bombenwurf mußte man unverzüglich zurückkehren. Verlor eine

Bombenflugzeug DB-3F (IL-4)

Maschine nur 20 oder 30 Minuten, erreichte sie den Flugplatz nicht mehr.

Der Kriegsrat der Baltischen Flotte befahl Oberst J. N. Preobraschenski, Kommandeur des 1. Torpedofliegerregiments, 15 Besatzungen auszuwählen und sie am 2. August nach Saaremaa zu verlegen. Nachdem alle Vorbereitungen abgeschlossen waren, starteten in der Nacht zum 8. August 13 schwer mit Treibstoff und Sprengbomben beladene Flugzeuge und gingen auf Kurs. Die erste Gruppe führte der Regimentskommandeur, die zweite und dritte Gruppe die Staffelkommandeure Jefremow und Gretschischnikow. Der Flug führte in Richtung Gotland, dann nach Südwesten zur Insel Bornholm und schließlich auf Südkurs. Ab Königsberg war ihr einziger Schutz vor der Luftabwehr die Höhe, in der sie flogen: 7 000 Meter.

In der Berliner Luftsperrzone empfing der gut deutschsprechende Bordfunker des Regimentskommandeurs über Funk Anfragen der Bodenleitstellen nach Flugrichtung und Flugziel. Er nutzte diese Tatsache geschickt aus, verweigerte eine Antwort, stellte wiederholt Rückfragen, so daß die Faschisten annehmen mußten, es handele sich um eigene Nachtjagdflugzeuge, die sich verflogen hätten. Zu spät befahl man den Piloten, auf einem der bei Berlin gelegenen Flugplätze in Brandenburg oder Strausberg zu landen.

Die Maschinen erreichten unangefochten das Berliner Stadtzentrum. Die erste Staffel griff Bahnanlagen und Waggons auf dem Stettiner Bahnhof an. Mit den Bomben regnete es Zehntausende Flugblätter mit der Rede Stalins vom 3. Juli 1941. Die zweite Staffel bombardierte Rüstungswerke von Siemens und AEG in Reinickendorf und die dritte das Regierungsviertel in der Wilhelmstraße. Die Verwirrung der Faschisten war so groß, daß erst 35 Minuten nach dem ersten Bombenabwurf Luftalarm ausgelöst wurde. Dann gingen die Flugzeuge, ohne das Ergebnis aufklären zu können, auf Gegenkurs. In den frühen Morgenstunden des 8. August landeten alle 13 Maschinen wohlbehalten in Kagul.

Die Faschisten versuchten die Tatsache zu vertuschen, daß sowjetische Flugzeuge Berlin bombardiert hatten. Am nächsten Tag meldete ihre Presse, britische Maschinen hätten in der vergangenen Nacht Berlin angegriffen; dabei seien sechs abgeschossen worden. Daraufhin dementierten die Briten: «Die deutsche Meldung über ein Bombardement Berlins ist interessant und rätselhaft, da die RAF nachweislich am 7. und 8. August Berlin nicht angegriffen hat.»

Den ersten Luftangriffen folgten weitere. In der Nacht vom 8. zum 9. August mußte in Berlin wieder Fliegeralarm ausgelöst werden. Zwölf DB-3F warfen 72 100-Kilogramm-Sprengbomben und 2 500 Flugblätter ab. Den bis dahin schwersten Schlag erhielt die faschistische Hauptstadt in der Nacht des 12. August, als 7 DB-3F und 11 TB-7-Flugzeuge angriffen. Bis zum 5. September, als Tallinn aufgegeben und Saaremaa unmittelbar bedroht wurde, mußte Berlin bei insgesamt zehn Luftangriffen einige hundert Bomben hinnehmen.

Die Lebensadern der Sowjetflotte

Die Besatzung des Eismeerfrachters «Sibirjakow» kannte sich im Nordpolarmeer aus. Auch der Kapitän Anatoli Katscharawa befuhr den Nördlichen Seeweg schon das siebente Jahr. Regelmäßig versorgte sein Schiff die Polarstationen und Siedlungen mit allem Notwendigen.

Dann, als Angehöriger der sowjetischen Seekriegsflotte, brachte er Truppen und Kriegsmaterial von Archangelsk nach Murmansk, das vom faschistischen Gebirgskorps Norwegen bedroht wurde. Sehr oft war sein Schiff heftigen Angriffen der faschistischen Fliegerkräfte ausgesetzt, doch mit zwei 45-Millimeter-Geschützen auf der Back und zwei 76-Millimeter-Geschützen am Heck wehrten sich die Seeleute tapfer. Kaum war der Murmansker Hafen erreicht, entlud man Munition und Waffen und brachte Verwundete zum Abtransport an Bord. Man hörte bereits den Geschützdonner der Front. Die faschistischen Truppen versuchten immer wieder, zur Eisenbahnlinie vorzustoßen, die Murmansk mit dem Landesinneren verband. Über diese Trasse wurde das Kriegsmaterial transportiert, das westalliierte Geleitzüge nach dem Lend-Lease-Vertrag über den Ozean gebracht hatten.

Nachdem die Seewege der Sowjetunion durch die Ostsee und das Schwarze Meer in den Händen des Gegners lagen, war die Verbindung über Murmansk und Archangelsk außerordentlich wichtig. Daher die großen Anstrengungen der Faschisten, auch diesen Weg zu sperren.

Vor dem Auslaufen wurde Katscharawa vom Hafenkommandanten darüber informiert, daß es der faschistischen Kriegsmarine im Zusammenwirken mit Bombenfliegerkräften gelungen sei, den Geleitzug PQ-17 anzugreifen. Von 34 Transport- und 2 Bergungsschiffen gingen 24 verloren. Die westlichen Alliierten hatten die Fern- und Nahsicherung des Geleits zu früh zurückgerufen und die Schiffe ihrem Schicksal überlassen. Da man weiter mit aktiven Handlungen der Faschisten rechnen mußte, erhielt Kommandant Katscharawa den Befehl, auf dem Rückmarsch Funkstille zu bewahren. Nur wenn er Schiffe des versprengten Geleits antreffen sollte, durfte er ein Kurzsignal absetzen. Kapitän Katscharawa ahnte zu diesem Zeitpunkt noch nicht, welche schwere Aufgabe vor ihm lag.

Schwerer Kreuzer «Admiral Scheer»

Im Skommfjord bei Narvik lag der schwere Kreuzer «Admiral Scheer». Kapitän zur See Meendsen-Bohlken studierte den Operationsplan «Wunderland», den Admiral Schmundt, verantwortlich für die Seekriegführung in den arktischen Gewässern, hatte ausarbeiten lassen. Da sich hier die Schiffahrt auf kaum drei Monate zusammendrängte, hoffte man auf große Beute. Und die wollte man, allein schon aus propagandistischen Gründen, nicht nur im Osten, sondern auch in der Murmansker Richtung.

Anfang August 1942 übermittelte Admiral Nordmeer aus dem Kieler Stab in einem Funkspruch an Meendsen-Bohlken die Mitteilung der japanischen Aufklärung, daß 16 Handelsschiffe beim Passieren der Beringstraße eingepeilt worden seien. Gleichzeitig lag dem Kommandanten der «Admiral Scheer» eine Luftaufklärungsmeldung vor, nach der das Auslaufen eines größeren Konvois aus dem Hafen von Archangelsk in Richtung Nördlicher Seeweg beobachtet

wurde. Und es gab in der Nordmeerflotte kein Kriegsschiff, das dem schweren Kreuzer ein Gegner hätte sein können!

Die schwierigste und gefährlichste Wegstrecke für beide Konvois war die Wilkizkistraße. In diesem Raum sollte der Überfall stattfinden. Die faschistische Seekriegsleitung verlegte zusätzlich U-Boote und eine Aufklärungseinheit der Luftflotte 5 nach Norden. Um das Unternehmen geheimzuhalten, kamen für den Eismeldedienst anstelle von Fischdampfern U-Boote zum Einsatz. Sie hatten das Gebiet nördlich der Insel Nowaja Semlja bis zur Packeisgrenze aufzuklären. Weitere vier U-Boote erhielten ihre Standorte zwischen der Bären-Insel und Nowaja Semlja zugewiesen, um den Kreuzer gegen alliierte Kriegsschiffe aus dem Westen abzuschirmen. U 601 und U 251 liefen zur Aufklärung in die Wilkizkistraße, und andere bekamen den Befehl, in Richtung Dickson zur Jenissejmündung und zur Insel Bely vorzustoßen. Da sich nach Berechnungen der faschistischen Seekriegsleitung die meisten Transporter und Eisbrecher im geplanten Operationsgebiet frühestens am 25. August einfinden würden, lief die «Admiral Scheer», begleitet von 4 Zerstörern, am 16. August bei schlechter Sicht aus dem Skommfjord aus.

Mit dieser Aktion verfolgte die faschistische Führung einen ganz bestimmten Zweck. Bei ihrer Niederlage vor Moskau hatte die Wehrmacht die stählerne Festigkeit der sowjetischen Panzer zu spüren bekommen. Und für ihre Produktion benötigten die Panzerwerke Nickel. Nickel aber kam — nachdem Motschegorsk auf der Kolahalbinsel in die Hand des Gegners gefallen war — aus Norilsk. So war im Befehl «Wunderland» auch die Weisung enthalten, die Seeverbindung Murmansk—Dudinka zu unterbrechen, im Hafen von Norilsk 180 Soldaten anzulanden, die Nickelhütte zu zerstören und die Küstenfunkstationen auf dem Nördlichen Seeweg unbrauchbar zu machen.

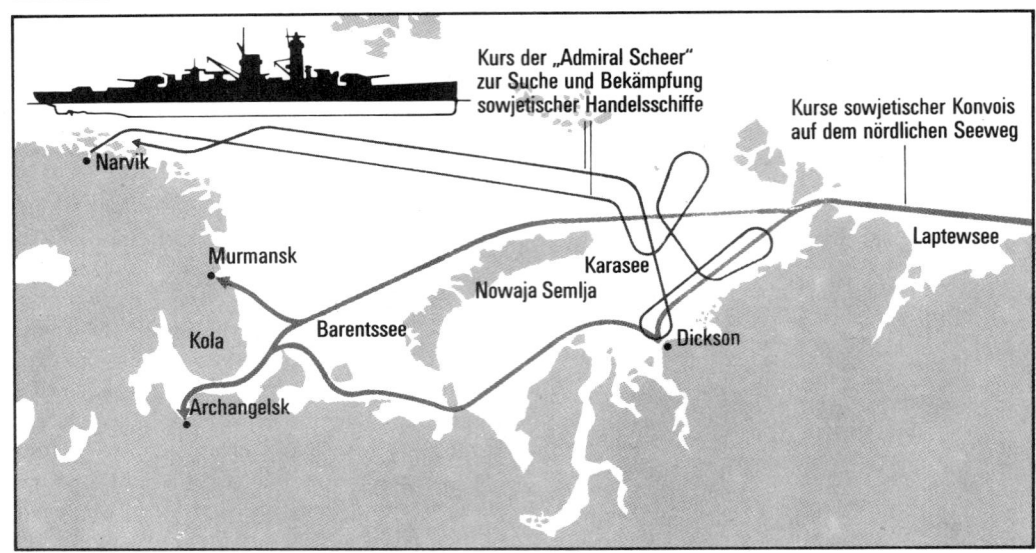

Operation «Wunderland» der faschistischen deutschen
Kriegsmarine im Sommer 1942

Bald mußten die den Kreuzer begleitenden Zerstörer auf Grund der Eisverhältnisse umkehren. Die «Admiral Scheer» konnte sich nur noch auf die U-Boot-Sicherung verlassen. Die Fahrt verlief bei völliger Funkstille. Am 18. August, gegen 23.40 Uhr, traf das Schiff auf U 601. Dieses meldete, daß sich die Packeisgrenze noch 80 Seemeilen nördlich der Insel Nowaja Semlja befinde. Das Packeis konnte also von der «Scheer» außerhalb der Beobachtungsreichweite sowjetischer Polarstationen umfahren werden. Nördlich der Insel berührte der Kreuzer Eisfelder. Mit Hilfe des Bordflugzeugs wurde freies Wasser gesucht und ein neuer Kurs abgesteckt. Drei Tage lang kreuzte die «Admiral Scheer» mit wechselnden Kursen in der Westsibirischen See. Dann endlich gelang es dem Funkabhördienst, den Funkspruch eines sowjetischen Geleitkommandanten aufzufangen, in dem den Schiffen ein Kurs von 43 Grad und die Einhaltung einer Geschwin

digkeit von 5 Seemeilen je Stunde befohlen wurde. Auch die Funkleitstelle Dickson empfing den Spruch. Der angegebene Kurs führte zur Nordenskjöld-Passage! Von Admiral Carls lief ein Funkspruch ein, wonach ein Geleit mit 4 Eisbrechern und 19 Frachtschiffen aus dem Osten im Anmarsch auf die Wilkizkistraße sei. Am 24. August traf der schwere Kreuzer gegen Mittag auf einen einzelnen Eismeerfrachter. Die Uhr zeigte kurz nach Zwölf. Schon lag vor Meendsen-Bohlken der übersetzte Text eines aufgenommenen Funkspruchs: « ‹Sibirjakow› an Dickson. Unbekanntes Kriegsschiff gesichtet. Halten weiter Verbindung!»

Mit verschiedenem Ausrüstungsmaterial, mit transportablen Häusern für Polarstationen, Funkgeräten, Schlittenhunden, Kühen, mit Menschen der verschiedenen Berufe, darunter fünf Frauen, an Bord, hatte die «Sibirjakow» am 24. August den Hafen von Dickson verlassen. Das Kommando der sowjetischen Nordmeerflotte hatte den Befehl erteilt, Funk- und Wetterstationen auf Plätzen zu errichten, die vorher kaum ein Schiff erreicht hatte. Der Nördliche Seeweg mußte sicherer werden. In der Karasee war Funkstille befohlen, nur im äußersten Notfall sollte gesendet werden. Und nun war dieses unbekannte Kriegsschiff aufgetaucht, das zunächst keine Anfragen des Signalgasten beantwortete, sich dann aber als schwerer US-amerikanischer Kreuzer «Tuscaloosa» zu erkennen gab. Schließlich wurde auf der «Admiral Scheer» die Hakenkreuzflagge gehißt und die «Sibirjakow» durch Bugschuß aufgefordert, sich zu ergeben. Doch das Schiff nahm den ungleichen Kampf auf. Die Geschütze der «Scheer» überschütteten das kleine Schiff mit Geschossen; es kenterte und sank. Aber der Funker konnte noch einen letzten, warnenden Funkspruch an Dickson absetzen. In einem Rundspruch «An alle» warnte daraufhin die Funkleitstelle die Konvois vor dem schweren Kreuzer. Rückmeldungen zeigten, daß die Eisbrecher sofort den Weg für die Konvois in das für den Kreuzer nicht passierbare Treibeis bahnten. Die Rechnung der Faschisten ging nicht auf! Sie hatten die Erfahrung und die Meisterschaft der sowjetischen Seeleute in der Eisfahrt unterschätzt! Jetzt war Meendsen-Bohlken entschlossen, die Funkleitstelle zu vernichten und mit einem Landungstrupp den Stab für arktische Seeoperationen in Dickson gefangenzunehmen. Doch Dickson war nicht mehr zu überraschen! Die kleine Garnison hatte sich zur Verteidigung vorbereitet. Als die «Scheer», vorsichtig manövrierend, die Einfahrt Schmiedekap passierte, schlug ihr Artilleriefeuer von zwei kleinen Schiffen und einer 122-mm-Kanone entgegen. Sie war gezwungen, ziellos Granaten zu verschießen und einen Zickzackkurs zu laufen. Und das in einem weitgehend unbekannten Fahrwasser! Das schien dem Kommandanten der «Scheer» doch zu gefährlich. Er befahl den Rückmarsch von der Dicksonküste. Die Operation «Wunderland» scheiterte. Die sowjetischen Funkverbindungen wurden keine Minute unterbrochen.

In der ersten Periode des Krieges verliefen in der Arktis 1 300 Überfahrten erfolgreich. Es gab nur sehr geringe Verluste. Ende 1942/Anfang 1943 wurde die Nordmeerflotte, die Konteradmiral Golowko befehligte, durch Einheiten der Pazifikflotte aufgefüllt und die Seefliegerkräfte durch Flugzeuge der Baltischen Flotte, der Schwarzmeerflotte und der Luftstreitkräfte verstärkt. Die Faschisten konnten sich nicht mehr ungestraft bewegen.

Die Stimme des «Großen Landes»

Schon seit Tagen fiel leichter Nieselregen. Eine kleine Partisanengruppe, nach einem Gefecht mit den Faschisten von der Abteilung getrennt, stampfte durch den nassen Kiefernwald. Erschöpft erreichten die völlig durchnäßten Männer eine kleine Lichtung. Endlich ließ der Regen nach, die Sonne brach durch. Der Kommandeur gab das Zeichen zur Rast. Posten nahmen ihre Plätze ein, und bald ruhten die übrigen Genossen in der warmen Herbstsonne. Plötzlich knallten Schüsse. Die Deutschen! Noch verschlafen ergriffen sie Gewehre und Handgranaten, stürmten den Faschisten entgegen. Auf einem Waldweg standen Wehrmachtfahrzeuge mit angehängten Geschützen. Nach kurzem Feuerwechsel was das Handgemenge gewonnen. Die Faschisten ließen vier 37-Millimeter-Geschütze mit Munition, mehrere Kisten Sprengstoff, Verpflegung und Kraftstoff zurück. Im Kommandeursfahrzeug entdeckten die Partisanen in einem schwarzlackierten Metallkasten eine Kostbarkeit: ein Funkgerät. Es war Wunschtraum der Partisanen gewesen. Damit konnte man den Moskauer Sender, die Stimme des «Großen Landes», empfangen. Am Abend erreichte die Gruppe einen sicheren Lagerplatz. In der Nacht hörten die Partisanen trotz atmosphärischer Störungen über die Frontlinie, über Hunderte

Akademiemitglied Aleksander Lwowitsch Minz
(1895—1974)

1914 bis 1918 Studium an der physikalisch-mathematischen Fakultät in Moskau und Rostow am Don. Befehligte von 1920 bis 1921 die Funkdivision der legendären Ersten Reiterarmee Budjonnys. Entwarf bzw. leitete 1924 den Aufbau des Sokolniki-Senders in Moskau und 1933 die Inbetriebnahme des 500-Kilowatt-Senders «Komintern». Er baute für Radio Moskau den leistungsstärksten Sender der Welt. Ab 1946 widmete er sich dem Bau von Beschleunigern für Elementarteilchen.

Kilometer hinweg eine bekannte Stimme. Juri Lewitan, Nachrichtensprecher von Radio Moskau, verlas die neuesten Meldungen. Im ersten Kriegsjahr erwarteten die Männer keine angenehmen Nachrichten. Aber sie wollten die Wahrheit, so bitter sie auch war, hören.

Anfangs war es für die Verantwortlichen des Rundfunks keinesfalls einfach, die Stimme Moskaus über große Entfernungen hinweg abzustrahlen. Einige Rundfunksender warteten schon, demontiert und verpackt, auf den Abtransport nach Osten. Beim ersten Luftangriff der Faschisten auf die so-

wjetische Hauptstadt fielen auf das Gelände der Sendestelle Oktjabrski zahlreiche Brand- und Sprengbomben. Ein Gebäude brannte, Antennen und Zuleitungen wurden beschädigt, ein Antennenmast lag mit gerissenen Abspannseilen am Boden. Doch schon vor dem Angriff hatte die Regierung den Beschluß gefaßt, den Sendebetrieb der Moskauer Rundfunksender baldmöglichst einzustellen, damit sie vom Gegner nicht als Navigationshilfe benutzt werden konnten. Im Hinterland, an der Wolga, sollte ein leistungsstarker Sender aufgebaut werden, der die Sendungen der Moskauer Rundfunkstudios über Drahtverbindungen empfing und abstrahlte.

Den Auftrag dafür erhielt das Akademiemitglied A. L. Minz. Er hatte sich bereits in der sowjetischen und internationalen Funktechnik einen hervorragenden Ruf erworben. Anfang Juli 1941 traf Minz auf der Baustelle ein. Ein Projekt gab es nicht. Minz konzipierte es mit seinem Stellvertreter, P. P. Iwanow, in sechs Tagen. Dann begannen die Erdarbeiten. Gruben wurden ausgehoben und aus Zehntausenden Kubikmetern Zement und Bewehrung Stahlbetonfundamente gegossen. Die starken Fröste im Winter 1941/42 erschwerten die Arbeiten sehr, doch Tag und Nacht wurde gearbeitet. Die wichtigsten Baugruppen des Senders wurden von Betrieben aus dem belagerten Leningrad geliefert. Sie gelangten im Sommer auf Schiffen und im Winter mit Fahrzeugen über das Eis des Ladogasees, der «Straße des Lebens», dann weiter auf dem Schienenweg zur Wolga. Für den Großsender benötigte man Hunderte Kilometer Kabel und Rohrleitungen.

Am 17. November 1942 sollte die Sendeanlage dem Staatlichen Verteidigungskomitee übergeben werden. Da geschah etwas Unvorhergesehenes. Plötzlich wurde das Gebiet, in dem sich die Sendemasten befanden — vier 200-Meter-Masten und vier 150-Meter-Masten —, von dichtem Nebel eingehüllt. Ein Flugzeug verfing sich in 100 Meter Höhe in einem 200-Meter-Mast, stürzte ab und beschädigte ihn schwer. Der Sender nahm zwar seinen Betrieb auf, aber mit verringerter Leistung. Es war nicht ganz leicht, einen neuen Mast zu beschaffen. Die Werke, die in den ersten Kriegsmonaten noch Metallmasten produziert hatten, waren auf Panzerproduktion umgestellt worden. Doch schließlich gelang es, aus Bohrturmrohren einen neuen 200-Meter-Mast zu errichten.

Im August 1943, zwei Monate nach Baubeginn, nahm Radio Moskau mit 1 200 Kilowatt seinen vollen Betrieb auf. Ein solches Bautempo und eine solche Sendeleistung kannte keine Rundfunkstation der Erde. Von diesem Zeitpunkt an ertönte die Stimme des «Großen Landes» für Millionen Menschen in den Weiten der Sowjetunion, an allen Fronten und Kriegsschauplätzen.

Partisanenfunker

Wie die kleine Partisanengruppe, so operierten im Hinterland des Gegners eine Menge solcher Einheiten. Führende Kraft dieser Volksbewegung war die Kommunistische Partei. Mutige Männer und Frauen schufen für die Eindringlinge unerträgliche Verhältnisse. Es gab keinen Ort in den okkupierten Gebieten, an dem sie sich sicher fühlen konnten. Hunderte Kilometer von der Frontlinie entfernt wurden Munitionslager und Brücken gesprengt, entgleisten Militärzüge, fielen Drahtverbindungen aus. Die Partisanen tauchten dort auf, wo man sie am wenigsten vermutete. Die Faschisten setzten ganze Truppenteile mit Panzern und Flugzeugen gegen die Partisanenabteilungen ein. Strafexpeditionen durchforschten Städte und Dörfer und erschossen wahllos Frauen, Greise und Kinder. Doch die Partisanenbewegung war nicht zu besiegen.

Immer umfangreicher wurden die Operationen, die die Partisanenverbände gegen die faschistischen Eindringlinge durchführten. Stäbe der Partisanenverbände entstanden, in Moskau der Zentrale Stab mit K.J. Woroschilow und P. K. Ponomarenko an der Spitze. Regelmäßig kam es zu Kurzwellenverbindungen der Partisanen mit der Heimat. Verbindungsflugzeuge überquerten die Front und transportierten lebensnotwendige Güter, Instrukteure, Funker, Funkgeräte, Ersatzteile, Medikamente und auch Verwundete.

Nach anfänglichen Schwierigkeiten verfügte auch der Partisanenverband Saburows, der im Herbst 1942 von den Brjansker Wäldern in die Gegend von Shitomir verlegte, über mehrere Funkstationen der Typen RAF und Sewer. Der Verband hatte die Aufgabe, wichtige Eisenbahnstrecken zu sprengen, Landeplätze für Flugzeuge anzulegen, gegnerische Truppen aufzuklären sowie ihre Nachrichten- und Militärtechnik, Material- und Vorratslager zu vernichten. Durch die vorhandenen Funkgeräte war man nicht mehr nur auf Informationen der Bevölkerung oder einer «Zunge», so nannte man einen Gefangenen, angewiesen, sondern besaß ständige Verbindung mit dem Ukrainischen Stab, den Abteilungen des Partisanenverbands, der Verwaltung Aufklärung der Front und über diese mit dem Zentralen Stab der Partisanenbewegung in Moskau. Zu bestimmten Programmzeiten übertrug die Verwaltung Aufklärung auf festgelegten Betriebsfrequenzen neue Aufgaben und nahm Informationen entgegen. In Ausnahmesituationen hatten die Partisanenfunker die Möglichkeit, auf einem Dienstfunknetz, das die Verwaltung Tag und Nacht besetzt hielt, wichtige Funksprüche zu übermitteln.

Die fünf Funkstationen des Verbandes Saburow waren voll ausgelastet. Oberfunker Chablo wiederholte einen langen Funkspruch des Chefs des Ukrainischen Stabes. Eben erst hatte er eine überaus wichtige Mel-

Partisanenfunker

daß sich den Partisanen 65 Polizisten mit ihren Waffen ergeben hätten und es gelungen sei, Verbindung mit den Kiewer Illegalen herzustellen. Kalinnitschenkos Abteilung sprengte im Rayon Owrutsch einen Zug, und Partisanen der Budjonny-Abteilung vernichteten bei Mosyr 7 Fahrzeuge mit SS-Leuten.

Im Partisanenverband konnte man zufrieden sein. Eine solch detaillierte Übersicht der Lage hatte es ohne Funkmittel zu Beginn der Partisanenbewegung nicht gegeben.

Auch seine weiteren Aufgaben erhielt Saburow über Funk. Im Frühjahr 1943 empfing sein Funker folgenden Spruch:
«Gefechtsbefehl Nr. 00171

1. Genosse Saburow hat die Situation im Handlungsraum richtig eingeschätzt und daher die Abteilung entsprechend den wichtigsten Objekten und Rayons geschickt dezentralisiert.
2. Die gegenwärtige Lage erfordert von allen Abteilungen noch mehr Aktivität. Sie müssen Züge zum Entgleisen bringen, wichtige Eisenbahnbrücken und Drahtverbindungen sprengen, Garnisonen vernichten und Lager in Brand stecken.
3. Waffen, Munition und Sprengstoff müssen auf jede erdenkliche Weise beschafft werden, ohne auf Nachschub aus Moskau zu warten.
4. In jedem Rayon sind neue Abteilungen zu bilden. Für sie sind Organisatoren und Kommandeure zur Verfügung zu stellen. Die Abteilungen müssen mit erbeuteten Waffen ausgerüstet werden.

Chef des Ukrainischen Stabes
der Partisanenbewegung
General Strokatsch»

Die Funkverbindungen entwickelten sich in den Partisanenverbänden immer mehr zu einer Selbstverständlichkeit. Besaß der Zentrale Partisanenstab über die Verwaltung Aufklärung der Fronten im Dezember 1942 nur 145 Funkverbindungen zu den Einheiten in den Wäldern, so waren es im August

dung an die Verwaltung Aufklärung übermittelt, den die Funkerin Maja Woltschok chiffriert hatte. Die Partisanen hatten aus erbeuteten Unterlagen festgestellt, daß die Wehrmacht einen neuen Angriff plante. Das mußte schnellstens gemeldet werden.

Wieder empfing man mehrere Sprüche. Die Abteilung Schitow berichtete, daß man das Rayonzentrum Jemiltschino befreit sowie große Mengen Munition, Ausrüstung und Lebensmittel erbeutet habe. Abteilungskommandeur Schiwonenko übermittelte Nachrichten über die erfolgreiche Sprengung von 5 Brücken und die Vernichtung von 25 Fahrzeugen. Die Abteilung Mirkowski meldete,

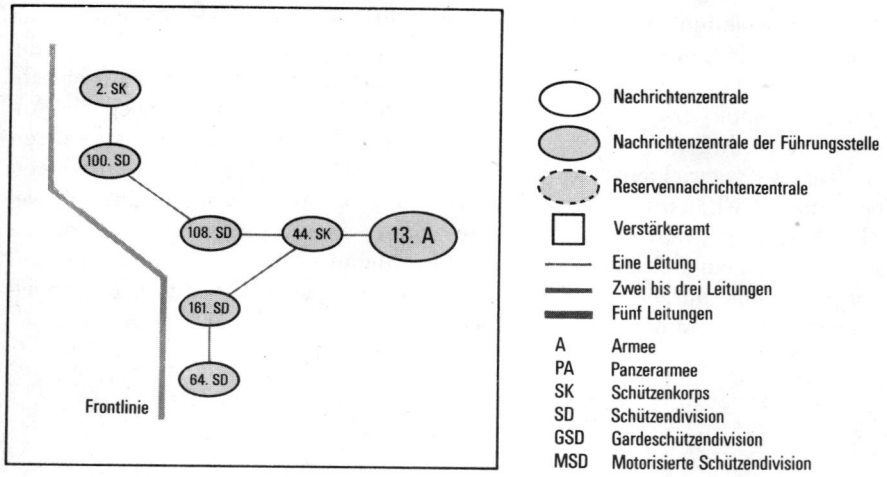

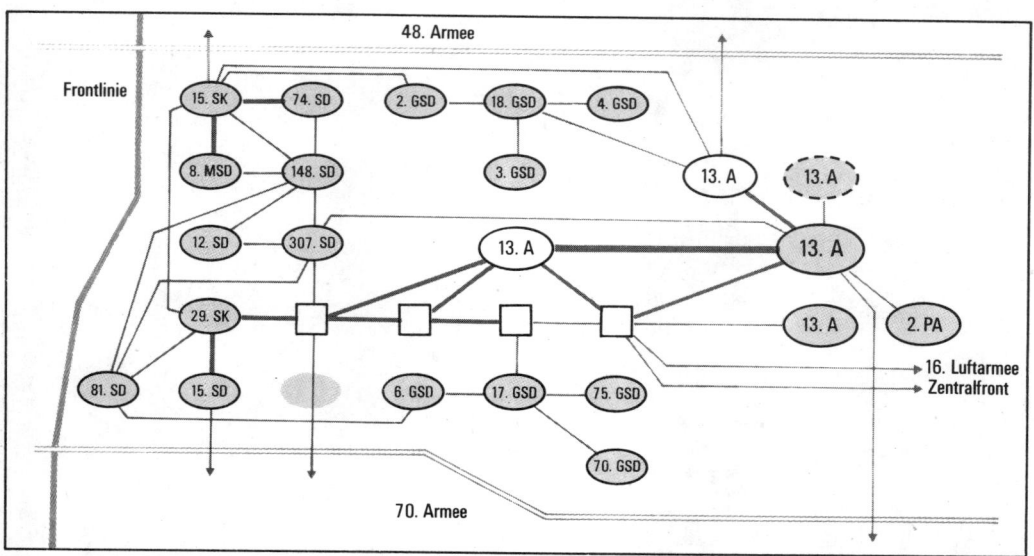

Prinzipielles Schema der Drahtverbindungen der
13. Armee im Juni 1943
Deutlich ist der qualitative Sprung zum Juni 1941 zu
erkennen

1943 bereits 439. Ein Jahr später wurden mit Funknachrichtenmitteln über 1 000 Partisaneneinheiten geführt.

Eine wichtige Rolle erfüllten Funkverbindungen auch beim Zusammenwirken von Partisanenverbänden mit der Roten Armee. Als im September 1943 die sowjetischen Truppen gleichzeitig an einer riesigen Front von 700 Kilometern Länge bis zum Dnepr vorstießen, stellten Partisaneneinheiten für den Übergang nicht nur Hilfsmittel wie Flöße, Fässer und Boote zur Verfügung, sondern sicherten auch Übergangsstellen und übertrugen Aufklärungsergebnisse über

Funk. Zahlreiche Partisanenfunker erhielten deshalb den Titel Held der Sowjetunion.

Unabhängig von der komplizierten Lage an den Fronten und im Nachrichtenwesen erfüllten die sowjetischen Nachrichtenspezialisten in Uniform und Zivil, darunter viele Frauen und Mädchen, mutig und ehrenvoll ihre Pflicht. Sie wurden mehr und mehr mit vervollkommneter Technik ausgerüstet. Zu Kriegsbeginn reichten die Drahtnachrichtenmittel nicht aus, und die Funkmittel waren veraltet. Doch ab Ende 1942 erhielten die Nachrichtentruppen moderne Fernschreib- und Fernsprechmittel, und es stieg die Anzahl der in den taktischen und operativen Verbänden aller Teilstreitkräfte verfügbaren Funkmittel. Gab es vor Kriegsbeginn nur wenige Nachrichtentruppenteile, die zudem nicht für Manöverhandlungen auf Front- und Armee-Ebene geeignet waren, so vervielfachte sich ihre Zahl im Kriegsverlauf.

Getäuscht und geblendet

Der Durchbruch durch den Kanal

Ende Januar 1941 brachen die faschistischen Schlachtschiffe «Scharnhorst» und «Gneisenau» durch die Dänemarkstraße zwischen Grönland und Island in den Atlantik durch. Sie sollten auf den atlantischen Seewegen Großbritanniens Handelskrieg führen. Ihre Spur verlor sich in den Weiten des Ozeans. Bald mußte die britische Admiralität 21 Schiffe mit 116 000 Bruttoregistertonnen auf ihr Verlustkonto buchen. Endlich, am 22. März, sendete ein Mitarbeiter des britischen Geheimdienstes, der als französischer Werftarbeiter getarnt war, einen Funkspruch, daß die «Scharnhorst» und die «Gneisenau» in Brest eingelaufen waren.

Großbritannien fühlte sich durch ihre Anwesenheit an der französischen Kanalküste bedroht, besonders betraf das die westlichen Zugänge zur Insel über den St.-Georgs- und den Nordkanal. Die britische Admiralität mußte damit rechnen, daß die faschistische Kampfgruppe durch die Straße von Dover in Richtung Deutsche Bucht und weiter nach Norwegen durchbrechen könnte. Ab Ende April bereitete sie deshalb mit der RAF die «Operation Fuller» vor.

Am 1. Juni lief der schwere Kreuzer «Prinz Eugen», der mit dem Schlachtschiff «Bismarck» im Atlantik operiert hatte, in Brest ein. Die «Bismarck» war verlorengegangen. Nun gehörten zur «Kampfgruppe Brest» drei moderne und kampfstarke Schiffe. Doch der Verlust der «Bismarck»

hatte der Seekriegsleitung eindeutig die Unzulänglichkeit des Einsatzes von Kreuzern und Schlachtschiffen gegen die Seeverbindungswege Großbritanniens bewiesen. Hitler forderte in einer Lagebesprechung Admiral Raeder auf, entweder die «Kampfgruppe Brest» in die heimatlichen Gewässer durchbrechen zu lassen, oder die Schiffe abzurüsten. Admiral Raeder, noch immer ein Verfechter des Handels- oder Kreuzerkriegs mit großen Schiffen, entschied sich für die erste Variante.

Schon seit März 1941 flogen die Fliegerkräfte der RAF systematisch Luftangriffe auf die Großkampfschiffe. An den einzelnen Angriffen beteiligten sich rund 100 Flugzeuge. Die Deutschen wichen ihnen mit verschiedenen Tarnmaßnahmen aus. Vor allem vertraute man auf Scheinziele. Alte, auf Schlachtschiff getrimmte Fischdampfer erhielten eine auf den Großkampfschiffen übliche Holzbeplankung. Nachgebildete Geschütztürme drohten mit ihrer Feuerkraft. Von den Attrappen schoß Flak, deren Feuer den Gegner davon überzeugte, daß es sich um die unter Tarnnetzen versteckt gehaltenen Schiffe handele. Außerdem nebelten sie sich ein, wechselten häufig ihre Liegeplätze, sogar bis in andere Häfen am Golf von Biscaya. Die Tarn- und Täuschungsmaßnahmen hatten Erfolg. Bei Luftangriffen der RAF auf Brest bekamen die Attrappen das meiste ab, während die eigentlichen Ziele wenig beschädigt wurden. Von den über 4 000 Tonnen Bomben und Torpedos, die auf Brest abgeworfen wurden, erhielt die «Gneisenau» vier

Bomben- und einen Torpedotreffer, die «Scharnhorst» fünf und die «Prinz Eugen» einen Bombentreffer. Infolge der ständigen Luftangriffe konnte jedoch die Kampfgruppe immer nur ein oder zwei Schiffe einsatzklar melden.

Anfang Januar 1942 erteilte der Kommandeur der «Kampfgruppe Brest», Admiral Ciliax, einem kleinen Kreis von Offizieren den Befehl, unter größter Geheimhaltung den Durchbruch der Schiffe durch den Kanal vorzubereiten. Die Operation im Aktionsbereich der zahlenmäßig überlegenen britischen Flotte und der RAF erhielt den Decknamen «Zerberus».

Vorerst blieben die Schiffe dort, wo sie waren; an die Liegeplätze hatte sich die britische Aufklärung gewöhnt. Die «Scharnhorst» lag hinter Torpedonetzen und gab wie die «Gneisenau» keinen Anlaß dafür, daß man sie gefechts- und seeklar machte. Zusätzlich ließ Admiral Ciliax das Gerücht verbreiten, daß die Schiffe zum Pazifik auslaufen würden. Er ordnete auch den Empfang von Tropenuniformen und Ausrüstungsgegenständen für einen Aufenthalt in tropischen Gewässern an. Vom Marinegruppenkommando West wurden der Befehlshaber und die Kommandanten der Dickschiffe in einem offenen Fernschreiben eingeladen, am 11. Februar in Paris zu einer Besprechung mit anschließendem Jagdausflug und Essen zu erscheinen.

Folglich meldeten britische Agenten nach London, daß der Verband vor dem 14. Februar nicht auslaufen würde.

Um den Gegner abzulenken, flogen kleinere Gruppen deutscher Bombenflugzeuge Angriffe gegen Häfen und Flugplätze in Südengland. Der vorgesehene Marschweg des Verbandes wurde auch nur abschnittsweise von Minen geräumt. Somit blieb den Briten der Zweck der Räumarbeit unklar. Nach einem Plan des Chefs der deutschen Luftnachrichten- und Funkmeßtruppe, General

Martini, strahlten Einheiten gegen die Radaranlagen an der britischen Küste Funkmeßstörungen ab, die in ihrer Intensität allmählich zunahmen. Die britischen Bedienungen gewöhnten sich bald an sie und führten sie auf Wettereinflüsse zurück.

Am 11. Februar 1942 lief die Kampfgruppe vier Stunden vor Neumond aus. Um im Morgengrauen das Fehlen der Schiffe zu verschleiern, hüllte künstlicher Nebel den Stützpunkt ein. Die Schiffe marschierten in Kiellinie. Als Flaggschiff lief die «Scharnhorst», ihr folgten die «Gneisenau» und die «Prinz Eugen». Sechs große Zerstörer der 5. Zerstörerflottille sicherten den Verband. Ab Cherbourg sollte die Gruppe mit 4 Schiffen der 3. Torpedobootflottille und 2 Schnellbootflottillen, von Le Havre aus mit 5 Schiffen der 2. Torpedobootflottille und einer weiteren Schnellbootflottille und in Höhe von Boulogne durch 5 Schiffe der 5. Schnellbootflottille verstärkt werden. Noch bevor der Verband die Straße von Dover erreichte, sollte er aus 63 Einheiten bestehen. Die Navigationsoffiziere hatten den Kurs so gewählt, daß sie so spät wie möglich von den gegnerischen Küstenradarstationen aufgefaßt werden konnten. Das Wetter war günstig. Eine Warmfront brachte schlechte Sicht. Es regnete. Die Schiffe navigierten mit Hilfe der Funkpeilung und des Echolots. Die entlang der französischen Küste stehenden deutschen Funkmeßgeräte sollten den Verband zwar dabei unterstützen, kamen aber nicht zum Einsatz. Den Funkortern hatte man nur andeutungsweise erklärt, worum es ging.

In dem Moment, da sich die Kampfgruppe der Seine-Bucht näherte, strahlten Land- und auch Flugzeugbordstörsender auf der britischen Radarfrequenz von 200 Megahertz schlagartig starke Störungen ab, in denen die Zielechos der Schiffe untergingen. Die britische Radarkette war funktionsuntüchtig. Nur einer auf der Insel Wight arbeitenden 9-cm-Radaranlage gelang es, die Gruppierung zu

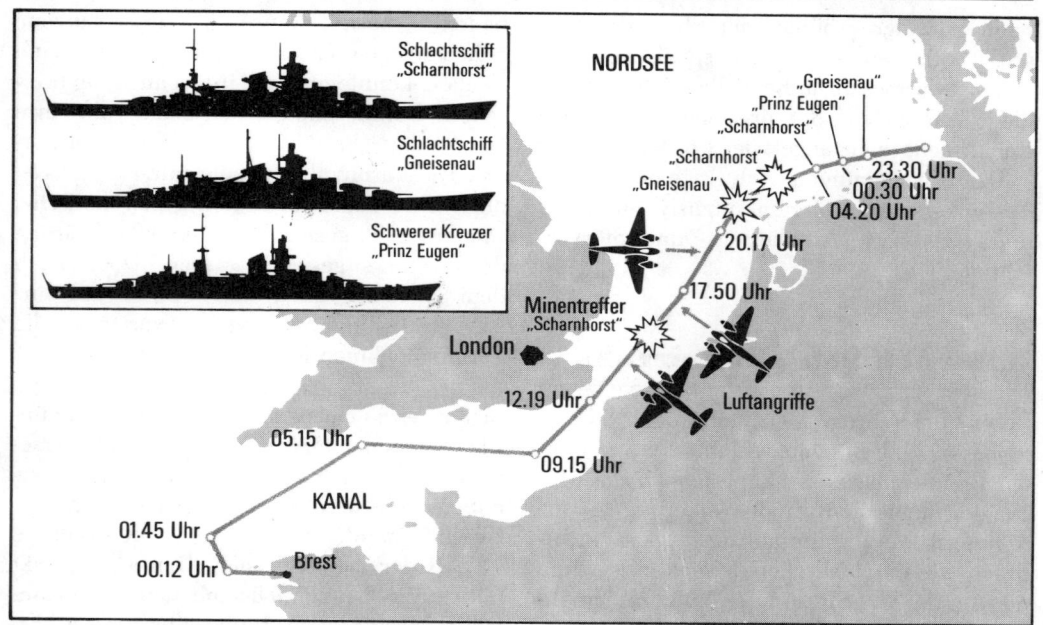

Operation «Zerberus» — der Durchbruch deutscher
Großkampfschiffe durch den Kanal

erfassen. Doch die Besatzung vertraute ihren
Messungen nicht und meldete die Beobachtungen erst sehr spät weiter.

Der Verband wurde von etwa 250 Jagdflugzeugen von Flugplätzen entlang der Kanalküste gedeckt. Für jeweils 20 Minuten waren über ihm 32 Maschinen und für je
40 Minuten 16 in der Luft. Ein Fliegerleitoffizier befand sich an Bord des Flaggschiffs.

Zwischen Brest und Boulogne passierte
der Verband drei Aufklärungslinien des britischen Küstenkommandos, ohne entdeckt zu
werden. Auch Cherbourg wurde unbemerkt
passiert. Erst am 12. Februar, nach 300 zurückgelegten Seemeilen — die Entfernung
zwischen Brest und Terschelling betrug
575 Seemeilen — machten zwei Jagdflugzeuge und ein Aufklärer des Küstenkommandos kurz nacheinander die Schiffe aus. Doch
der von ihnen abgesetzte Funkspruch war

unklar formuliert. Erst nach dem Landen der
Flugzeuge, gegen 11.30 Uhr, erteilte die britische Führung ihre Einsatzbefehle. Die Angriffe von Fliegerkräften, Zerstörern und
Schnellbooten blieben ohne nennenswerte
Erfolge. Effektiver wirkten da Minensperren.
Die deutsche Verbandsführung unterschätzte
die Minengefahr und organisierte keine Abwehr. So liefen die «Gneisenau» einmal und
die «Scharnhorst» zweimal auf Minen; doch
konnten sie ihren Marsch, wenn auch verspätet, fortsetzen. Am 13. Februar, um
07.00 Uhr, ging die «Gneisenau» und um
07.30 Uhr die «Prinz Eugen» in der Elbemündung vor Anker. Die «Scharnhorst» lief
in Wilhelmshaven ein. Die «Operation Zerberus» war erfolgreich abgeschlossen, die
«Operation Fuller» der Briten gescheitert.
Doch blieb das für das deutsch-britische
Kräfteverhältnis auf See ohne Bedeutung. Im
Gegenteil: Großbritanniens atlantische Seeverbindungswege wurden durch faschistische
Großkampfschiffe nicht mehr bedroht.

Nach dem Debakel sprach man im Inselreich von der größten taktischen Blamage seit 1588, den Tagen der spanischen Armada. Von diesem unheilvollen Jahr an war die Vorherrschaft der britischen Flagge im Kanal nicht mehr angetastet worden.

Deshalb bemühten sich Ingenieure und Techniker der Alliierten intensiv um neue und verbesserte Aufklärungs- und Störverfahren.

Unternehmen «Gomorrah»

Bereits im Februar 1942 hatte das britische Kriegskabinett beschlossen, mit den verstärkten Bombenangriffen hauptsächlich die Moral der deutschen Zivilbevölkerung zu erschüttern. Man hoffte auf einen Zusammenbruch des faschistischen Hinterlands, ohne die von der UdSSR und den Völkern der Antihitlerkoalition geforderte zweite Front in Europa errichten zu müssen.

1943 begann dieser systematische britisch-amerikanische Luftkrieg mit Tagesangriffen der 8. US-Luftflotte und den Nachtanflügen der Briten. Sorgfältig wählten die Alliierten Ziele aus, die funktechnisch gut geortet, kaum verteidigt und durch ihre dichte Bebauung leicht Opfer von Flächenbränden werden konnten. Das war so beim Angriff auf Lübeck, Rostock und Köln. Überall gab es große Verluste unter der Zivilbevölkerung, verwandelten sich Wohngebiete in Trümmer und Staub. Dennoch lief die faschistische Kriegsproduktion fast unbeeinflußt weiter. Eine deutsche Großstadt nach der anderen wurde planmäßig in Schutt und Asche gelegt.

Bei ihren Angriffen ließen sich die Bomberpiloten schon lange nicht mehr von Tarn- und Täuschungsmaßnahmen in die Irre leiten. Bis Mitte März 1942, als man Bomben noch in direktem Anflug warf und dafür gut sichtbare Orientierungspunkte benötigte, erfüllten sie noch ihren Zweck. In Hamburg hatten beispielsweise Kriegsgefangene Scheinanlagen errichten müssen, und eine Zeitlang konnte man mit ihnen auch die britischen Bomberpiloten täuschen, die ihre Bombenlast abseits wichtiger Objekte abwarfen. Die Tarnmethode hatte nur Erfolg, weil die realen Ziele nicht nur gegen optische, sondern auch gegen die Funkmeßaufklärung des Gegners gesichert waren. Doch nach dem Übergang vom gezielten Bombenabwurf zu Flächenbombardements verloren die Tarnmaßnahmen ihre Bedeutung.

In Schleswig-Holstein, unweit von Neumünster, standen einige mit Tarnanstrich versehene Baracken. Von ihnen etwas entfernt erhoben sich um sie sechs graue Hügel — Geschützstände. Hier stand die Batterie 107/III der 2. Flakdivision. Den Mittelpunkt bildete die Befehlsstelle mit dem sogenannten E-Messer, dem Entfernungsmesser. Etwas abseits streckte sich die Antenne eines Funkmeßgeräts (FuMG) in den Himmel. Von den Baracken führten Schlackewege zu den einzelnen Stellungen.

Im Juli 1943 wurde die Batterie neu aufgefüllt. Ein Bombenangriff britischer Fliegerkräfte hatte im Frühjahr 10 Tote und 12 Schwerverletzte gefordert. Die Neuankömmlinge, sechzehn- bis siebzehnjährige Luftwaffenhelfer, eingekleidet in zu großen blaugrauen Uniformen, waren nur kurz ausgebildet worden. Neben einigen Stunden Flakschießlehre kam das unausbleibliche Geschütz- und Geräteexerzieren. Der Geschützführer war über eine Fernsprechleitung mit der Befehlsstelle verbunden und erhielt von dort den Feuerbefehl. Die Luftwaffenhelfer konnten starres und bewegliches Sperrfeuer sowie Nahfeuer zur Abwehr von Tieffliegerangriffen schießen. Beim Gefechtsexerzieren mit einem klapprigen Schulflugzeug gab das Funkmeßfeuerleitgerät Richtwerte an die Kanonen. Auch nach den Werten eines optischen E-Meßgeräts wurde geschossen. Es

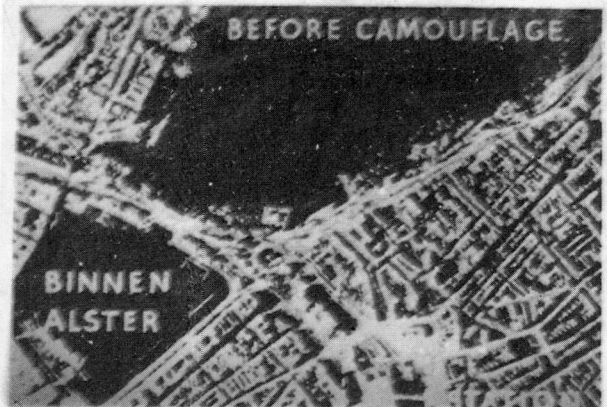

BEFORE CAMOUFLAGE

BINNEN ALSTER

Tarnung des Hamburger Hafens im zweiten Weltkrieg.
Das Bild zeigt die tatsächliche Lage der Binnenalster, der Brücke und der übrigen Hafenanlagen.

AFTER CAMOUFLAGE

Nach der Tarnung. Die Binnenalster ist mit Attrappen versehen, die sich bis an die Brücke erstrecken. Um die Umrisse den natürlichen anzunähern, wurde eine Scheinbrücke errichtet.

Scheinanlagen

konnte aber nur am Tage eingesetzt werden. Die früher vorhandenen Scheinwerferstellungen zum Anleuchten der Flugzeuge bei Nacht hatte die Luftwaffe mit den Funkmeßfeuerleitgeräten aufgelöst.

Für die Batterie wurde die erste Alarmstufe ausgelöst. Schon nach kurzer Zeit war sie feuerbereit. Aus der nahegelegenen Stadt ertönte das Heulen der Sirenen. Schwere Kampfverbände aus dem Raum der Helgoländer Bucht mit Kurs Süd-Süd-West waren im Anflug. Die Geschützbedienungen hörten

plötzlich ein Geräusch, ein fernes Summen und Brummen. Waren es «Mosquitos», «Avro Lancaster» oder «Halifax»? Die Uhr zeigte kurz vor Mitternacht. Von verschiedenen Flugplätzen aufgestiegen, näherten sich 791 Flugzeuge der Stadt Hamburg.

Dann plötzlich flimmerten und tanzten auf der Sichtscheibe des Funkmeßgeräts die Zielmarken so, als befänden sich Zehntausende Bomber in unterschiedlichen Höhen im Anflug. Ein Geschützführer hörte im Kopfhörer, wie der FuMG-Führer ausrief: «Himmel, die Flugzeuge verdoppeln sich!» Von ihm kamen keine Kommandowerte mehr. Wonach sollten in dieser Nacht die

Funkmeßfeuerleitgerät in Stellung

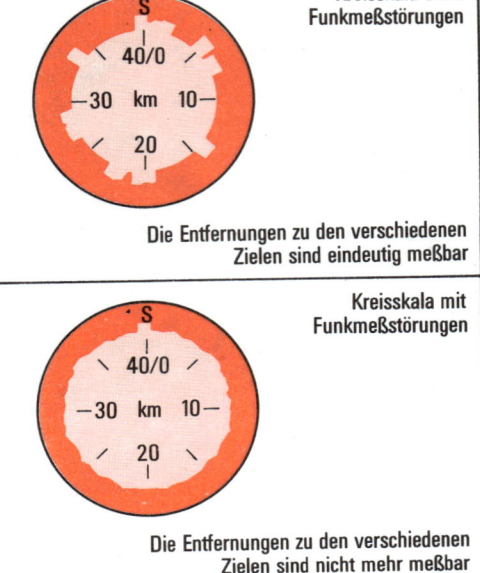

Kreisskala ohne Funkmeßstörungen

Die Entfernungen zu den verschiedenen Zielen sind eindeutig meßbar

Kreisskala mit Funkmeßstörungen

Die Entfernungen zu den verschiedenen Zielen sind nicht mehr meßbar

Zielanzeige und Entfernung auf dem Sichtgerät des FuMG

Kanoniere Seitenwinkel und Entfernung einstellen? Man versuchte, die Ziele durch Sperrfeuer zu bekämpfen. Mit wenig Erfolg! Die Flakbedienungen waren von den plötzlichen gegnerischen Störmaßnahmen völlig überrumpelt.

Die fehlenden FuMG-Angaben ließen den Munitionsverbrauch der Flakbatterie 107/III sprunghaft ansteigen. Die Kanoniere schossen so gut wie blind. Auch die Jagdflugzeuge wurden gestört. Ihre Piloten meldeten das Versagen der Bordfunkmeßgeräte. Auf ihren Sichtgeräten tanzten helle Zacken und Linien. Das britische Bomberkommando störte hier durch Funkmeßstörsender, die an Bord einiger Bombenflugzeuge mitgeführt wurden.

Die Hansestadt Hamburg war tagelang ein Flammenmeer. In zehn Tagen und Nächten, vom 25. Juli bis zum 3. August, fanden 7 britische und US-amerikanische Angriffe auf das Stadtzentrum statt, davon 4 Großangriffe. Sie dauerten etwa 11 Stunden und forderten unter der Bevölkerung mehr als 40 000 Tote. Die verwirrte Führung der faschistischen Luftabwehr löste zu späte und schließlich überhaupt keine Vorwarnungen

mehr aus. Viele Menschen wurden auf dem Wege zu ihren Bunkern und Kellern getroffen, verbrannt und zerfetzt. Insgesamt fielen auf Hamburg 25 000 Tonnen Bomben, die 54 Prozent der Wohnungen zerstörten.

Das britische Bomberkommando hatte das Unternehmen «Gomorrah» gestartet.

Dieses Unternehmen war mit dem Raub der «Würzburg»-Anlage im Februar 1942 eingeleitet worden. Britische Techniker stellten danach fest, daß die deutschen Funkmeßgeräte bei Stanniolstreifenstörungen mit ihrer Betriebsfrequenz nicht ausweichen konnten. Das Kommandounternehmen in Nordfrankreich hatte sich gelohnt. Die Störungen auf den «Würzburg»-FuMG in den Flakbatterien stammten von kleinen, äußerlich unscheinbaren Stanniolstreifen, die auf die halbe Betriebswellenlänge dieser Geräte reagierten.

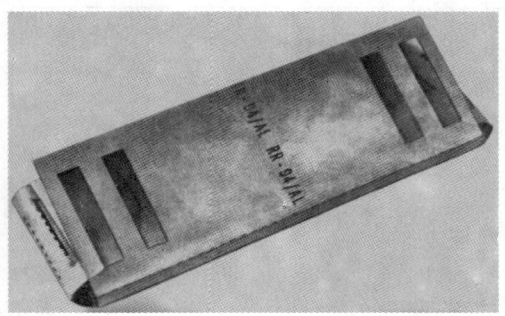 

«Windows» in geschlossener und geöffneter Verpackung

Lösten sich die schmalen Windows und Chaffs, wie die Alliierten sie nannten, aus ihrer Halterung, fielen sie langsam zur Erde. Die Fallgeschwindigkeit betrug etwa 50 Meter in der Minute. 1 000 Stanniolstreifen mit einer Masse von 60 Gramm reflektierten genau so stark wie ein großes Bombenflugzeug. Jede Maschine hatte genug Streifen bei sich, um 700 Flugzeuge vorzutäuschen. Die kleinen Stanniolstreifen wurden durch die auftreffende Energie der «Würzburg»-Geräte elektromagnetisch erregt und strahlten die Echos in Antennenrichtung zurück. So gelang es, massenweise Scheinziele darzustellen. In und hinter den Reflexionswolken waren die Bombenflugzeuge außerdem vor jeder Entdeckung geschützt. Es verging, abhängig von Windrichtung und -stärke, einige Zeit, bis das Sichtgerät von Störzeichen wieder frei war. Oft breitete sich dann bereits eine neue Stanniolstreifenwolke aus.

Als der 25. Juli anbrach, lagen neben den Leichen und Trümmern im weiten Umkreis Hamburgs Hunderttausende Stanniolstreifen. «Nicht anfassen, da wahrscheinlich vergiftet!» verkündeten Lautsprecher. Das Stanniol mußte mit Pinzetten und Kohlenzangen eingesammelt, in tiefe Löcher geschüttet und vergraben werden. Erst später wußte man, wie harmlos es war.

Die Auswirkungen für die deutsche Funkmeßtechnik waren jedoch katastrophal, denn die konstante Betriebsfrequenz der «Würzburg»-Geräte konnte ohne zusätzliche Forschungs- und Entwicklungsarbeit nicht verändert werden. Und dazu hatte man weder Zeit noch die nötigen Entwicklungsingenieure.

Das britische Bomberkommando verbuchte bei den Angriffen auf die Alsterstadt sehr geringe Verluste. Nur 86 Bombenflugzeuge, das waren knapp drei Prozent der eingesetzten Maschinen, gingen innerhalb einer Woche verloren. Vom Dezember 1943 an benutzten auch die US-amerikanischen Bomberfliegerkräfte bei ihren Luftangriffen Windows. Bis zum Ende des zweiten Weltkriegs warfen die Alliierten allein über Deutschland 20 Milliarden Stanniolstreifen ab. Man schätzt, daß die verschiedenen Funkmeßstörmethoden 450 Flugzeuge vor dem Abschuß bewahrten und damit 4 500 Fliegern das Leben erhielten.

Aber kam der Einsatz der Stanniolstreifen für die Faschisten tatsächlich so unerwartet? Nein, das war nicht der Fall! Bereits zwei Jahre vor dem britischen Großangriff auf Hamburg experimentierte Telefunken mit Dipolstreifen. Ihre Versuche liefen an der dänischen Küste, in der Nähe des Flugplatzes Düppel. Nach ihm erhielten diese Streifen ihre deutsche Bezeichnung. Die Telefunken-

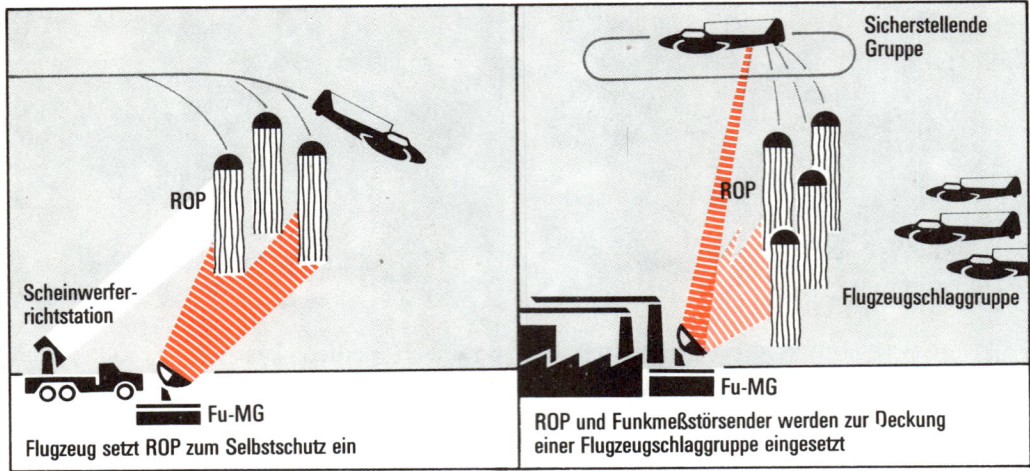

Flugzeug setzt ROP zum Selbstschutz ein

ROP

Scheinwerfer-richtstation

Fu-MG

ROP und Funkmeßstörsender werden zur Deckung einer Flugzeugschlaggruppe eingesetzt

Sicherstellende Gruppe

ROP

Flugzeugschlaggruppe

Fu-MG

«ROP»-Störverfahren

Ingenieure erkannten deren Bedeutung für die Funkmeßstörung. Auch Göring wurde über mögliche Folgen informiert. Doch der Oberbefehlshaber der Luftwaffe entschied nach dem Motto: «Daß nicht sein kann, was nicht sein darf», und verbot die weiteren Versuche sowie die bloße Erwähnung des Wortes Düppel. Die Unterlagen verschwanden sofort in den Panzerschränken des Reichsluftfahrtministeriums. Niemand sollte davon erfahren. Wieder wurde der technische Entwicklungsstand des Gegners unterschätzt.

Ende 1944 war jedoch das faschistische Deutschland gezwungen, 90 Prozent aller verfügbaren Elektronikspezialisten, das waren 8 000 Mann, einzusetzen. Die faschistische Luftwaffenführung schrieb sogar einen Wettbewerb aus und versprach dem Erfinder einer wirksamen Abwehr von Funkmeßstörungen eine Belohnung von 700 000 Reichsmark. Erst nach längeren Untersuchungen konnten entsprechende Geräte entwickelt werden, die aber durch den siegreichen Vormarsch der Sowjetarmee und ihrer westlichen Verbündeten nicht mehr voll zum Einsatz kamen. Die so entwickelte «Festzeichenunterdrückung» beruhte auf dem Dopplereffekt, der beim Empfang von Funkmeßreflexionen der Flugzeuge gegenüber den Echos der sich nicht wesentlich bewegenden Windows in Erscheinung trat. Die wenigen nach diesem Verfahren ausgerüsteten «Würzlaus»-Geräte konnten trotz Window-Störungen die Flugzeuge von den Stanniolstreifen-Scheinzielen unterscheiden.

Die Funkmeßgeräte des japanischen Achsenpartners besaßen eine bedeutend längere Betriebswellenlänge als die deutschen «Würzburg». Um sie stören zu können, setzten die US-amerikanischen Fliegerkräfte von ihren B-29-Bombenflugzeugen aus neue Windows, sogenannte ROP, ein. Anstatt Tausender einzelner Stanniolstreifen wurden fast 120 Meter lange Metallbänder verwendet, die man an Fallschirmen abwarf. Sie wirkten gegen die japanischen Funkmeßgeräte sehr effektiv.

Aber es gab noch viele andere Möglichkeiten.

Ein falscher Funkspruch zur rechten Zeit

Bereits 1944 besaß die Rote Armee gegenüber den faschistischen Truppen die uneingeschränkte Initiative. Ihre Bewaffnung und Kampftechnik hatten sich enorm verbessert, ihre Feuer- und Stoßkraft sowie Manövrierfähigkeit zugenommen.

Das Hauptquartier plante für den Sommer eine Offensive an der gesamten Front von der Ostsee bis zum Schwarzen Meer. Die Hauptgruppierungen des Gegners in nordwestlicher Richtung und am Südflügel der sowjetisch-deutschen Front sollten zerschlagen, ein bedeutender Teil des sowjetischen Territoriums befreit und Voraussetzungen für neue Operationen geschaffen werden.

Obwohl noch kein Angriffsbefehl vorlag, spürten die Soldaten der 47. Armee, daß die fast dreimonatige Ruhepause zu Ende ging. In dieser Zeit bildete sie die Reserven für die 1. Ukrainische Front aus. Ihre Verbände und Truppenteile wurden durch Neueinberufene aufgefüllt. In den Nächten kam es an verschiedenen Stellen zu heftigem Feuerwechsel. Im Gebiet Rowno gab es noch Banderabanden und andere gut bewaffnete Nationalisten, die sich dort herumtrieben. Sie zerstörten Drahtnachrichtenverbindungen und überfielen Staatsfunktionäre, um diese an der Wiederherstellung eines normalen Lebens in den unlängst befreiten Gebieten zu hindern.

Am 25. Februar 1944 machte Armeeoberbefehlshaber Generalleutnant Polenow den Kriegsrat mit der Weisung des Oberbefehlshabers der 2. Belorussischen Front, Generaloberst Kurotschkin, bekannt. Im Rahmen der geplanten Offensive hatte die 47. Armee innerhalb weniger Tage zusätzlich das 77. und das 125. Schützenkorps, die bisher zur Reserve des Hauptquartiers gehörten, zu übernehmen und sie am Fluß Stochod für einen Angriff in Richtung Kowel zu entfalten. Anfang März sollte sie außerdem das 129. Schützenkorps sowie mehrere Panzer- und Artillerieregimenter, Pionier-, Nachrichten- und Aufklärungseinheiten erhalten. Alles sollte unter größter Geheimhaltung in drei Wochen abgeschlossen sein. Das zu forcierende Waldgelände bestand aus Sumpf und Morast. Die Flüsse führten Frühjahrshochwasser. Die faschistische Führung glaubte, die Sümpfe seien unpassierbar.

Doch die sowjetischen Soldaten bauten Kufen- und Sumpfschlitten, Boote und Flöße. Die Panzer erhielten Schwimmgürtel aus Bohlen, Faschinen und Brettern. Pioniere errichteten Knüppeldämme, besserten vorhandene Straßen aus und legten Rochadestraßen an. Im Raum Bereshniza entstand eine hochwassersichere Brücke über den Goryn und bei Manewitschi eine Eisenbahnbrücke über den Styr.

Sorgfältig wurde auf Geheimhaltung und Täuschung des Gegners geachtet. So blieb der Funkverkehr im bisherigen Rahmen. Nach wie vor arbeiteten nur die Funker, deren Stimme und «Handschrift» dem Gegner bekannt waren. Bewußt wurden Funksprüche abgesetzt, in denen man sich bei der Front über unzureichenden Nachschub und mangelnde Verpflegung beschwerte. Die Kräfte wurden ausschließlich nachts konzentriert und umgruppiert. Am Tage rollten Transportzüge mit Panzer- und Geschützattrappen von der Front ins Hinterland. An vielen Stellen errichteten Pioniere Scheinübergänge und täuschten Straßenbau vor. An zweitrangigen Abschnitten konzentrierte der Armeeoberbefehlshaber Geschütze, die Feuerüberfälle unternahmen und danach in den rückwärtigen Raum verlegt wurden. Zurück blieben nur Geschützattrappen und Funker, die mit ihren Geräten zum Schein «normalen» Funkverkehr aufrechterhielten.

Der Raum Kowel war für das faschistische Oberkommando überaus bedeutsam. An der Nahtstelle der beiden größten Heeresgruppen Mitte und Süd sperrte er den Weg nach Polen. Die Zugänge zur Stadt waren durch Minen und Drahtsperren gesichert. Am südlichen Stadtrand waren ein tiefer Panzergraben angelegt und die massiven Gebäude für eine längere Verteidigung ausgebaut worden.

Die 47. Armee bekam den Befehl, mit sechs Schützendivisionen und drei Panzerregimentern den Hauptstoß von der Linie Borowno—Bolschoi Obsyr in Richtung Nesuchojeshe zu führen und dabei Kowel von Norden und von der Linie Nawus—Topulno aus in Richtung Choloby von Süden zu umgehen. Danach war Kowel einzunehmen und bis zur Linie Turiisk—Swinashia vorzustoßen. Nördlich handelte als Nachbar die 70. und südlich die 13. Armee.

Am 17. März 1944 begann um 10.00 Uhr ohne Artillerie- und Luftvorbereitung der Angriff. Der Gegner war auch durch den «normalen» Funkverkehr völlig überrascht. Schon nach eineinhalb Stunden warfen Panzer- und Schützenregimenter den Gegner aus seinem ersten Verteidigungsstreifen. Die sich zurückziehenden faschistischen Truppen ließen ihre gesamte Kampftechnik stehen und liegen. Ihrer Gruppierung drohte die vollständige Einkreisung. Am Abend des ersten Kampftags war die 47. Armee in eine Tiefe bis zu 20 Kilometern vorgedrungen. Nach harten Kämpfen gelang es bis zum 19. März, Kowel einzukreisen und den Rest der gegnerischen Truppen, die den Frontvorsprung verteidigten, bis zu 20 Kilometer hinter die Stadt zurückzudrängen.

Die an der äußeren Front operierenden deutschen Truppen griffen mit Infanterie, unterstützt von Panzern und Flugzeugen, fast pausenlos an; sie versuchten, zu den Eingeschlossenen nach Kowel durchzubrechen. In dieser Phase gab es für die Funktäuschung keine Aufgaben zu erfüllen. Die Aufklärung meldete, daß mehrere starke gegnerische Verbände, darunter die SS-Panzerdivision «Wiking», ins Kampfgebiet unterwegs seien.

Der Kampf ging weiter. Der 47. Armee gelang es nicht, die eingeschlossene Besatzung zu liquidieren. In den ersten Apriltagen brach ein faschistischer Panzerkeil aus dem Raum Majuw—Tupuly entlang der Bahnlinie in Richtung Kowel durch und zwang die sowjetischen Truppen an den Zugängen zur Stadt zur Verteidigung.

Das Hauptquartier unterstellte die 47. Armee der 1. Belorussischen Front unter K. K. Rokossowski. Neuer Armeeoberbefehlshaber wurde Generalleutnant Gussew. Von Ende Mai bis Anfang Juni 1944 erhielt die Armee neue Verbände und Truppenteile. Wieder wurde unter großer Geheimhaltung ein neuer Angriff vorbereitet. Wie schon im Februar erweiterte man den Funkverkehr nicht. Bestimmte Funksprüche sollten dem Gegner einen umfassenden Ausbau der bezogenen Verteidigungsstellungen vortäuschen. In dieser Phase der Vorbereitung des Angriffs auf Kowel begann am 23. Juni 1944 die Rote Armee, den Plan «Bagration» zu verwirklichen, der Belorußland von den Faschisten befreien sollte.

Am 4. Juli erhielt die 47. Armee den Befehl, die gegnerische Verteidigung zu durchbrechen und Kowel zu nehmen. Der Armeeführung wurde mitgeteilt, daß Partisanenverbände Diversionsakte im Rücken des Gegners, insbesondere gegen seine Verbindungswege und nachrichtentechnischen Einrichtungen, zur Unterstützung unternommen hatten.

In der Nacht zum 5. Juli schlugen Pioniere Gassen durch die gegnerischen Minenfelder und Drahthindernisse. Am 6. Juli wurde Kowel befreit. Im Führungsbunker der deutschen 342. Infanteriedivision fanden Offiziere des sowjetischen Armeestabs zwischen vielen anderen Unterlagen einen Lagebericht. Darin hieß es, die Russen hätten sich hervorragend auf das Wald- und Sumpfgelände eingestellt. Da ihre Beobachtungsmöglichkeiten eingeschränkt seien, hätten sie zusätzliche Beobachtungspunkte errichtet. Sie verständen es, viele Aufklärungsmethoden geschickt zu kombinieren. Neben Stoßtruppunternehmen, Artillerie-, Pionier- und Luftaufklärung sei es vor allem der Funkabhördienst, der die deutschen Führungsstellen ständig überwache. Viele Angaben erhielten die Russen auch von den Partisanen und der Bevölkerung. Die der eigenen Funkaufklärung vorliegenden Gegnersprüche wären oft falsch und führten in die Irre. Mitteilungen über Munitions- und Kraftstoffmangel entsprächen nicht den Tatsachen, im Gegenteil, die vor uns liegenden Truppen seien gut versorgt und bewaffnet.

Mit der Operation «Bagration» rückten die sowjetischen Truppen weit nach Westen vor. Sie erreichten die rumänische Grenze und näherten sich Deutschland. Den westlichen Verbündeten war klar, daß die Rote Armee sehr wohl imstande war, den deutschen Faschismus allein zu zerschlagen. Für Roosevelt und Churchill war dies der Zeitpunkt, die Eröffnung der zweiten Front nicht länger hinauszuschieben.

Täuschung in der Normandie

In der Hauptstadt Irans, Teheran, hatten sich im Dezember 1943 die Regierungschefs der drei Großmächte der Antihitlerkoalition getroffen. In den Konferenzräumen ging es unter anderem um die von den westlichen Verbündeten immer versprochene zweite Front.

Nach endlosen Debatten in einer der Sitzungen erhob sich Stalin abrupt und forderte Molotow und Woroschilow auf, mit ihm die Konferenz zu verlassen. Churchill, der eben noch zu begründen versucht hatte, daß unter gewissen Umständen die Landung überhaupt nicht stattfinden könne, verschlug es die Sprache. Schnell schaltete sich Roosevelt ein. Er schlug vor, die Sitzung zu vertagen.

Als die drei Regierungschefs am nächsten Vormittag zusammenkamen, gab Roosevelt bekannt, daß die alliierten Stäbe im Beisein des britischen Premierministers und des amerikanischen Präsidenten beschlossen hätten, das Unternehmen «Overlord» für Mai 1944 festzusetzen. Zur Unterstützung sei in Südfrankreich eine Landungsoperation geplant.

Stalin erwiderte darauf, daß er einverstanden sei. Endlich hatten sich die Verbündeten definitiv zur Landung in Nordfrankreich verpflichtet.

Doch Churchill versuchte, «Overlord» weiter zu verzögern. In London hieß es sogar, die Landung könne je nach dem Vorrücken der sowjetischen Truppen aufgeschoben werden. Noch am 16. April 1944 forderte Churchill den USA-Stabschef General Marshall auf, den Vormarsch in Italien zu beschleunigen und «Overlord» nicht zu beachten. Churchill beklagte sich darüber, daß die Hitlerwehrmacht den nach Rom vorstoßenden britischen und amerikanischen Truppen «unangebrachten» Widerstand leiste. Er hätte erwartet, daß sie ihnen den Weg durch Italien freigeben würden, damit sie früher als die Rote Armee die Balkaninsel erreichen könnten. Diese Rechnung ging nicht auf. Dabei war der Zeitpunkt günstig. Nach den vernichtenden Niederlagen der faschistischen Truppen vor Stalingrad und Kursk war auch der Widerstand der geknechteten Völker Europas gestiegen. Anglo-amerikanische Truppen kämpften in Nordafrika, Italien und im Stillen Ozean. Doch sowohl der US-amerikanischen als auch der britischen Führung ging es darum, die Sowjetunion zu schwächen, die Kämpfe an der sowjetisch-deutschen Front in die Länge zu ziehen, um später beiden Seiten ihre Bedingungen diktieren zu können.

Am 14. Mai verlegten die westlichen Verbündeten die ersten Landungsschiffe aus dem Mittelmeer nach Großbritannien. Die unmittelbare Vorbereitung von «Overlord» lief an.

Umfassende Maßnahmen sollten den alliierten Kräften eine sichere Fahrt durch den Ärmelkanal und eine erfolgreiche Anlandung garantieren, damit würden die Landungstruppen den faschistischen Wehrmachtteilen an der französischen Kanalküste weit überlegen sein. Stabsmäßig plante man die Desinformation des Gegners und die funkelektronische Gegenwirkung. Ein angeblicher «Stab der 1. amerikanischen Armeegruppe» nahm seine Arbeit auf. Den Offizieren blieb ihre eigentliche Rolle verborgen; sie glaubten, sie hätten die Landung der alliierten Truppen vorzubereiten. Aus diesem «Stab» gelangten mehrere «zuverlässige» Informationen über die vorbereitete Anlandung im Gebiet Pas-de-Calais und nicht, wie vorgesehen, in der Normandie an die Öffentlichkeit. Als Datum der vorgesehenen Landung wurde der 15. Juli genannt, während sie in der ersten Juniwoche stattfinden sollte. Bei der operativen Tarnung spielte auch der Deckname eine Rolle. So verwendete man bei der Planung auch die Tarnbezeichnung «Neptune», die aber nur die erste Phase — Landung und Bildung eines Brückenkopfes — beinhaltete. In dem Raum der Scheinlandungen klärten britische Flugzeuge wesentlich stärker auf als im wirklichen Landungsgebiet. An Punkten, an denen die Schiffe keineswegs beladen werden sollten, täuschte man Truppenkonzentrationen vor. Eine Vielzahl von Attrappen wies den Gegner auf Landungsschiffe und Panzer hin. Von hier aus begann auch ein reger Funkverkehr. Bei den Faschisten mußte der Eindruck entstehen, daß nur Calais das Ziel der Landungskräfte sein konnte.

Der britischen Aufklärung gelang es, entlang der 300 Kilometer langen Küste zwischen dem Hafen von Dieppe und der Halbinsel Cherbourg 50 Funkmeßstellen des Gegners festzustellen. Jede verfügte über zwei Funkmeßgeräte, die Wasseroberfläche

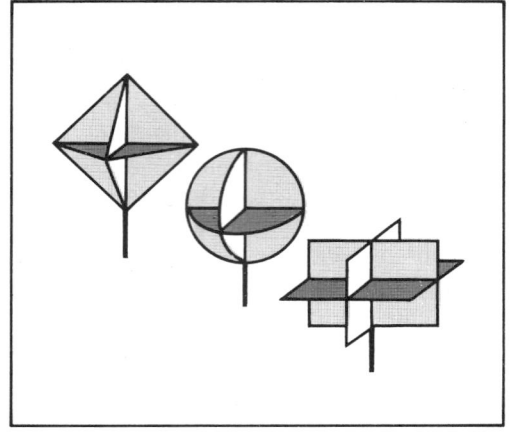

Winkelreflektoren
Sie bestehen aus senkrecht zueinander stehenden rechteckigen, dreieckigen oder halbkreisförmigen Metallflächen

und Luftraum überwachten. Außerdem gab es Geräte zur Feuerleitung der Küsten- und Flakbatterien. Die Funkmeßkette war teilweise so dicht, daß alle 4 Kilometer eine Funkmeßstelle arbeitete. Um dem entgegen zu wirken, rüsteten Radarexperten 700 Schiffe, Flugzeuge und Landfahrzeuge mit speziell entwickelten Funkmeßstörsendern aus. Mit ihnen konnte man in Richtung der Anlandung auf den gegnerischen Funkmeßsichtgeräten Aufhellungen hervorrufen. Darin gingen die Zielzeichen der Schiffe und Flugzeuge unter. Durch Störungen sollten auch die Funk- und Funknavigationssysteme der faschistischen Luftwaffe ausgeschaltet werden. Tests an erbeuteten deutschen Funkmeßgeräten hatten bewiesen, daß die Störtechnik funktionierte.

Die Schiffsartillerie erhielt besondere Funkmeßgranaten. Mit kleinen Stanniolstreifen gefüllt, bildeten sich nach der Detonation große Reflexionswolken, die auf den gegnerischen Sichtgeräten Scheinziele vortäuschten. Diese spezielle «Munition» bekamen

4 Schlachtschiffe, 12 Kreuzer, 16 Zerstörer, 21 Räumfahrzeuge sowie 57 Hilfsschiffe und Torpedoboote.

Achtzehn kleinere Schiffe wurden über Winkelreflektoren auf nicht gestörten gegnerischen Funkmeßsichtgeräten «dargestellt» und Funkmeßgranaten geschickt zur Zieldarstellung abgefeuert. Kleine Boote schleppten mit Aluminiumfarbe gestrichene Fesselballons, die die elektromagnetische Energie der deutschen Funkmeßgeräte besonders gut reflektierten und riesige Ziele vortäuschten. Tieffliegende Maschinen, die die Schiffe begleiteten, warfen Windows ab, so daß die Funkmeßstationen meldeten, eine mächtige Flotte bewege sich auf die Küste zu. Zusätzlich ließ man bei Boulogne an Schirmen Scheiben und Windows an Stelle von Fallschirmspringern niedergehen.

Die Wehrmachtführung konzentrierte daraufhin ihre Hauptkräfte im Gebiet Boulogne—Calais. Daß die Eröffnung der zweiten Front unmittelbar bevorstand, hatte das faschistische Hauptquartier durch einen entschlüsselten Funkspruch am 5. Juni erfahren.

Am 6. Juni war «D-Day», das lang erwartete Unternehmen «Overlord» begann, die Scheinlandung hatte ihren Zweck erfüllt. Das Wetter für die wirklichen Landungskräfte war günstig. Starker Wind erschwerte den Einsatz deutscher Aufklärungsmaschinen. Wegen der Schlechtwetterlage liefen in der Nacht auch die Schnellboote nicht zum Vorpostendienst aus. Über 6000 alliierte Kriegs-, Landungs- und Hilfsfahrzeuge setzten sich unbemerkt in Bewegung. Der Gegner konnte die Annäherung nur visuell feststellen, aber da war es bereits zu spät. Die alliierte Schiffsartillerie, unterstützt von 13000 Flugzeugen, zerfetzte an der Küste das ohnehin nicht starke Abwehrsystem der faschistischen Truppen. Mit Sprengbomben, Luftminen und dem Feuer ihrer schweren Maschinengewehre vernichteten die Fliegerkräfte auch die Antennen und Anlagen der

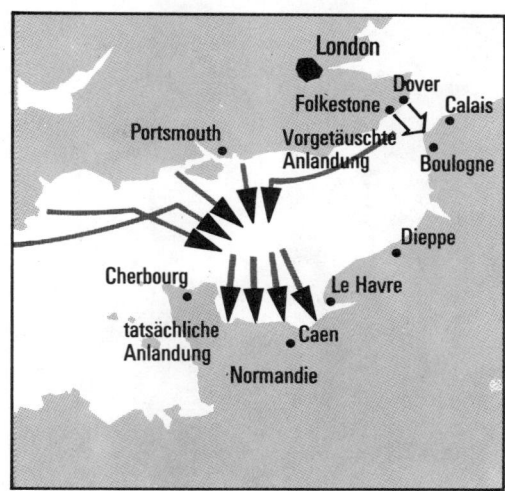

Landung der Alliierten in der Normandie im Sommer 1944

Funkmeßgeräte. Durch ständige Scheinangriffe und Window-Abwürfe über dem Kanal wurden die Jagdfliegerkräfte der faschistischen Luftwaffe abgelenkt.

Die umfassende und sorgfältige Vorbereitung der Landungsoperation zahlte sich aus. Lediglich 6 Kriegsschiffe wurden durch die Küstenartillerie versenkt. Die faschistischen Truppen erreichten erst mit 18 bis 48 Stunden Verspätung diesen Raum. Innerhalb einer Woche hatten sich von den Landungspunkten aus die Amerikaner, Briten und Kanadier auf einer Frontbreite von 80 Kilometern zu einem Abschnitt vereinigt, in dem sich eine Million Mann befanden. Ihnen standen 13 deutsche Divisionen gegenüber.

Doch bis zum 25. August erreichten die alliierten Truppen lediglich die Flüsse Seine und Loire. Gleichzeitig landeten US-amerikanische und französische Truppen in Südfrankreich zwischen Cannes und Toulon und begannen, unterstützt von der französischen Widerstandsbewegung, der Resistance, nach Norden vorzurücken. Am 19. August lösten

Antennen des deutschen «Lichtenstein»-Bordfunkmeß-
geräts an einem deutschen «Me-110» Nachtjagdflugzeug

französische Patrioten, unter denen Kommu-
nisten eine führende Rolle spielten, den bewaffneten Aufstand in Paris aus. Am 25. August feierte die Stadt ihre Befreiung.

Die «Tuba» spielt auf

Wie bereits beschrieben, war 1943 der britisch-amerikanische Luftkrieg in Europa in
eine neue Phase eingetreten. Tagesbombar-
dements der 8. US-Luftflotte und Nachtan-
griffe des britischen Bomberkommandos
wechselten einander ab. Funkmeßstörungen,
wie im Juli 1943 über Hamburg, ermöglichten es den Fliegerkräften, dem Weichbild der
Städte verhältnismäßig ungeschoren zu ent-

kommen. Doch gerade der Flak entronnen,
tat sich vor den britischen Fliegern eine neue
Gefahr auf: Jagdflugzeuge der faschistischen
Luftwaffe. Im Rückfluggebiet orteten deutsche Bodenfunkmeßstellen, die nicht alle gestört werden konnten, die Bomberverbände
und führten mit dem «Himmelbett»-Verfah-
ren Nachtjäger an die gegnerischen Maschinen heran. Ihre «Lichtenstein»-Funkmeßge-
räte benutzten die deutschen Jäger, um sich
weit in den Bomberpulk hineinzumanövrie-
ren. Geschickt nutzten sie dabei den Vorteil,
daß sie von den britischen Bordschützen
ohne Abschußgefahr für die eigenen Flugzeuge kaum bekämpft werden konnten. Die
Verluste der Briten stiegen stark an. Daraufhin baute die RAF in ihre Maschinen Bordstörsender ein. Doch die Nachtjagdflugzeuge
benutzten die Störsignale wie ein Funkfeuer,
flogen die Bombenflugzeuge an und vernichteten sie weiterhin. So zwang das Versagen
der britischen Bordstörsender die westlichen

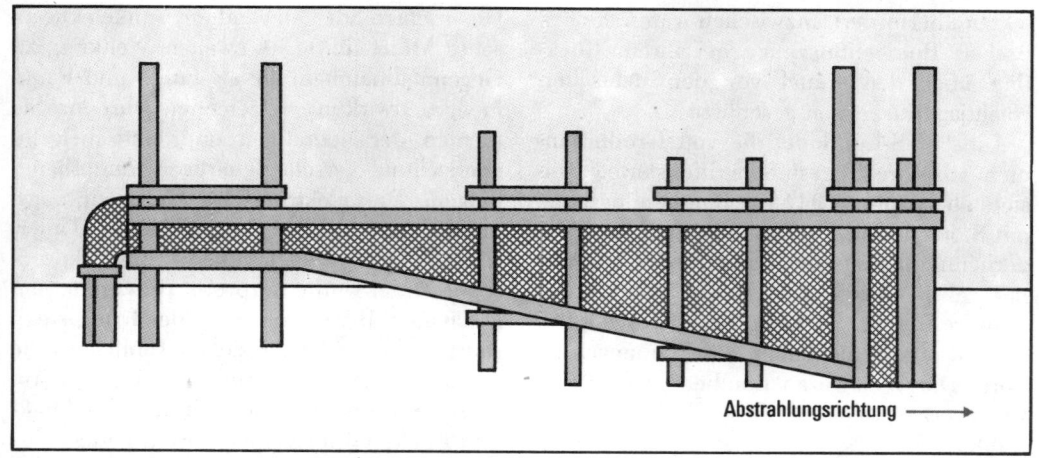

Abstrahlungsrichtung ⟶

«Tuba»-Antenne

Alliierten, nach einer anderen Lösung zu suchen.

In einem Entwicklungslabor kamen US-amerikanische und britische Ingenieure auf die Idee, eine besonders starke Bodenstöranlage zu entwickeln und sie gegen die Bordfunkmeßgeräte deutscher Nachtjäger zu richten. Noch niemand hatte jedoch bisher ein Gerät gebaut, das eine dementsprechend ausreichende UKW-Senderleistung aufbrachte. Zum Glück erinnerte sich ein Ingenieur daran, daß 1938 an der Berkeley-Universität in Kalifornien ein Forschungsvorhaben existierte, das eine Hochleistungssenderröhre für die Kernforschung entwickeln sollte. Die dabei entstandene Spezialröhre, genannt Resnatron, könnte die Lösung bedeuten. Man nahm mit der Universität Verbindung auf. Trotz größter Eile dauerte jedoch der Bau eines weiteren Resnatrons noch ein volles Jahr. Die inzwischen parallel dazu geschaffene Bodenstöranlage erhielt den Decknamen «Tuba».

Die «Tuba» überdeckte den gesamten Frequenzbereich der «Lichtenstein»-Geräte von 375 bis 700 Megahertz. Sie fand auf sieben

schweren Armeelastwagen Platz. Dicke Kabelstränge verbanden die einzelnen Baugruppen untereinander. Besonders beeindruckte die Antenne. Zur Abstrahlung der regelbaren Ausgangsleistung von 30 bis 100 Kilowatt trugen vier Masten ein langes Rohr, das aus Maschendraht bestand. Diese Antenne hatte eine Länge von 50 und einen Durchmesser von 6 Metern.

Als die Bodenstöranlage zum erstenmal mit voller Leistung in Betrieb genommen wurde, gab es einige Überraschungen. Stahlwolle, die vor der Antennenöffnung herumlag, ging explosionsartig in Flammen auf. Einige in der Nähe stehende Techniker erlitten starke Verbrennungen. In der Antenne vergessene Werkzeuge wurden herausgeschleudert und verglühten.

Ab Juni 1944 kam die «Tuba» bei Spring an der englischen Kanalküste zum Einsatz. Sie war ein voller Erfolg und löste auf den gegnerischen Funkmeßsichtgeräten die Zielechos vollständig auf. Die RAF bestellte sofort zwei weitere Störanlagen.

Die Faschisten erkannten, daß ihr «Lichtenstein»-Gerät veraltet war, und versuchten, ein neues Nachtjagdgerät im Zentimeterwellenbereich zu entwickeln. Doch das dauerte seine Zeit. Man war schon mit anderen Pro-

95

jekte überfordert. Inzwischen waren die britischen Bombenflugzeuge bei ihrem Rückflug über den Kanal vor den deutschen Nachtjagdflugzeugen geschützt.

Die 8. US-Luftflotte, die von Großbritannien aus ihre Tagesluftangriffe startete, rüstete ab Oktober 1944 die Bombenflugzeuge mit Störsendern des Typs «Carpet» zur Niederhaltung deutscher Funkmeßfeuerleitgeräte aus. Gegen Kriegsende hatte jedes schwere Bombenflugzeug sogar zwei Störsender mit unterschiedlichen Störfrequenzen an Bord. Die Verluste an Bombenfliegerkräften verringerten sich auf diese Weise um die Hälfte.

Die umfassende Anwendung funkelektronischer Mittel führte im zweiten Weltkrieg zu Gegenmaßnahmen, die als Funk- und Funkmeßgegenwirkung bezeichnet wurden. Sie dienten der operativen und taktischen Sicherstellung verschiedenartiger Kampfhandlungen. Die elektronische Gegenwirkungstechnik entwickelte sich stürmisch. Unterschiedliche Einsatztaktiken funkelektronischer Mittel wurden erprobt, verworfen, neu geschaffen. Bereits am Ende des Krieges existierten die ersten speziellen Einheiten, die vor allem Stoßgruppierungen bei ihrem Angriff durch den gezielten Einsatz von Funk- und Funkmeßstörung zu decken hatten.

Der unerklärte Krieg

Seltsame Expeditionen

Durch das stark zerklüftete türkische Hochland von Armenien, vorbei an Hütten mit flachen Dächern, stieg im Frühjahr des Jahres 1954 eine Gruppe von Männern langsam bergauf. Aber nur bei wenigen sah man die übliche Bergsteigerausrüstung. An ihrer traditionellen Kleidung konnte man die meisten Expeditionsteilnehmer als Kurden erkennen. Sie trugen in Rucksäcken schwere, unförmige Kisten. Geröllpfade, die Höhenlage und das rauhe Klima der Berge zwangen die Gruppe immer häufiger zu Ruhepausen. Der Leiter der Expedition, ein sportlich durchtrainierter Mittvierziger, besaß jedoch einen amerikanischen Paß, der ihn als Archäologen auswies. Hätte man andere Teilnehmer nach ihren Berufen gefragt, dann wären als Antworten Geologe, Botaniker und Kartograph gekommen. Ziel des Trupps war das Ararat-Massiv.

Bereits seit längerer Zeit sprach man in der türkischen Öffentlichkeit davon, amerikanische Bibelforscher hätten herausgefunden, daß Reste der Arche Noah auf dem Ararat liegen müßten. Dieses Gerücht hatten US-amerikanische Kreise mit Zustimmung ihres NATO-Verbündeten nicht ohne Grund lanciert. Angeblich war diese Gruppe unterwegs, sie zu finden. In Wirklichkeit interessierte sie jedoch weder die biblische Geschichte noch die Kultur des Altertums. Das Gepäck jener «Forscher» enthielt elektronische Aufklärungsgeräte und Batterien für deren Stromversorgung. Am Ziel angekommen, erfaßte die Männer hektische Betriebsamkeit. Metallmasten wurden zusammengesteckt, aufgerichtet und Antennenzuleitungen zu einem ebenfalls mitgebrachten Zelt verlegt. Ein großer Kreuzrahmenpfeiler entstand, Empfänger wurden aufgestellt und die Zuleitungskabel an die Batterien angeklemmt. Nun konnte der eigentliche Auftrag der Gruppe enthüllt werden, erteilt durch die CIA. Er hieß: Funkspionage.

Bald nach dem Sieg über das faschistische Deutschland und das militaristische Japan begannen die Herrschenden der USA vom amerikanischen Jahrhundert zu träumen. Die USA sollten die Supermacht sein, die anderen Staaten ihren Willen diktieren konnte. Das dazu entwickelte Programm sah starke See- und Luftstreitkräfte, das Atomwaffenmonopol und ein weitverzweigtes Stützpunktsystem vor, das die UdSSR, die die Hauptlast an der Zerschlagung des Faschismus getragen hatte und deren Einfluß man fürchtete, einkreisen sollte. Auch die unsichtbare Armee, die CIA, bekam in diesem Plan eine hervorragende Rolle zugeteilt.

Bis in die Mitte der fünfziger Jahre stationierte die USA auf Militärstützpunkten in anderen Ländern rund um die Sowjetunion 1 500 schwere und mittelschwere Bombenflugzeuge des strategischen Luftkommandos, die Atombomben an Bord hatten. Die Sowjetunion hatte dieser Entwicklung nicht tatenlos zugesehen. Obwohl die Volkswirtschaft, das Land stark zerstört und riesige Mittel für deren Aufbau notwendig waren, schenkte sie der Stärke ihrer Streitkräfte und dem Schutz der Heimat die gebührende Aufmerksamkeit. Ende 1947 gelang es einer Physikergruppe unter der Leitung von Akademiemitglied Kurtschatow, die im Krieg begonnenen Forschungsarbeiten auf dem Gebiet der Kernspaltung abzuschließen. Mit der ersten sowjetischen Atombombendetonation am 29. August 1949 war das Kernwaffenmonopol der USA endgültig gebrochen.

Bei einer Luftparade Mitte 1955 zogen strategische Bombenflugzeuge vom Typ Tu-20 am Moskauer Himmel ihre Bahn, die die Welt davon überzeugten, daß die Sowjetunion nicht ohne Folgen angegriffen werden könne. Um dennoch einen militärischen Vorsprung zu erzielen, empfahlen Pentagonexperten, sich auf Raketenwaffen zu orientieren und die NATO-Verbündeten von ihrer Stationierung zu überzeugen. Zunächst willigte Großbritannien ein, ballistische Mittelstreckenraketen der Typen «Thor» und «Jupiter» zu stationieren. Dann folgten die Türkei und Italien.

Schon damals konstatierten ausländische Militärs, daß die Sowjetunion nicht gleichgültig zusehen könnte, wie in verschiedenen Ländern Angriffswaffen gegen ihr Land stationiert würden. Und die Antwort kam bald. Die UdSSR entwickelte eine interkontinentale ballistische Rakete, die geeignet war, einen vernichtenden Gegenschlag zu führen. Damit war das Märchen von einer «haushohen militärischen Überlegenheit der USA» ein weiteres Mal ausgeträumt.

Die CIA wurde aktiviert.

Raketen werden durch elektromagnetische Wellen gesteuert und geleitet. Erfaßt man diese Wellen, kann man den Standort der Raketenrampen, die Radarfrequenz und die Leitsignale feststellen.

Auf einer Geheimkonferenz im Washingtoner CIA-Hauptsitz, zwischen dem State-Department und einer stillgelegten Bierbrauerei, forderte CIA-Chef Allen Welsh Dulles, den Himmel über der Sowjetunion durch elektronische Spionage weit zu öffnen. Er verkündete, daß moderne Aufklärungsgeräte in der Lage seien, den Platz einer Mata Hari einzunehmen. Dabei hatte die Tänzerin Mata Hari — ihr richtiger Name war Margaretha Geertruida Zelle — nie wirkliche Spionagearbeit geleistet. Daß sie am 15. Oktober 1917 vor den Gewehrläufen eines französischen Exekutionskommandos endete, war das Ergebnis von Intrigen, männlicher Rache und Bestrebungen der französischen Heeresleitung, die Kampfmoral der kriegsmüden Truppen zu heben.

Nach diesem Signal ihres Chefs tauchten nun im sowjetisch-türkischen und sowjetisch-iranischen Grenzgebiet plötzlich Expeditionen von «Archäologen», «Naturwissenschaftlern», aber auch Jagdgesellschaften auf, die alles andere als das erklärte Ziel verfolgten. Sie befaßten sich ausschließlich mit elektronischer Überwachung. Um noch dichter an die Standorte von Raketenleit- und Überwachungsstationen heranzukommen, die man irgendwo im Gebiet zwischen Kaspischem und Asowschem Meer vermutete, schreckte man auch nicht vor Grenzverletzungen zurück.

Der Spionagering

In einer dunklen Augustnacht des Jahres 1960 nahmen sowjetische Grenzposten einen Mann fest, der gefälschte Ausweispapiere auf den Namen Slawnow bei sich trug und mit umfangreicher elektronischer Abhörtechnik die iranisch-sowjetische Grenze überschreiten wollte. Die Sowjetunion protestierte energisch bei der USA-Regierung gegen dieses — wie es sich herausgestellt hatte — Spionageunternehmen der CIA. Doch die gab ihr Vorhaben in keiner Weise auf. In Zusammenarbeit mit anderen Geheimdiensten entstanden rund um die Sowjetunion elektronische Abhörstützpunkte.

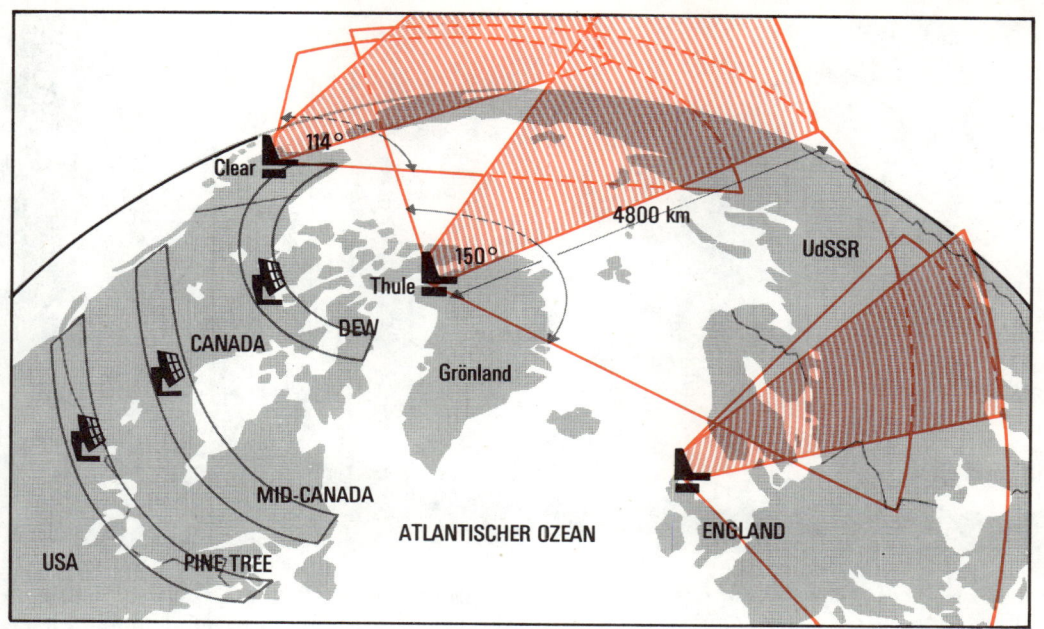

Lage der Radarketten der Nordamerikanischen Luftverteidigung NORAD

Noch immer wollte sich CIA-Chef Dulles nicht vom sowjetisch-türkisch-iranischen Grenzgebiet trennen. Für ihn war dieser Raum eine strategisch günstige Spähposition, und so ließ er im Pontischen Gebirge, unweit des Schwarzmeerhafens Samsun, im Elbursgebirge nördlich von Teheran und bei Mashhad drei leistungsstarke Wetterradarstationen errichten, um aus Veränderungen der Ionosphäre auf sowjetische Raketenstarts schließen zu können. Auch von Europa aus streckten verschiedene Geheimdienste ihre Fühler aus.

Westberlins exponierte geographische Lage mit nur etwa 80 Kilometern Entfernung bis zur Staatsgrenze der Volksrepublik Polen und 200 Kilometern bis zur ČSSR nutzten die USA und andere NATO-Staaten sehr bald, um hier eine Spionagebasis gegen die

sozialistischen Länder aufzubauen. Neben der CIA und dem Nationalen Sicherheitsamt (NSA) nistete sich hier auch die militärische Aufklärung der Teilstreitkräfte ein: der Military Intelligence Service (MIS) der US Army, der Air Intelligence Service (AIS) der US Air Force und sogar das Office of Naval Intelligence (ONI) der US Navy. Der im Stadtbezirk Wilmersdorf aus Trümmerschutt entstandene 120 Meter hohe Teufelsberg sollte ursprünglich ein Ausflugsziel für die Westberliner werden. Doch seine Kuppe sah man für etwas anderes vor; bestückt mit Antennen unterschiedlicher Form und Größe, erklärte man sie zu militärischem Sperrgebiet. Hier wurde ein «Riesenohr des Westens» aufgebaut und nach den antifaschistischen Schutzmaßnahmen der DDR 1961 beschleunigt erweitert, um den «Äther des Ostblocks bis zum Ural» abhorchen zu können, wie es hieß. Über 400 Elektronik- und Sprachexperten der CIA, der NSA und des MIS überwachen mit Funkern des britischen 13. Signal

Radarkuppeln und Funksendemasten einer Station der
DEW-Linie

Frühwarnturm auf einer künstlichen Insel (Texas
Tower)

Regiments rund um die Uhr elektromagnetische Ausstrahlungen aller Wellenbereiche.
Die aufgenommenen Signale werden gespeichert und später nach verschiedenen Ge-
sichtspunkten ausgewertet.

Das Gegenstück zum Teufelsberg entstand
in der BRD im Oberharz, auf dem 928 Meter
hohen Wurmberg. Bereits im Jahre 1948 errichtete hier ein Nachrichtenkorps der US-
Armee in einem Stahlbetonturm eine Spionagestation, die sich im Laufe der Jahre zu einem
großen Abhörkomplex entwickelte. Neben
Funkverbindungen werden von hier aus
Funkmeßstationen der DDR und der ČSSR
überwacht. Weitere stationäre Funkspionage-
komplexe mit riesigen Antennenfeldern entstanden außerdem im britischen Chicksands
und bei Bridini in Italien. Sie hatten die Aufgabe, Funksignale leistungsschwacher Sender in Nord- und Südeuropa über eine Entfernung von Tausenden Kilometern aufzufangen. Außerdem bauten die USA funktechnische Einrichtungen noch ganz anderer Art:
Hinter dem Kürzel NORAD verbirgt sich das
System der Nordamerikanischen Luftverteidigung. Sie entstand im Jahre 1957 nach
einem Abkommen zwischen den Regierun-
gen der USA und Kanadas und wurde unter
den Oberbefehl eines US-Generals gestellt.
NORAD wurde die Luftverteidigung Nord-
amerikas, die Raketenabwehr sowie die kos-

Antennenkuppel des Fernaufklärungsradars AN/FPS-20 im System 416 L SAGE

Antennenanlage einer AN/FPS-50 des BMEWS-Hauptpostens in Thule/Grönland

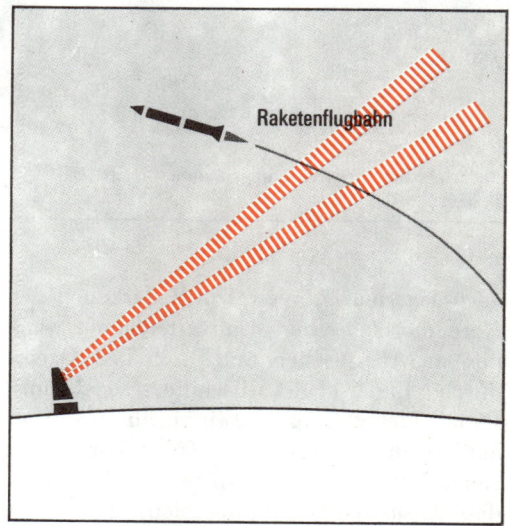

Flugbahnbestimmung einer ballistischen Rakete mit zwei in der vertikalen Ebene übereinander liegenden Strahlenbündeln

mische Abwehr übertragen. Der Wirkungsbereich von NORAD überschritt die Ländergrenzen der USA und Kanadas bei weitem und erhielt angesichts der über 300 in verschiedenen Erdteilen zur Sowjetunion gerichteten, funkelektronischen Einrichtungen globalen Charakter. Alle von den USA der NORAD unterstellten Kräfte wurden Bestandteil der Strategischen Verteidigungskräfte, also des SAC und der land- und seegestützten Verbände. Diese Verzahnung mit den strategischen Kräften machte den erklärten defensiven Charakter von NORAD von Anfang an fragwürdig.

Das wichtigste Element der Nordamerikanischen Luftverteidigung bildeten mehrere hintereinander angeordnete Radarketten. Die eine, bezeichnet mit DEW-Linie, verlief von der Aleuten-Halbinsel weiter oberhalb des nördlichen Polarkreises über das Brooksgebirge, die Nordwestterritorien Kanadas, die Baffininsel bis zum Kap Farvel auf Grön-

land. 5 000 Kilometer wurden erfaßt und 50 Frühwarnstationen installiert. Die Mid-Canada-Line entlang des 55. Breitengrades verlief 800 bis 1 000 Kilometer entfernt von den großen US-amerikanischen Industriezentren. Eine innere Linie, genannt Pine-Tree, erstreckte sich entlang der Nordgrenze der USA. Neben Radarstationen gehörten dazu

Radarfeld der Fernaufklärungsstationen im NADGE-System

auch Jägerleitzentralen. Die Radarketten der Nordamerikanischen Luftverteidigung wurden im Atlantischen und im Stillen Ozean durch Radar-Frühwarnschiffe, sogenannte Radar Picket Ships, sowie Frühwarntürme auf künstlichen Inseln, den Texas Towers, ergänzt. Letztere mußten später abgebaut werden, da sie den Seestürmen nicht standhalten konnten.

Kaum war NORAD installiert, boten die Elektronikkonzerne weitere ausgeklügelte Systeme an, um die Nordamerikanische Luftverteidigung zu verbessern und aufgetretene Mängel zu beiseitigen. Schon 1958 koppelte man NORAD mit dem Luftabwehrsystem 416 L SAGE. Es konnte Luftziele verfolgen, die Feuerleitung übernehmen und belieferte die Befehlshaber der jeweiligen Luftverteidigungsbereiche mit erforderlichen Radardaten. Das ebenfalls mit NORAD verbundene Frühwarnsystem BMEWS mit Hauptposten im grönländischen Thule, bei den Fairbanks auf Alaska und nahe Fylingdales Moor in der britischen Grafschaft Yorkshire erhielt 1963 die Aufgabe, anfliegende ballistische Raketen aus nördlicher Richtung festzustellen und gefährdete Objekte zu ermitteln. Seine Antennen mit 50 Meter Höhe und 120 Meter Breite waren weithin sichtbar. Sie sendeten in die erwartete Anflugrichtung bis 4 500 Kilometer Entfernung zwei übereinanderliegende Strahlenbündel aus. Eine ballistische Rakete mußte beide Bündel durchfliegen und reflektierte dabei elektromagnetische Echoimpulse. Das Verhältnis von Ein- und Austrittstelle im Strahlenbündel konnte mit Hilfe eines Rechners aus allen aufgenommenen Echos die der ballistischen Raketen herausfinden und ihren Kurs berechnen. Die gewonnenen Werte wurden dann per Datenfernübertragung zur unterirdischen NORAD-Befehlszentrale im Cheyenne-Berg bei Colorado Springs sowie zum strategischen Luftwaffenkommando übermittelt. Diese Daten dienten eindeutig der offensiven Einsatzplanung. Als man BMEWS in Betrieb nahm, löste sogar der aufgehende Mond Raketenalarm aus. Erst kurz vor dem Start der

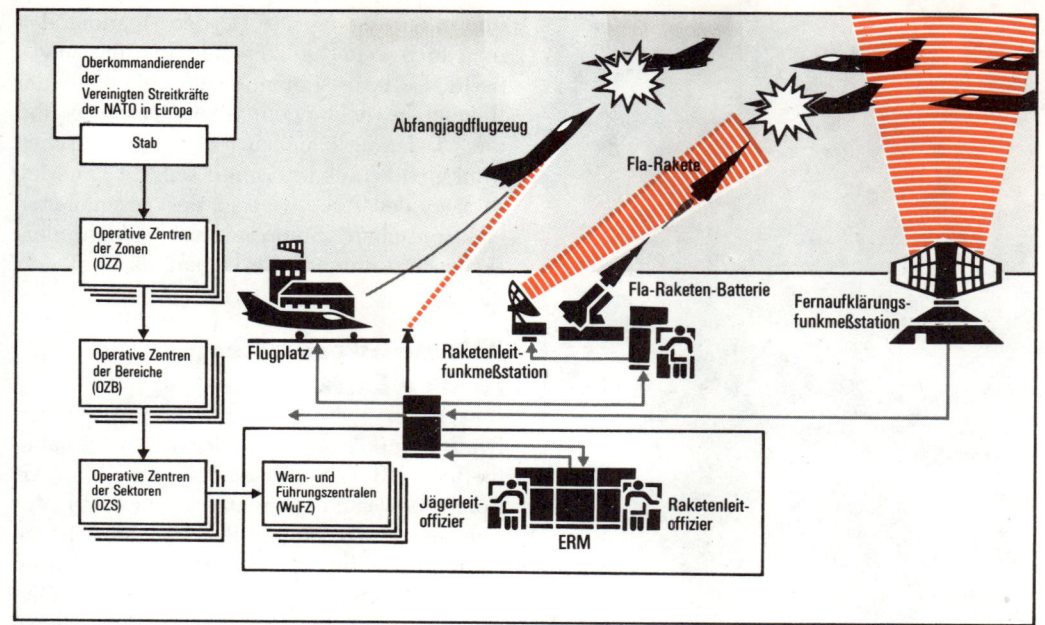

Organisation des NATO-Luftwarnsystems NADGE

strategischen Bomberflotte gelang es den Experten, den Fehler zu finden. Die Rechnerprogramme sollen danach angeblich so verändert worden sein, daß von diesem Zeitpunkt an kein Fehlalarm mehr ausgelöst wurde.

Als man in der NATO den Aufbau eines weiteren umfassenden Luftwarnsystems diskutierte, witterten sofort die großen Elektronikkonzerne wie Hughes Aircraft Company (USA), GES-Marconi Elektronics (Großbritannien), AEG-Telefunken (BRD), Thomson-CSF (Frankreich), NV Hollandse-Signalapparaten (Niederlande) das große Geschäft.

Das schließlich in den sechziger Jahren eingeführte NATO-System NADGE umfaßt eine Kette von 84 Radarstationen. Sie verläuft von Norwegen über Dänemark, die BRD, die Niederlande, Belgien, Frankreich, Italien, Griechenland bis zur Türkei. Die

BRD erhielt 13 Radarstationen. Auch Frankreich schloß sich NADGE an, obwohl es aus der Militärorganisation der NATO ausgetreten ist. Das hatte militärische und ökonomische Gründe: Man erhielt das Know-how für das eigene nationale Luftwarnsystem STRIDA und erzielte Profite beim Ausbau des NATO-Systems. Auch Großbritannien, das ein eigenes, mit der NATO zusammenwirkendes Luftabwehrsystem LINESMAN entwickelt hatte, verdiente wie andere kapitalistische Länder am Ausbau von NADGE. 1974 voll in Betrieb genommen, lautete die Aufgabe, gegnerische Luftziele mit Fernaufklärungsstationen zu erkennen und aufzufassen, Luftlagemeldungen zu speichern, sie in den Warn- und Führungszentralen darzustellen, zu analysieren sowie Abfangjagdflugzeuge oder Fla-Raketen zu führen. Im NADGE wurde vorrangig die französische Fernaufklärungsanlage «Palme-G» eingesetzt. Siebzehn dieser Stationen erhielten ihren Standort auf markanten Hügeln und

Fernaufklärungsstation «Palme-G» (Frankreich)
Die Zentimeterwellenradarstation hat eine Impulsleistung von 20 Megawatt und gestattet Ausmachentfernungen über 400 Kilometer

und in Kreisen der NATO der Meinung, daß man auch weiterhin zu wenig über das sowjetische Luftkriegspotential einschließlich der Raketenentwicklungen, über Standorte und die Leistungsfähigkeit der sowjetischen Funkmeßtechnik informiert sei. Mit den Meldungen der Agenten und des geschaffenen elektronischen Spionagerings unzufrieden, setzte man nun auf die Luftaufklärung.

Mit Sonderauftrag in der Luft

Die Luftaufklärungsflüge der in Alaska stationierten RB-47-Sonderstaffel der US Air Force bewegten sich immer hart an der Grenze des Völkerrechts. Die sowjetische Luftverteidigung konnte, ortete sie mit ihren Frühwarnfunkmeßstationen die anfliegenden Flugzeuge auf den Bildschirmen, niemals sicher sein, ob die Maschinen Aufklärungsgeräte oder Atombomben an Bord hatten. Ständig mußte man wachsam sein. Wie westliche Militärzeitschriften berichteten, bestand die reguläre Besatzung eines Aufklärungsflugzeugs aus dem Piloten, dem Copiloten, dem Navigator und einem Bordfunker, der seinen Platz hinter dem Cockpit hatte. Dieser Funker mußte auch noch die in die Rumpfspitze des Flugzeugs eingebaute Bordkanone bedienen. Im Transportraum der Maschine gab es bis zu zehn Abhörplätze mit unterschiedlichen Geräten. An jedem Platz saß ein Techniker. Ein Elektronikoffizier bestimmte die zu überwachenden Frequenzbänder, und ein Cheftechniker konnte notfalls auch das eine oder andere Gerät reparieren. Nach dem Flug konnten die empfangenen Signale über Magnetband ausgewertet werden. Versuchten sowjetische Jagdflieger, den Eindringling zu stellen, mußten zwei der Techniker die automatische Zwillingskanone in der Rumpfkanzel und die 20-mm-Zwillingskanone der Heckkanzel bedienen.

Bergspitzen. Dazu kamen noch amerikanische und britische Stationen als Such-, Höhenfinder- und Fernaufklärungsradar. Die Ausmachentfernung für Luftziele in mittleren und großen Flughöhen betrug 400 bis 500 Kilometer. Kaum fertiggestellt, schätzten NATO-Spezialisten ein, daß das System viele Nachteile besaß. So entsprachen Automatisierungsgrad und technischer Zustand von Ausrüstungsteilen nicht den modernsten Anforderungen. Die Radarkette sei zu einseitig nach Osten ausgelegt und für tieffliegende Flugzeuge unzulänglich. Außerdem stellte man fest, daß die gut sichtbaren Radarstationen durch den Gegner leicht vernichtet werden könnten.

Trotz aller funktechnischen Vorkehrungen war man aber in Geheimdiensten der USA

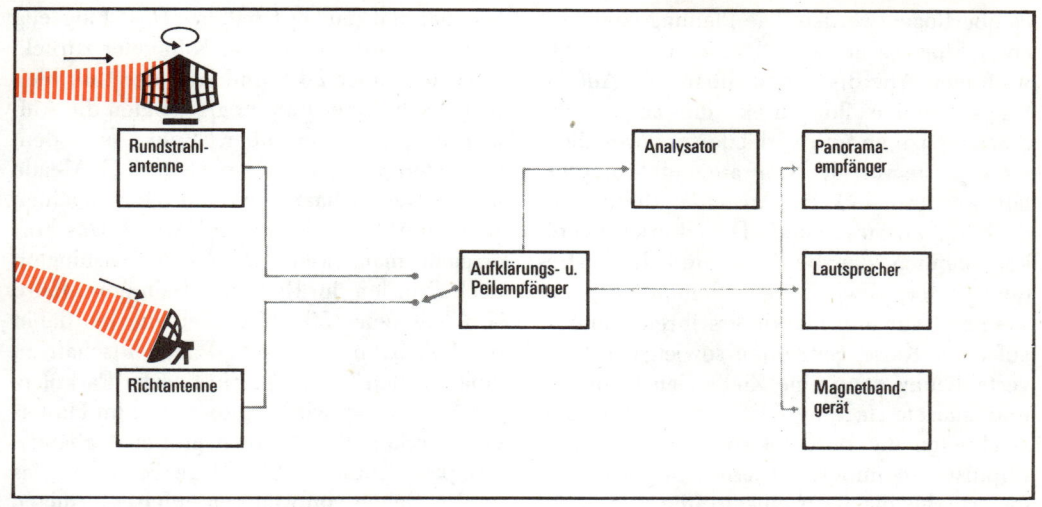

Prinzipieller Aufbau einer Flugzeugbordstation für
elektronische Aufklärung
Empfang elektromagnetischer Signale (Funk, Radar,
Funknavigation) in einem breiten Frequenzband
Richtempfang elektromagnetischer Signale nach vorhe-
riger Aufklärung mit der Rundstrahlantenne
Empfang und Trennung des Nutzsignals vom Störsi-
gnal.
Bestimmung der Richtung zum Nutzsignal
Untersuchung des aufgenommenen elektromagneti-
schen Signals und Bestimmung seiner wichtigsten Para-
meter
Überwachung des befohlenen Frequenzbereichs
Akustische Wiedergabe aufgenommener Signale
Speichern und Wiedergabe aufgenommener Signale

Die US-Marine entwickelte ein Sonder-
flugzeug für Aufklärungszwecke, die
P4M Mercator. Neben einer beachtlichen
Anzahl von Elektronikern konnte es umfangreiche elektronische Ausrüstungen über
3 700 Kilometer Entfernung befördern. Die
Gipfelhöhe betrug 5 500 Meter. Der Antrieb
des Flugzeugs erfolgte über zwei Kolbenmo-
toren und einen Turbinensatz in Tandem-
anordnung. Arbeiteten nur die Kolbenmoto-
ren, so flog die Mercator 300 Kilometer in
der Stunde. Mit dieser Geschwindigkeit

überwachte sie Funk- und Funkmeßstationen. Verletzte das Flugzeug das Hoheitsgebiet und wurde von Jagdfliegern aufgefordert
zu landen, zündete der Pilot den Turbinensatz, der die Maschine in kürzester Zeit auf
750 Kilometer je Stunde beschleunigte —
eine Möglichkeit zu entfliehen. Man wollte
sich unbedingt einen Überblick über die Anzahl der Funkmeßstationen auf dem zu er-
kundenden Territorium beschaffen. Das geschah auf zweierlei Weise. Ein Teil der
Elektroniker versuchte, jede einzelne Station
zu erfassen, der andere schloß von einem
aufgeklärten Teilgebiet auf die Gesamtzahl.
Das letztere Verfahren ähnelte Repräsentativ-
umfragen der Meinungsforscher. Wuchs in
einem dichtbesiedelten Gebiet die Zahl der
Funkmeßstationen an, schlossen die Elektroniker auf verstärkte Luftabwehrmittel. Andererseits brachten sie die Zunahme der Funkmeßstationen in einer abgelegenen Gegend
mit einem Stützpunkt oder einem anderen
militärischen Objekt in Zusammenhang.
Die CIA forderte, mit Hilfe der militärischen Elektronik das gesamte sowjetische
Territorium aufzuklären, ungeachtet mögli-
cher politischer Auswirkungen. Dazu mußte

es überflogen werden. Die Planung eines solchen Fluges war deshalb mit der eines bewaffneten Angriffs vergleichbar. Die Aufklärungsmaschine flog direkt die sowjetische Staatsgrenze an und verletzte sie vorsätzlich. Obwohl sie von der Luftraumaufklärung erfaßt war, traf sie keine Anstalten, dieser Entdeckung auszuweichen. Die Bordelektroniker nahmen die Betriebs- und Impulsfrequenz der sowjetischen Station auf ein Tonband auf und markierten ihren Standort auf einer Karte. Setzte die sowjetische Luftverteidigung dann eine Zielbegleitstation ein und startete Jagdflugzeuge zum Abfangen, zeichneten die Bordelektroniker auch diese Impulse auf und registrierten, wie lange es dauerte, bis die Jäger eingetroffen waren. Sobald dann der Einsatz von Flak- oder Fla-Raketen von entsprechenden Funkmeßleitstationen befohlen wurde, hielt die Flugzeugbesatzung auch diese Phase bis zum Abschuß der ersten Salve fest und schloß daraus auf die mögliche Treffsicherheit.

Um den Männern bei diesen Spionageunternehmen eine gewisse Überlebenschance zu bieten — bestimmte Verluste waren sowieso eingeplant —, mußte die US Air Force nicht nur schnelle, sondern auch extrem hoch- oder niedrigfliegende Flugzeuge einsetzen.

Ein bekanntes elektronisches Aufklärungsflugzeug der sechziger Jahre war die EC 121, eine Weiterentwicklung der klassischen Transatlantik-Linienmaschine «Super Constellation». Die im US-Jargon als «schwangere Gans» bezeichnete Maschine trug eine plastverkleidete Elektronikkuppel mit mehreren Antennen. Im Rumpf befanden sich zahlreiche Klappen, die Sensoren und Kameraaugen verbargen. Die Elektronik wog insgesamt 6 Tonnen. Diese auf Island und in Japan stationierten Staffeln hatten bei ihren Einsätzen den sowjetischen Luft- und Marinefunkverkehr sowie die Funkortungs- und Funkmeßwaffensysteme aufzuklären und

Bildmaterial zu beschaffen. Das Flugzeug konnte in der Stunde 550 Kilometer zurücklegen und über 20 Stunden in der Luft bleiben. Nach seiner Landung gelangten die Aufklärungsergebnisse über Funk auf dem kürzesten Wege zum Fort George G. Meade im US-Bundesstaat Maryland. Dort machten sich dann Auswerter an die Arbeit. Das Fort erreicht man, wenn man von Washington nach Norden in Richtung Baltimore fährt. Am Kilometer 53 öffnet sich die bis dahin die Fahrbahn säumende Waldlandschaft zu einer großen Lichtung. Ein riesiger Parkplatz für 4 000 Pkws wird sichtbar, und im Hintergrund erkennt man einen großen Gebäudekomplex. Dieses achtstöckige Bauwerk, das an drei Seiten von weiteren hufeisenförmigen Gebäuden umgeben ist, ist der Sitz des Nationalen Sicherheitsamtes. Diese Behörde ist eine der größten Spionageorganisationen der USA und verfügt über immense Geldmittel. Hier befindet sich, von der Außenwelt völlig abgeschirmt, die Zentrale der Funkspionage. Das NSA ist eines der wenigen Organe in den USA, denen es gestattet ist, eine eigene, nicht dem Bundeskriminalamt FBI unterstellte Geheimpolizei zu unterhalten. Sie überprüft, ob Neueingestellte zuverlässig sind, verwahrt die Geheimdokumente, sichert den Gebäudekomplex militärisch ab und überwacht den Dienstbetrieb. Treten bei der Geheimpolizei Zweifel an der Zuverlässigkeit bestimmter Mitarbeiter auf, haben sie sich freiwillig einem Lügendetektortest zu unterziehen. Diese Polizeitruppe kann auch ohne Angabe von Gründen und ohne Beschwerderecht Mitarbeiter fristlos entlassen.

Das NSA-Hauptquartier ist technisch bestens ausgerüstet. In den Etagen und Kellerräumen arbeiten moderne elektronische Anlagen, deren Wert viele Milliarden Dollar beträgt. Fort Meade beschäftigt über 14 000 Mitarbeiter, hauptsächlich hochqualifizierte Mathematiker, Physiker, Elektroniker und Nachrichtenspezialisten. Viele von ihnen werden als bedeutende Sowjetunion-Experten angesehen. Zudem nimmt das NSA die Hilfe zahlreicher Universitäten und Konzerne in Anspruch. Täglich empfängt es die in Hunderten von Übertragungskanälen fremder Funkstationen aufgespürten und mitgeschnittenen Nachrichten sowie Ausstrahlungen von Funkmeßstationen, sammelt, systematisiert und analysiert diese und bereitet Auskunftsmaterial, das immer die Aufschrift «Streng geheim» führt, für die CIA und alle Regierungsstellen vor. Die einzelnen Abteilungen des NSA werten ganz bestimmte Nachrichten aus. Eine Abteilung beispielsweise hat die Gespräche zwischen sowjetischen Flugzeugbesatzungen und ihren Bodenstationen auszuwerten. Dabei geht es nicht nur um den Inhalt, man achtet auf Akzent und Tonfall, zufällige Hinweise auf Vorgesetzte oder andere Militärangehörige. Andere Abteilungen interessieren sich für Informationen, die in Funknetzen der sowjetischen Seekriegsflotte übertragen wurden, oder für Signale und Meldungen innerhalb der Sowjetarmee, wieder andere für Abhörmaterial aus dem Bereich staatlicher sowjetischer Dienststellen. Das NSA plant und koordiniert die Tätigkeit der stationären, schwimmenden und fliegenden Funkabhörstellen in der ganzen Welt. Zu diesem Zweck wurden Vertreter des NSA in alle wichtigen Army-, Navy- und Air-Force-Dienststellen entsandt.

Im Laufe der Jahre mußten jedoch die Informationen durch Verluste immer teurer bezahlt werden, und auch politisch wurden sie zu gefährlich. Jeder Flug barg diplomatische Verwicklungen in sich — es lagen bereits mehrere sowjetische Proteste vor — und konnte sogar zu militärischen Aktionen führen. Die Technik bot den amerikanischen Geheimdiensten den Ausweg: Aufklärungssatelliten im Kosmos!

Nadelstiche aus dem Kosmos

Eine Reihe hervorragender Entdeckungen auf den Gebieten der Physik, Elektronik, Kybernetik und Raketentechnik führte Mitte der fünfziger Jahre dazu, daß die Menschen den Kosmos zu erobern begannen. Im Oktober 1957, gleich nach dem sensationellen Start des sowjetischen Sputniks, hatte die US-Regierung nachdrücklich verlangt, daß man den Weltraum ausschließlich für friedliche Zwecke nutzen solle, und ihre ersten Schritte im Kosmos mit Explorer- und Vanguard-Satelliten dienten auch diesen Zielen. Mit großem Aufwand wurde der Nutzen der zivilen Raumfahrt hervorgehoben, andererseits aber das bereits seit 1953 vorliegende Geheimprojekt zum Bau militärischer Raumflugkörper der Öffentlichkeit bewußt verschwiegen.

Satelliten waren die erstrebenswerte Lösung für die elektronische Aufklärung. Vierhundert Millionen Dollar bewilligte der USA-Kongreß 1959 für die Entwicklung der militärischen Raumfahrttechnik. Die Hälfte gab man für den Bau von Aufklärungssatelliten aus. Künstliche Erdtrabanten schufen erheblich bessere Möglichkeiten, zu Informationen zu gelangen. Während die Reichweite der Luftaufklärung den Aktionsradius eines Flugzeugs nicht wesentlich übersteigt, kennt die kosmische Aufklärung fast keine Grenzen. Mit ihr waren die Geheimdienste der USA von Anfang an bestrebt, die genauen Standorte wichtiger militärischer Objekte und Einrichtungen in der Sowjetunion, den sozialistischen Staaten und anderer Territorien zu ermitteln.

Während die UdSSR sich bei ihrer Kosmosforschung dem mondnahen Raum widmete, versuchten die USA im Februar 1959 ihren ersten militärischen Satelliten Discoverer 1 zu starten. Der Start mißglückte. Einige Monate später erhob sich von der Militärba-

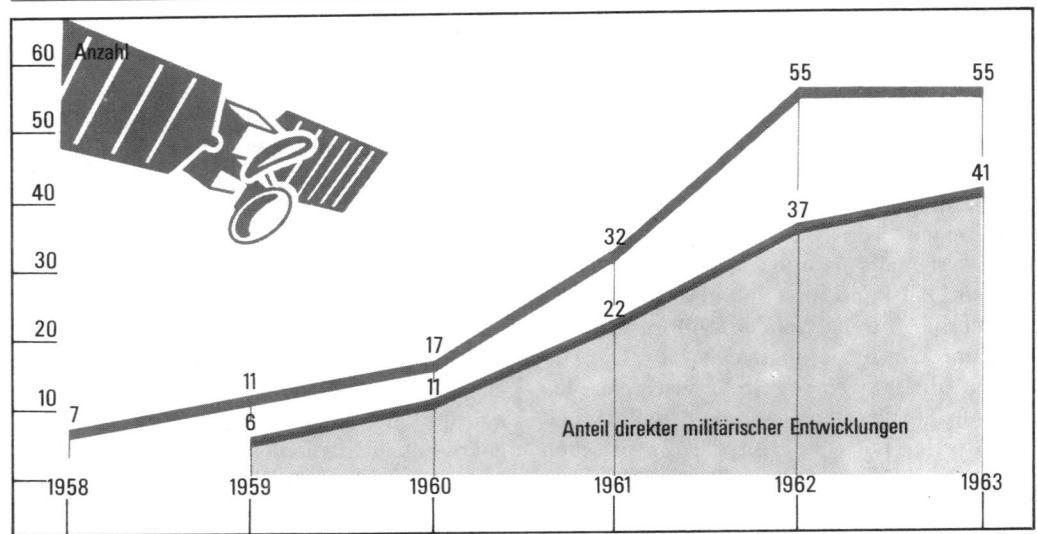

60 Anzahl

55   55

41

50

40   37

32

30

22

20

17

11   11

10 7   6

Anteil direkter militärischer Entwicklungen

1958   1959   1960   1961   1962   1963

Erdsatelliten der USA, die in eine Umlaufbahn
gebracht wurden

sis Vandenberg eine Thor-Agena-A-Rakete
mit dem Aufklärungssatelliten Discoverer 5
in die Luft. Seine Umlaufbahn verlief über
sowjetisches Gebiet und das anderer sozialistischer Staaten.

Am 12. April 1961 bestieg der erste Kosmonaut der Erde, der sowjetische Fliegeroffi-
zier Juri Gagarin — sein Funkrufname war
«Kedr» (Zeder) — das Raumschiff Wostok 1.
108 Minuten umkreiste er die Erde. Gaga-
rins Erfolg leitete das Zeitalter des friedlichen bemannten Weltraumflugs ein. Zur gleichen Zeit flog der amerikanische Aufklä-
rungssatellit SAMOS-2 in 480 bis 560 Kilometer Höhe über die Sowjetunion hinweg
und fotografierte das Territorium. Die Auf-
nahmekameras hatten ein Auflösungsvermö-
gen von 1,5 Metern. Mit 6 bis 9 solcher Satelliten war man in der Lage, den Erdball in
20 Tagen vollständig zu fotografieren. Die
Aufnahmen wurden nicht sofort an die Bodenstation übermittelt, sondern in Kapseln

zurückgeführt. Dieses Verfahren hatte den
Vorteil, daß der Satellit Aufklärungsmaterial
liefern konnte, ohne seinen Umlauf beenden
zu müssen. Bevor die Kapseln in einem bestimmten Gebiet des Stillen Ozeans abgeworfen wurden, startete eine Staffel Fairchild
C-119 Flying Boxcars vom Luftstützpunkt
Hickam Field auf Hawaii und verteilte sich
über das wahrscheinliche Abwurfgebiet. Ein
Funkkommando löste die Filmkapsel von
dem Satelliten. Die Kassette befand sich in
einem Wärmeschutzbehälter, der beim Eintritt in die äußeren Schichten der Atmosphäre vollständig verglühte. In etwa
7 000 Meter Höhe öffnete sich dann ein
Fallschirm, an dem die Kapsel hing. Mit aus-
gefahrenen Fangnetzen versuchten die Maschinen, sie aufzufangen. Mißlang das,
stürzte sie in den Ozean und trieb an der
Wasseroberfläche. Automatisch richtete sich
eine Funkantenne hoch und strahlte Peilsignale aus. Gleichzeitig färbte sich das Wasser
in der Umgebung der Absturzstelle leuch-
tend rot. Aus Hubschraubern wurden Frosch-
männer abgesetzt, die an den schwimmenden Kapseln Vorrichtungen anbrachten,

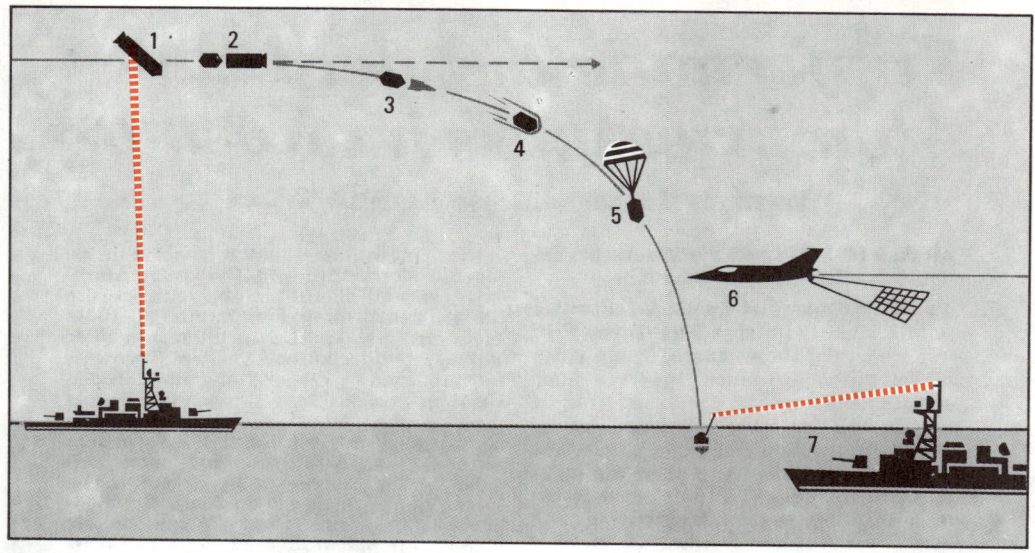

Bergung einer SAMOS-Kapsel
1 Satellit erhält Funkkommando zum Kapselwurf
2 Satellit dreht, die Kapsel trennt sich ab
3 Kapsel bremst
4 Eintritt in die dichtere Atmosphäre
5 Fallschirmöffnung
6, 7 Kapsel wird durch Flugzeug oder Schiff geborgen

damit sie durch Schiffe oder Hubschrauber geborgen werden konnten. Spätere SAMOS-Satelliten übertrugen Aufnahmen der an Bord installierten Fernsehkameras über Ultrakurzwellenverbindungen zu Erdfunkstellen. Zugunsten der schnellen Bildübertragung nahm man — zum Vergleich zum Fotobild — die schlechtere Aufnahmequalität in Kauf. Das SAMOS-Projekt erhielt eine hohe Geheimhaltungsstufe. Nicht einmal die Bezeichnung durfte in der Öffentlichkeit genannt werden. Als Sammelbezeichnung für alle militärischen Satelliten kam ANONYMUS zur Anwendung. Wie die Presse in den kapitalistischen Ländern berichtete, überflogen Fotosatelliten das Gebiet der Sowjetunion täglich acht- bis zwölfmal.

Ende der sechziger Jahre nahm die An-

zahl der militärischen Satelliten etwas ab, die modernere technische Ausrüstung machte es möglich. Langlebige Fotosatelliten wuchsen auf rund 15 Meter Länge mit einem Durchmesser von 3 Metern an. Ihre Einsatzdauer im Kosmos erreichte drei Jahre. An Bord führten sie einen über mehrere Jahre reichenden Filmvorrat mit, wobei in regelmäßigen Abständen zwischen ein und vier Tagen belichtetes Filmmaterial, in Kapseln abgeworfen, aus dem Meer geborgen wurde. Gelang das den Bergungskräften innerhalb einer bestimmten Zeit nicht, öffnete sich ein Ventil, und die Kapsel versank.

Das Zeitalter der kosmischen Funkaufklärung begann für die USA am 18. Juni 1962. An diesem Tag startete sie den geostationären Funkaufklärungssatelliten FERRET, der elektromagnetische Ausstrahlungen von Bodenfunk- und UKW-Nachrichtenanlagen aufzuspüren und aufzuzeichnen hatte. Die Überwachung aus dem Kosmos sollte das erbringen, was die USA-Geheimdienste mit ihren stationären, schwimmenden oder fliegenden funkelektronischen Aufklärungseinrichtungen aus der Tiefe der Sowjetunion

Kupfernadeltest der USA — Atomkriegskurs im Kosmos

Warnung der sowjetischen Agentur TASS

Moskau (ADN). TASS veröffentlichte am Freitagabend folgende Erklärung:

In diesen Tagen hat die USA-Luftwaffe 400 Millionen Kupfernadeln (Dipole) in den kosmischen Raum gebracht, um rings um den Erdball in einer Höhe von über 3000 Kilometern einen künstlichen Ring zu schaffen, der von Bodenstationen ausgestrahlte Funkwellen reflektieren soll. Wie die USA-Presse meldet, wollen die militärischen USA-Organe mittels dieses Rings ein kosmisches Verbindungssystem zur Führung von Raketenstreitkräften und der strategischen Luftwaffe der USA im Kriegsfalle schaffen.

TASS ist ermächtigt, im Hinblick darauf folgendes zu erklären:

Die Vereinigten Staaten von Amerika, die die Vorbereitungen für einen Atomkrieg vorantreiben, beziehen Schritt um Schritt den kosmischen Raum in diese Ziele ein, die den Lebensinteressen aller Völker zuwiderlaufen. Zu den Kernwaffenversuchen in großer Höhe, die von den USA im vorigen Jahr durchgeführt wurden, kommen jetzt militärische Versuche im Kosmos mit Millionen Kupfernadeln hinzu. Die USA-Militärclique setzt sich dabei völlig darüber hinweg, daß solche Experimente in dem den Erdball umgebenden Raum gefährliche Folgen für die Menschheit haben können.

Es versteht sich von selbst, daß die Sowjetunion und die anderen friedliebenden Staaten angesichts der gefährlichen Akte der USA im kosmischen Raum im Interesse der Gewährleistung ihrer Sicherheit entsprechende Schlußfolgerungen ziehen müssen.

Faksimile «Neues Deutschland» vom 19.5.1963

nur unzureichend erhalten konnten. FERRET-Satelliten überflogen das Gebiet der UdSSR während ihres drei- bis viermonatigen Aufenthalts im Kosmos in zwölf Stunden sechsmal. Die Nutzlast des Satelliten, die von der Trägerrakete abhängig war, lag zwischen 200 und 2 000 Kilopond. Die kosmischen Objekte kehrten von der Umlaufbahn nicht zurück, sondern verglühten. Die Aufklärungsergebnisse sendete der Satellit beim Überflug zu den Erdfunkstellen auf den Hawaii-Inseln, in New Hampshire und Kalifornien, die wiederum direkt mit dem NSA in Fort George G. Meade in Verbindung standen.

SAMOS und FERRET waren nicht die einzigen Aufklärungssatelliten der USA. Sogenannte Frühwarnsatelliten trugen die Bezeichnung MIDAS. In ihrer Spitze, die die Raumflugkörper erdwärts kippten, sobald sie ihre geostationäre Position erreicht hatten, trugen MIDAS-Satelliten anstelle von Kameras Infrarotsensoren. Sie sollten Raketenstarts feststellen oder die Orte festhalten, an denen man Raketenstarts vorbereitete. Die verwendeten Sensoren reagierten daher auch auf Raketenproduktionsstätten und deren Versuchsgelände. Dort liefen des öfteren Raketentriebwerke auf den Prüfständen. Da diese Tests starke Infrarotstrahlen erzeugten, konnte der Satellit die Aufklärung Tag und Nacht ohne Unterbrechung durchführen. Das war ein wesentlicher Vorteil gegenüber

110

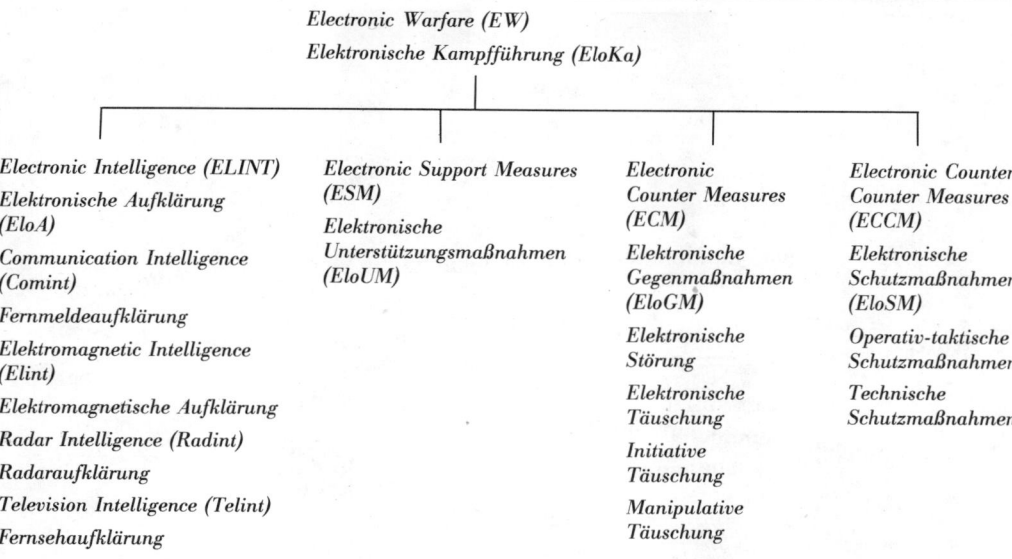

Electronic Warfare (EW) Elektronische Kampfführung (EloKa)			
Electronic Intelligence (ELINT) Elektronische Aufklärung (EloA) Communication Intelligence (Comint) Fernmeldeaufklärung Elektromagnetic Intelligence (Elint) Elektromagnetische Aufklärung Radar Intelligence (Radint) Radaraufklärung Television Intelligence (Telint) Fernsehaufklärung Infrared Sets Reconnaissance Infrarotaufklärung Laser Sets Reconnaissance Laseraufklärung	Electronic Support Measures (ESM) Elektronische Unterstützungsmaßnahmen (EloUM)	Electronic Counter Measures (ECM) Elektronische Gegenmaßnahmen (EloGM) Elektronische Störung Elektronische Täuschung Initiative Täuschung Manipulative Täuschung	Electronic Counter Counter Measures (ECCM) Elektronische Schutzmaßnahmen (EloSM) Operativ-taktische Schutzmaßnahmen Technische Schutzmaßnahmen

Bestandteile der elektronischen Kampfführung und ihre Bezeichnung nach NATO- und BRD-Terminologie

dem Fotosatelliten. Allerdings war es schwierig, andere intensiv strahlende Industrieobjekte bei der Auswertung unberücksichtigt zu lassen.

Die Satelliten flogen auf einer polaren Umlaufbahn über den Nord- und Südpol hinweg, so daß die Erdrotation alle Staaten in ihr Blickfeld rückte. Der MIDAS-6-Frühwarnsatellit wurde genutzt, um am 8. Mai 1963 im Rahmen des Projekts «West Ford», benannt nach der Leitbeobachtungsstelle in West Ford, Massachussets, 400 Millionen Kupfernadeln in den Kosmos zu befördern. Der Grund war die Unzuverlässigkeit der natürlichen Ionosphäre als Funkwellenreflektor. Die Ionosphäre enthält eine große Anzahl elektrisch geladener Teilchen, die durch Sonneneinstrahlung, kosmische Strahlung, Meteorströme und andere Erscheinungen entstehen. Dieser, auch von der Tages- und Jahreszeit abhängige Vorgang beeinflußt die Funkverbindungen. Durch einen Kupferdipolgürtel sollte eine künstliche Ionosphäre für stabile militärische Verbindungen geschaffen werden. Bereits im Oktober 1961 starteten die USA mit MIDAS 4 diesen Versuch, aber das Kupfernadelpaket löste sich nicht auf. Schon damals erhoben internationale wissenschaftliche Kreise Protest gegen diese Art der Verschmutzung des Kosmos. Sie waren der Meinung, daß damit die weitere Kosmoserschließung behindert werden könnte. Ihre Stimme erhoben unter anderem die Generalversammlung der Internationalen Astronomischen Union (IAU), die Akademie der Wissenschaften der UdSSR, Frankreichs, Belgiens, sowie Gelehrte von Weltruf. Doch man beachtete die Proteste nicht. Die im Mai

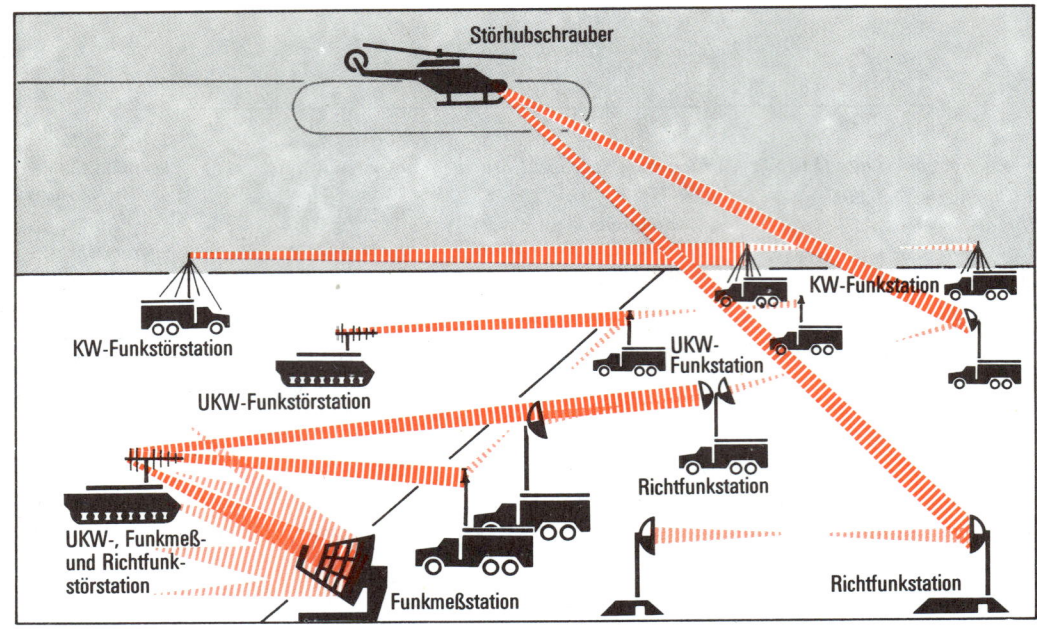

Elektronische Gegenmaßnahmen (ELoGM) durch
Truppen der elektronischen Kampfführung (Variante)

1963 ausgestreuten, knapp zwei Zentimeter
langen Kupfernadeln reflektierten Funksignale im 8-Gigahertz-Bereich. 60 Tage nach
dem Start war auf einer Gesamtlänge von
64 000 Kilometern ein Gürtel von 40 Kilometern Breite und 8 Kilometern Tiefe entstanden. Die Standzeit, die sich später glück-
licherweise als bedeutend kürzer erwies,
wurde mit 5 Jahren berechnet. Wiederum
protestierte die internationale Öffentlichkeit.
Eine ernste Warnung verbreitete am 18. Mai
auch die sowjetische Nachrichtenagentur
TASS. Dann endlich stellten die USA weitere Experimente ein und erklärten sich zu
zweiseitigen Vereinbarungen über eine be-
grenzte Zusammenarbeit im Kosmos bereit.
Sie sah den Austausch meteorologischer Informationen sowie gemeinsame Satellitenver-
suche zur Erprobung von Fernfunkverbin-

dungen und des irdischen Magnetfelds vor.
Doch der unerklärte Krieg der USA auf allen
Frequenzen ging weiter.

Bereits 1952 hatte der Ausschuß für wissenschaftliche Forschung und Entwicklung
in den USA eine hochrangige Kommission
aus Vertretern aller Teilstreitkräfte gebildet.
Auf der Tagesordnung standen die Aufgaben
einer neuen Spezialrichtung. Die elektronische Kampfführung, EW, auch Eloka genannt, wurde geboren. Aufbauend auf der
Radarzusammenarbeit im zweiten Weltkrieg,
fand noch im selben Jahr eine gemeinsame
Konferenz von Elektronikspezialisten der
USA und Großbritanniens zur EW statt. Die
NATO schuf eine ständige Gruppe von EW-
Spezialisten, die nach zwei Jahren mehrere
Direktiven zur elektronischen Kampfführung
für alle Teilstreitkräfte vorlegte. Die NATO-
Armeen begannen, Stäbe, Truppen, Einhei-
ten und Einrichtungen für die elektronische
Kampfführung zu bilden. Ihr Symbol wurde
eine Krähe!

Als die in Frankfurt/Main erscheinende BRD-Zeitschrift «Truppenpraxis» 1974 die Aufgaben der elektronischen Kampfführung formulierte, existierten in der NATO bereits ausgebildete Truppenteile und Einheiten dieses Spezialdienstes. Die Zeitung schrieb, daß Eloka eine militärische Tätigkeit sei, bei der elektromagnetische Energie verwendet würde, um das funkelektronische Spektrum des Gegners festzustellen, zu verringern, sowie sicherzustellen, daß die eigene elektromagnetische Ausstrahlung wirksam angewendet werden könne.

So zeigte es sich recht bald, daß führende imperialistische Kreise, vor allem in den USA, nicht bereit waren, auf die Politik der friedlichen Koexistenz einzugehen. Der kalte Krieg, speziell in der Form des elektronischen Krieges, begann. Nach dem Motto imperialistischer Militärs, daß der Krieg im Äther nicht erklärt würde, weder durch Zeit noch Raum begrenzt sei, keine Staatsgrenzen, keinen Anfang und kein Ende kenne, wurde in den Nachkriegsjahren die elektronische Spionage zu Wasser, zu Lande, in der Luft und im Kosmos aufgenommen. So konnten 70 Prozent aller benötigten Informationen mit Hilfe der Elektronik gewonnen werden, 25 Prozent entfielen auf die Analyse offenen Materials und Meldungen, die über diplomatische Kanäle eingingen, lediglich 5 Prozent erbrachten die Geheimdienste. Die «International Herald Tribune» wußte ihren Lesern zu vermelden, daß für die Geheimdienste der USA mit Aufklärungssatelliten, den Überschallaufklärungsflugzeugen, Elektronikgeräten und Computern das goldene Zeitalter angebrochen sei und die Spione

Kosmosspionage im Spiegel der Westberliner Presse

nicht mehr wie die Mata Hari ihre Haut zu Markte tragen müßten. Für sie seien Roboterspione in die Bresche gesprungen. Hier sollten die Leser offensichtlich desinformiert werden. Bewußt wollte man von der Tatsache ablenken, daß die USA im Atom- und Raketenzeitalter nicht weniger, sondern wohl noch mehr auf ihre Geheimdienste setzten. Und immer dann, wenn sich die Gelegenheit ergibt, sind auch die elektronischen Kampfführungseinheiten der USA und der NATO bereit, mit ihrer Technik einzugreifen.

Überfall im Morgengrauen

Präparierte Feuerbienen

Der US-amerikanische Militärflugplatz westlich von Intschon war einer von vielen, die 1950 gleich nach der Besetzung Südkoreas für die Air Force ausgebaut worden waren. Flugfeld, Rollbahn und Flugzeughangars nahmen eine große Fläche ein. Eine Meile vom Platz entfernt befand sich ein zweistöckiges, mit Tarnfarben gestrichenes Stabsgebäude, noch etwas weiter weg lagen Unterkunfts-, Wohn- und Klubräume der Besatzungen. Auffallend waren die vielen Antennen der Funk-, Radar- und Funknavigationsanlagen, die ihre Fühler in den Himmel streckten. Neben dem rotweißen Windsack der Flugwetterwarte wehten die US-amerikanische Flagge und die Fahne Südkoreas. Mehrere Stacheldrahtzäune, maschinengewehrbestückte Wachtürme und Schäferhunde an langen Laufleinen sicherten die Militärbasis. Die hier stationierten Bomben- und Jagdflugzeuge hatten bereits viele Einsätze hinter sich.

Obwohl zum Gesamtbestand der Fliegerkräfte in Korea inzwischen 1 600 Maschinen gehörten und diese täglich bis zu 1 000 Einsätze flogen, war ihnen kein spektakulärer Erfolg beschieden. Die Volksbefreiungsarmee der KDVR hatte sich schnell auf die Luftüberlegenheit der Air Force eingestellt und vollzog ihre Truppen- und Nachschubbewegungen nur nachts.

Für die USA war die Entwicklung in diesem Gebiet von Anfang an nicht wunschgemäß verlaufen. Proteste der fortschrittlichen Weltöffentlichkeit gegen die US-amerikanische Einmischung in Korea, die 1945 unmittelbar nach dem Abzug japanischer Truppen eingesetzt hatte, nahmen immer mehr zu.

Im Norden hatten sich soziale Veränderungen vollzogen, und die USA fürchteten, daß die antiimperialistische Bewegung auch auf den Süden übergreifen könnte. Wie im Norden waren auch hier Volkskomitees gewählt worden, die begannen, das Land zu verwalten. Mit der Bildung der Republik Südkorea unter Li Syng Man am 15. August 1945 spalteten die USA das Land und unterbanden jede fortschrittliche Entwicklung im Süden. Als Antwort darauf entstand am 8. September 1948 die Koreanische Demokratische Volksrepublik. Um die Einheit des Landes wiederherzustellen, forderte die UNO allgemeine Wahlen für eine gesamtkoreanische Koalitionsregierung.

Als nächsten Schritt errichtete der in aller Eile aus den USA zurückgeholte Li Syng Man in Südkorea eine Diktatur. Doch Li Syng Man sah dabei für sich keine Chance. Auch die USA wollten die Kontrolle über Korea unter keinen Umständen verlieren, die KDVR sollte vernichtet werden.

Am 25. Juni 1950 überschritten Truppen Südkoreas den 38. Breitengrad. Li Syng Man verkündete, er wolle in Hädschu frühstücken, in Pjöngjang Mittag essen und in Wonsan das Abendbrot einnehmen. Doch es kam nicht einmal zum Frühstück! Die Koreanische Volksarmee eröffnete ihre Gegenoffensive und bereitete Südkorea eine empfindliche Niederlage. Neunzig Prozent des gesam-

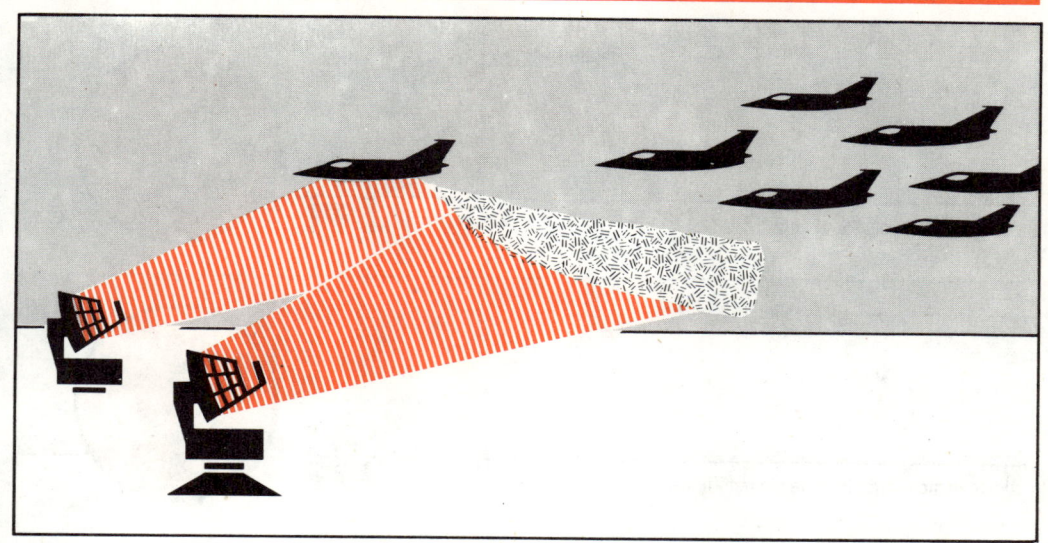

Einsatz eines Störflugzeugs mit passiven Störungen

ten Territoriums Koreas wurden befreit. Der Krieg hatte einen Wendepunkt erreicht. In der UNO forderte der damalige stellvertretende Außenminister der UdSSR, Andrej Gromyko, den Krieg zu beenden. Doch die USA beschlossen vielmehr, den Land- und Luftkrieg mit überlegenen Kräften zu forcieren. Der Überfall der Interventen begann im Morgengrauen des 15. September mit der Anlandung des 10. US-amerikanischen Armeekorps, das von der 7. US-Flotte und Schiffen anderer kapitalistischer Staaten abgesichert wurde. Die US-Soldaten überwanden mit immenser Kriegstechnik die nur schwach ausgebaute Landungsabwehr der Koreanischen Volksarmee, eroberten nach langwierigen und verlustreichen Kämpfen Söul und überschritten den 38. Breitengrad. McArthur verbreitete in den USA «Endsieg-Stimmung» und wurde vom Präsidenten Truman darin bestärkt, die Eroberung ganz Koreas, ungeachtet der Proteste der UdSSR und der VR China, zu vollenden. Am 23. Ok-

tober wurde Pjöngjang besetzt und die koreanisch-chinesische Grenze erreicht. Für die VR China entstand eine unmittelbare Gefahr. China entsandte Freiwillige in das Bruderland. Die Sowjetunion stellte der KDVR Waffen und Kampftechnik zur Verfügung. Andere volksdemokratische Staaten lieferten Medikamente, Lebensmittel und Baumaterialien.

Ein am 24. November vorgetragener Großangriff der Interventen stieß dann so unerwartet auf eine Gegenoffensive der Koreanischen Volksarmee und chinesischer Freiwilliger, daß im Verlauf von acht Monaten das gesamte Territorium Nordkoreas befreit werden konnte. Die US-Amerikaner mußten sich unter hohen Verlusten zurückziehen. Die Vorstellung ihrer Militärs, den Krieg durch starke Verbände der Landstreitkräfte zu gewinnen, erwies sich als Illusion. Andererseits flogen die USA-Maschinen von Monat zu Monat in ein immer gezielteres Abwehrfeuer der KVA.

Um diese Misere ging es an einem mäßig warmen Julitag im Jahre 1951 in einer Zusammenkunft, zu der der Flugplatzkomman-

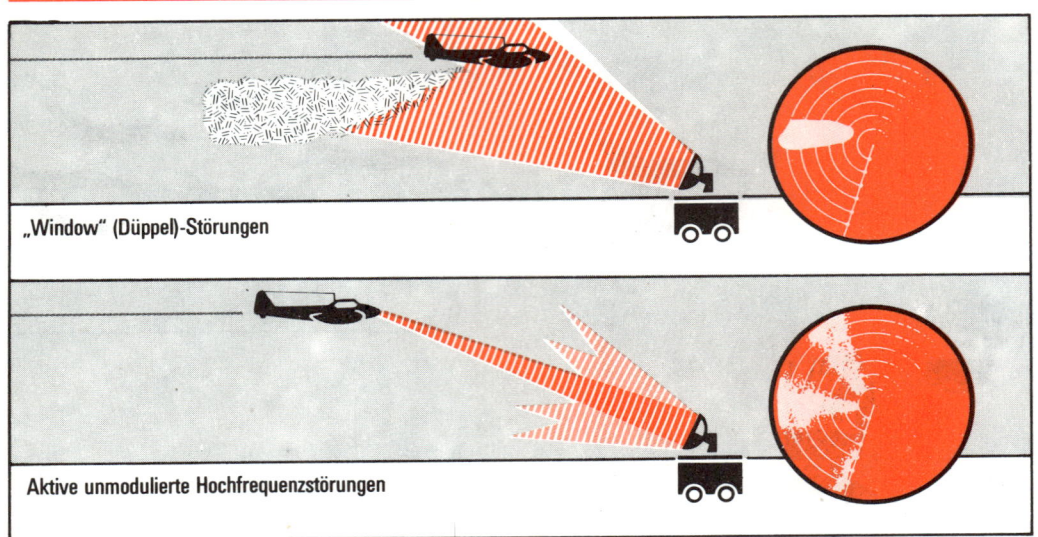

„Window" (Düppel)-Störungen

Aktive unmodulierte Hochfrequenzstörungen

Störungen auf dem Rundsichtgerät einer Geschützrichtstation

dant der US-Air-Force-Basis westlich von
Intschon seine Staffelkommandeure gebeten
hatte. Bei ihm war ein gewisser Dr. Bill Silcock vom Massachutts Institute of Techno-
logy, ein schlanker, grauhaariger Zivilist. Er
schien auch der Wortführer zu sein, öffnete
eine Kollegmappe, entnahm ihr ein Schriftstück und erläuterte nun den Piloten, daß
sich die Feuerkraft der nordkoreanischen
Flak, die anfangs nur wenig Kopfzerbrechen
bereitete, auf das Fünf- bis Sechsfache verstärkt habe. Um größere Verluste zu vermeiden und dem Flakfeuer zu entgehen, müßten
die B-29-Bomber sogar bei Nachtangriffen
auf Höhen von 7 000 bis 8 000 Metern stei-
gen. Dadurch aber verringere sich ihre Treff-
genauigkeit erheblich. Man dürfe auch nicht
die aus Rußland eingeführten MiG-15 vergessen, die dazu gezwungen hätten, das
27. Jagdgeschwader nach Korea zu verlegen.
Dieses Geschwader solle als Begleitschutz
für die B-29 fliegen. Leider wären die russi-

schen Maschinen den eigenen Typen überlegen. Jetzt habe das Institut in Massachutts
vom Befehlshaber der Air Force, Hoyt
S. Vandenberg, den Auftrag erhalten, den
Schutz der Bomberverbände durch elektronische Mittel zu unterstützen. Erfahrungen
dazu lägen dem Speziallabor bereits aus dem
zweiten Weltkrieg, speziell aus dem Unternehmen «Gomorrah», vor. Daher seien bereits in kurzer Zeit einige Geräte entwickelt
worden. Es handele sich um Window-Abwurfgeräte, die auf die Radarfrequenz der
nordkoreanischen Geschützrichtstationen zu-
geschnittene Stanniolstreifen ausstreuen
könnten. Diese Geräte würden für die Sicherheit unserer Bombenflugzeuge — auch
in geringeren Höhen — sorgen. Zur Zeit
baue man sie in die vorhandenen Jagdflugzeuge ein. Zwei Einsatzvarianten seien vorgesehen. Bei Flügen im Landesinneren würden die Jagdflugzeuge vor den Bombern
fliegen. Reagierten deren Radarwarnempfänger auf nordkoreanische Geschützrichtstationen, würden sie Windows abwerfen. Das
führe auf den Bildschirmen zu Aufhellungen,
in denen die realen Zielzeichen der Bomben-

Einsatz eines Störflugzeugs mit aktiven Störungen

flugzeuge untergingen. Bei Flügen entlang der Küste würden die Jagdflugzeuge an der Küstenflanke der Bomber handeln. Außerdem seien die Piloten in der Lage, kleine Radarstörsender einzusetzen, die ebenfalls von Technikern eingebaut worden seien.

Bisherige Versuche, den Gegener zu täuschen, wie Scheinfunkverkehr, falsche Funksprüche und Scheinziele, hätten wenig Erfolg gehabt, erläuterte Dr. Silcock weiter. Jetzt sei es mit Unterstützung des NSA gelungen, die Frequenz des nordkoreanischen Luftverteidigungsnetzes aufzuklären. Die für diese Frequenz entwickelten Funkstörstationen einmaliger Wirkung stellten etwas völlig Neues dar. Man verwende jetzt sogenannte Fallschirmstationen, die sich nach ihrer Landung entfalteten und dann für etwa zehn Minuten Funkstörsignale abstrahlten und so einen weiteren Funkverkehr der koreanischen Luftverteidigung unmöglich machten.

Dr. Silcock schloß seine Mappe und ergänzte: «Mit dem Einbau der von mir genannten technischen Mittel in die ersten Jagdflugzeuge wurde bereits begonnen. In den nächsten Tagen werden sich die Piloten vom Vorteil der Gegenwirkungselektronik überzeugen können. Ich wünsche Ihnen Erfolg!»

Mit diesen Worten verließ der Wissenschaftler das Stabsgebäude, setzte sich in einen bereitstehenden olivgrünen Jeep und fuhr zu den Flugzeughangars, um den weiteren Einbau der Technik in die Maschinen zu überwachen.

Doch durchgreifende Erfolge erreichte man mit der Elektronik nicht. Die US Air Force mußte immer stärkeres funkmeßgesteuertes Abwehrfeuer hinnehmen und sich täglich den plötzlich auftauchenden MiGs stellen.

Dagegen hatte die Koreanische Volksarmee beim Einsatz von Scheinfunkmeßstationen mehr Erfolg. Einfache Funkmeßsender, über dem Territorium verteilt, strahlten elektromagnetische Wellen ab, die der Luftgegner mit seinen Radarwarnempfängern aufnahm. In der Annahme, sein Flugzeug sei von nordkoreanischen Geschützrichtstatio-

Funkstation einmaliger Wirkung in der Sendelage

nen aufgefaßt worden, warf der Pilot, wie es Dr. Silcock erläutert hatte, Windows ab, um die Zielzeichen auf den Sichtgeräten aufzuhellen. Doch kaum hatte der Gegner den angeblichen Luftverteidigungsstreifen so überwunden, wurde er von den wirklichen Geschützrichtstationen erfaßt und von der Flak beschossen. Ohne weitere Düppelstörungen zu befürchten, brauchten sich die nordkoreanischen Flaksoldaten nur noch auf die Radarstörsender zu konzentrieren. Diese aber wurden von den amerikanischen Flugzeugen kaum eingesetzt, da sie den Einsatz der eigenen Bordnachrichtenmittel störten.

Die Scheinstationen wechselten meist sofort nach dem Einsatz auf Befehl ihren Standort. Während des Stellungswechsels wurde ein Scheinfunkverkehr im überwachten Frequenzband aufrechterhalten.

Trotz aller eingesetzten Mittel gelang es den USA nicht, die KDVR niederzuzwingen. Die Solidarität der sozialistischen Länder hatte entscheidend dazu beigetragen. Nicht

zu unterschätzen waren auch die Proteste aus aller Welt. Die nationalen Befreiungsbewegungen ließen sich nicht unterdrücken, die volksdemokratischen Staaten nicht von ihrem Entwicklungsweg abbringen.

Ende 1952 wurde Dwight D. Eisenhower neuer Präsident der USA. Er versprach die Beendigung des Krieges. Am 27. Juli 1953 unterzeichneten die USA in Panmunjon das Waffenstillstandsabkommen. Für sie war es eine Niederlage. Doch es dauerte nicht lange, bis die aggressiven Kreise der USA massiv in die Geschichte eines anderen Landes eingriffen: Vietnam.

Operation «Linebacker-II»

Zwei vietnamesische Abfangjagdflugzeuge rollten zum Start. Das eine mit der taktischen Nummer 22 und dem Piloten Xau übernahm die Spitze. Lüöng, dessen Maschine die Nummer 24 hatte, hielt sich in gleichbleibendem Abstand schräg hinter ihm. An der Startlinie ließen sie ihre Aggregate auf Vollast laufen, dann schossen sie wie Silberpfeile unter mächtigem Gedröhn in den Morgen hinein. Leichte Nebelschwaden lagen über Bambushecken und Reisfeldern; schnell waren die Maschinen in die schmutzigweiße Wolkendecke eingetaucht, um kurz danach den strahlendblauen Himmel zu erreichen. Im Kopfhelm ertönte die Stimme des Flugleiters, ihres Kompaniechefs Kien. «Flugrichtung 210, Höhe 4 500.»

«Verstanden», antwortete Xau der Bodenstation über sein Bordfunkgerät.

Schon kam eine neue Meldung: «Achtung! Vor euch sind Raben, Raben. Ausweichen!»

Xau befahl: «24! Nach links abdrehen! Mir folgen!»

«Nach links abdrehen! Verstanden!» quittierte Lüöng.

Die MiG-21 schossen am Himmel dahin.

Sowjetische Geschützrichtstation SON-4 zur Feuerleitung der 57-mm-Flak, eingesetzt von der koreanischen Volksarmee

Aus den niedrigen Wolken stießen steil aufragende Berggipfel. Es war eine komplizierte und sehr gefährliche Flugroute.

Dann eine neue Information der Flugleitung: «Achtung! Ziel voraus in 12 000 Meter Entfernung.»

«12 000 Meter, verstanden», wiederholte Xau. Lüöng erblickte die Maschine wenig später direkt unter sich. Er erkannte eine RB-66, ein Spionageflugzeug. Daraufhin bat er um Angriffserlaubnis, erhielt sie, kurvte nach rechts, warf den Zusatzbehälter ab und ging im Sturzflug zum Angriff über. 30-mm-Geschosse durchschlugen die Flügel des amerikanischen Flugzeugs. Lüöng fing seine Maschine ab, kurvte ein und ging ein zweites Mal zum Angriff über. Aus der RB-66 stiegen Rauch und Flammen auf, sie stürzte nach unten, dem Dschungel entgegen. Wieder meldete sich die Flugleitstelle, diesmal mit dem Befehl zur Rückkehr. Xau forderte

Lüöng auf, ihm zu folgen, und ging auf Rückflugkurs. Die 22 und die 24 tauchten in eine dichte Wolkenbank, immer darauf bedacht, sich den Rücken frei zu halten. Dann flog Xau in die durch die Flak gesicherte Flugschneise hinein und setzte, gefolgt von Lüöng, zur Landung an. Die Piloten nahmen die Sauerstoffmasken ab, öffneten die Helme und stießen die Kabinendächer zurück. Sie hatten ihren Gefechtsauftrag erfüllt! Der Gegner hatte wieder einmal zu spüren bekommen, daß man nicht mehr das Jahr 1964 schrieb!

Damals, Anfang August 1964, hatte die USA-Regierung im Golf von Tongking eine Provokation gestartet, um den Luftkrieg gegen die Demokratische Republik Vietnam eröffnen zu können. Als Vorwand diente die Behauptung, der 2 200-Tonnen-Zerstörer «Maddox», der als Radarspionageschiff in die Territorialgewässer der DRV eingedrungen war, sei von vietnamesischen Schnellbooten angegriffen worden. Angeblich habe sich der Zerstörer nur auf einer Routinefahrt befunden, hieß es später.

Am 5. August starteten von den Flugzeugträgern «Constellation» und «Ticonderoga» des im Rücken der «Maddox» entfalteten 77. Operativen Verbandes der 7. Flotte 64 Bombenflugzeuge und belegten die südlichen Provinzen der DRV mit Sprengbomben. Zwei Tage später, nachdem Präsident Lyndon B. Johnson den Überfall offiziell sanktioniert hatte, nahmen USA-Flugzeugträger aller Typen an den Aggressionshandlungen teil. Auf jedem Träger befand sich eine Fliegergruppe, bestehend aus drei bis vier Angriffsstaffeln und zwei Jagdstaffeln, zu denen auch Aufklärungs-, Frühwarn- und ECM-Flugzeuge gehörten.

Die Luftverteidigung der Vietnamesischen Volksarmee (VVA) besaß zu Beginn der Kampfhandlungen nur ihre Flak. Das schmale, langgezogene Territorium und das bergige, bewaldete Gelände, das mehr als die Hälfte des Landes einnimmt, erschwerten die Luftraumaufklärung, auch die Möglichkeiten der Funkmeßstationen waren eingeschränkt. Erst sowjetische Fla-Raketenkomplexe, moderne Abfangjagdflugzeuge und neuere Funkmeßstationen stärkten die Luftverteidigungskräfte der VVA bedeutend.

Am 26. Juli 1965 nahm der erste Fla-Raketentruppenteil das Gefecht auf und vernichtete am gleichen Tag drei Flugzeuge vom Typ F-4 «Phantom». Die VVA bildete um wichtige militärische Objekte und Städte Luftverteidigungsringe, die Boden-Luft-Raketen, Flak und Funkmeßstationen umfaßten. Auf naheliegenden Flugplätzen standen MiGs bereit. Die Verluste der amerikanischen Fliegerkräfte wuchsen ständig; unter den Piloten verbreiteten sich Furcht und Zweifel. Dem sollte durch den umfassenden Ausbau der elektronischen Kampfführung entgegengewirkt werden. Außerdem verstärkte man den Flottenverband im Golf von Tongking, von dem die meisten Luftüberfälle ausgingen. Ende Oktober 1965 umfaßte er 160 Schiffe mit 400 trägergestützten Flugzeugen und Hubschaubern. Die Zahl der

Flugzeugstarts stieg. Die Grausamkeit der Terrorangriffe nahm zu. Schulen, Kindergärten und Krankenhäuser wurden bombardiert, die Verkehrswege um Hanoi waren ständig unterbrochen.

Unter der Bezeichnung «Wild Wessel» ließ die Air Force vom Itek-Konzern einfache Radarwarnempfänger herstellen und in alle Flugzeuge einbauen. Im April setzte das Pentagon erstmalig schwere strategische Bombenflugzeuge vom Typ B-52 «Stratofortress» von Guam aus gegen Vietnam ein. Sie belegten den Mu-Gia-Paß südlich von Hanoi und andere wichtige Punkte mit Sprengbomben. Die grauen Riesen handelten vorwiegend in kleineren Gruppen und großen Höhen, bei absoluter Funkstille, gedeckt durch taktische und bordgestützte Fliegerkräfte. Als sie Fla-Raketenstellungen und Flugplätze angriffen — der USA-Geheimdienst vermutete inzwischen in der DRV 190 Raketenstellungen und 40 Abfangjagdflugzeuge —, kam es zur ersten Kampfberührung mit MiGs, deren Piloten Luft-Luft-Raketen meisterhaft einsetzten. Den USA gelang es nicht, ihre Verluste zu senken, weder in der Luft noch zu Lande. Wie schon in Korea, suchte der amerikanische Präsident den Ausweg zunächst nicht im Frieden. Im Gegenteil, er verstärkte die Truppen in Südvietnam und ließ neue elektronische Spitzfindigkeiten entwickeln. So schlugen 1966 Wissenschaftler Verteidigungsminister McNamara vor, eine Barriere aus Spezialsensoren und Überwachungsflugzeugen zu errichten, um zu verhindern, daß nordvietnamesische Truppen und Nachschubgüter in den Süden gelangten. Die im «McNamara-Wall» verwendeten Sensoren arbeiteten akustisch, elektromagnetisch und seismisch so, daß der jeweilige Empfänger entweder direkt oder über eine Relaisstation die Aktivitäten seines Bereiches an eine Nachrichtensammel- und -entschlüsselstelle meldete. Diese verglich die eingehenden Informationen mit Meldungen anderer Quel-

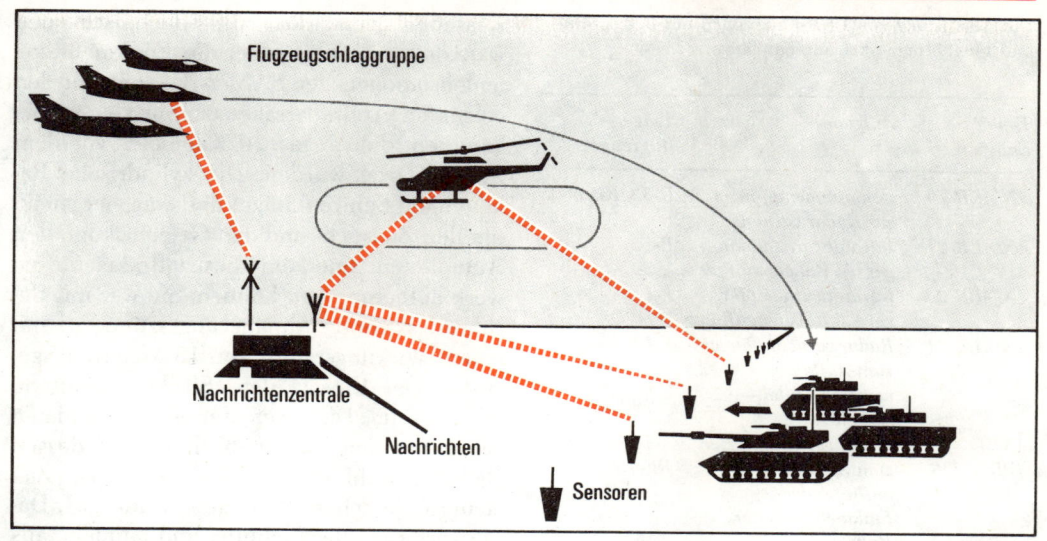

Arbeitsprinzip des sensorgestützten «McNamara-Walles»

len. Wurden Kräfte des Gegners ermittelt, erging sofort ein Einsatzbefehl an eine Kampfflugzeug- oder Hubschraubereinsatzgruppe. Bald mußte man jedoch feststellen, daß der elektronische Wall sehr störanfällig war. So kam es auch vor, daß Bomben auf Büffelherden geworfen wurden.

Im November 1966 rechneten die USA in der DRV mit 271 Funkmeßstationen: 116 Frühwarn- und Jägerleitstationen, 136 Feuerleitstationen für die Flak und 19 Raketenleitstationen für SAM-2-Raketen. Die letzte Zahl versahen sie mit einem großen Fragezeichen. Die vietnamesischen Soldaten empfingen den Gegner im Dschungel mit vielen Scheinfunkmeßstationen, die einen Raketenleitstrahl vortäuschten. Empfingen die Radarempfänger der amerikanischen Flugzeuge ein Signal, warfen die Piloten ihre Bombenlast oft blind ab, um die Maschine wendiger zu machen und der zu erwartenden Rakete zu entkommen.

Um der starken Luftverteidigung der VVA besser zu begegnen, versuchten die amerikanischen Fliegerkräfte eine neue Taktik. Sie flogen gestaffelt in kleinen Gruppen zu je zwei bis vier Flugzeugen in geringen Höhen zwischen 200 und 300 Metern. Die Stoßgruppen aus Jagdbombenflugzeugen der Typen F-105 «Thunderchief» und F-4C wurden durch Jagdmaschinen F-4B gedeckt. Vor jedem Einsatz klärten Typen wie die RF-101 «Voodoo» und die U-2 sowie die unbemannten Aufklärungsflugzeuge BQM-34A und 147j auf. Doch auch die veränderte Taktik brachte nicht die erwarteten Erfolge. So nahmen in diesen geringen Höhen die Verluste durch das Feuer der leichten Flak und das der Selbstschutzkräfte zu. Außerdem waren die Angriffe nicht mehr effektiv, da beim Zielanflug in geringen Höhen mit hoher Geschwindigkeit die Piloten der Bomber nicht mehr rechtzeitig das Angriffsobjekt ausmachen und identifizieren konnten.

Daraufhin verlegten die USA-Fliegerkräfte die Handlungen ihrer Flugzeuge in Höhen von 2 000 bis 5 000 Metern. Die Bomben trafen eher ihr Ziel, die Höhe gestattete

121

Die Ausrüstung von USA-Flugzeugen mit Radarwarn- und Flugkörperaufklärungsempfängern

Typ des Empfängers	Aufgabe	Träger- flugzeuge
AN/ALR 20	Panoramaempfänger zur Radarwarnung	B-52, RB-66
AN/ALR 21	Infrarotwarnempfänger bei Raketenanflug	B-52
AN/ALR 23	Infrarotwarnempfänger bei Raketenanflug	F-111
AN/ALR 31	Radarwarnempfänger zum Aufklären von Raketenleit- stationen	F-105
AN/ APR 25/26	Radarwarnempfänger zum Aufklären anfliegender funkmeßgelenkter Raketen	F-100, F-105, RF-4C
ER 142	Radarpeilempfänger zum Einpeilen der Standorte von Funk- meßstationen	F-100, F-105, RF-4C
AN/APR 27	Radarwarnempfänger zum Aufklären von Raketenleit- stationen	F-4B
AN/APS 105/ 107/109	Radarwarnempfänger zum Aufklären anfliegender funkmeßgelenkter Raketen	B-52, F-104, F-4D, F-111A
AN/ALQ 61	Aufklärung elektro- magnetischer Aus- strahlung	RF-4C, RF-4B, RF-111A

schnellere Ausweichmanöver und verringerte die Verluste durch das Feuer der leichten Flak. Für die VVA bedeuteten diese Flughöhen aber eine bessere Treffsicherheit ihrer Boden-Luft-Raketen.

Die Air Force verstärkte die elektronischen Mittel, um den Raketen zu entgehen. Ab 1966 wurden nahezu alle Maschinen in Vietnam mit Radar- und Flugkörperaufklärungsempfängern ausgerüstet, die Anzahl von EW-Flugzeugen in den Einsatzgruppen erhöht und deren Ausrüstung mit Window-Kassetten verstärkt. Militärtechnisch neu war, daß man versuchte, die Funkmeßraketenleitstationen der SAM-2-Raketen mit den gelenkten Antiradarraketen «Shrike» zu bekämpfen, die 16 bis 20 Kilometer vor dem Ziel gestartet wurden. Die zylindrische Rakete hatte Schwenkflügel und war viergeteilt, um den Zielsuch- und den Gefechtskopf, den Autopiloten und ein Feststoffraketentriebwerk aufnehmen zu können. Sie war mit Berührungs- und Annäherungszündern mit einem Wirkungsradius von 15 Metern ausgerüstet. Der Einsatz der «Shrike» scheiterte jedoch oft. Die vietnamesischen Soldaten schalteten den Funkmeßsender, auf dessen Radarleitstrahl sich die Rakete in das Ziel steuerte, in schneller Folge ein und aus. Dabei verlor sie die Richtung und taumelte aus der Flugbahn. Außerdem empfing der Zielsuchkopfempfänger sowohl Signale der Raketenleitstationen als auch Reflexionsimpulse von Hügeln, Felsen und Baumkronen, das zu Fehldeutungen und falschen Zielanflügen führte. Da auch die Splitterwirkung des Gefechtskopfes gering war, entwickelte der IBM-Konzern für die «Shrike» eine verbesserte Antiradarrakete, die «Standard-ARM» mit eingebautem Flugdatenspeicher.

Massenproteste im In- und Ausland, der ungebrochene Widerstand des vietnamesischen Volkes, hohe Verluste und steigende Kosten zwangen dann aber die USA doch, den Luftterror einzustellen. Am 1. September 1968 hörten die Bombardierungen des nordvietnamesischen Territoriums auf. Trotzdem hielten die USA an ihrem Ziel fest, den gesamten indochinesischen Raum wirtschaftlich, politisch und militärisch unter ihre Kontrolle zu bekommen. Nicht umsonst hatten sie in aller Stille ein globales Nachrichtennetz zur Führung ihrer Fernostkräfte aufgebaut.

Bereits am 19. August brachte eine TA-Delta-Rakete vom Startplatz Cape Kennedy einen angeblich nur für die Olympischen

Bezeichnung des Flugkörpers	Abmessungen in Metern			Startgewicht in Kilopond	Reichweite in Kilometern	Trägerflugzeuge
	Länge	Durchmesser	Ausmaße d. Flügel			
AGM-45A «Shrike»	3,05	0,2	0,9	177	ca. 30	A-6A, F-105, F-4, A-4C, A-4E
AGM-78A «Standard ARM»	4,57	0,34	1,0	590	ca. 50	A-6A, F-105, F-4

Taktisch-technische Angaben US-amerikanischer Radarbekämpfungsflugkörper

Antiradarrakete «Shrike»

Spiele in Tokio bestimmten Nachrichtensatelliten «Syncom-3» auf eine geostationäre Umlaufbahn. Die Olympiade wurde aber erst 4 Jahre später eröffnet, und er diente auch nur 180 Stunden für Sportübertragungen. Hauptsächlich war «Syncom-3» mit über 2 500 Sendestunden für Nachrichtenübertragungen aus dem Pentagon zu den in Südostasien stationierten Truppen eingesetzt. Der Nachfolger von «Syncom-3» hieß TACOMSAT, der über dem Pazifik eine fast synchrone Umlaufbahn einnahm und 10 000 Zweiweg-Sprechkanäle zwischen dem Pentagon und den Führungsstäben der Truppen in Südvietnam gewährleistete. Während in Paris Friedensverhandlungen liefen, zu denen sich USA-Präsident Richard Nixon bereit erklärt hatte, ging das Bombardement der befreiten Zonen in Südvietnam weiter. Und bald ließ Nixon auch über der DRV

wieder Bomben niedergehen. Im Frühjahr 1972 unternahm der USA-Imperialismus mit dem zweiten Luftkrieg und einer Küstenblokkade erneut den Versuch, den südostasiatischen Staat «in die Steinzeit zurückzubomben». Der Anlaß war gefunden, als die DRV verhinderte, daß die USA Aufklärungsflüge über ihrem Territorium unternahmen. Angriffsziele waren nun wieder Hanoi, der Hafen von Haiphong, Dörfer, Eisenbahnlinien, Brücken, Dämme, Stauwerke, Fabriken, Schulen und Krankenhäuser. Strategische Bombenflugzeuge B-52 und Flugzeuge der taktischen Fliegerkräfte der Air Force starteten von den Flugzeugträgern bis zu 350 Einsätze täglich. In pausenlosen Luftangriffen wurden erstmals Waffen mit neuer Elektronik, sogenannte Smart-Bomben, eingesetzt; sie wurden fernseh- oder lasergelenkt. Mit einer an Bord des Flugzeugs befindlichen Fernsehzieleinrichtung steuerte der Pilot die Bombe über Funkkommandos in das Ziel. Bei der Laser-Lenkung richtete der Pilot des ersten Flugzeugs mit einem Laser einen Strahl auf das Ziel, während der Pilot der zweiten Maschine die Lenkbombe ungefähr in Visierrichtung auslöste. Die Laserempfangseinrichtung der Bombe nahm die vom Ziel reflektierten Laserechos auf, tastete sich über den Leitstrahl zum Ziel und vernichtete es. Daneben verwendete man auch Raketen mit Infrarotlenkung, die sich auf Wärmequellen, wie sie Motoren erzeugen, orientierten.

123

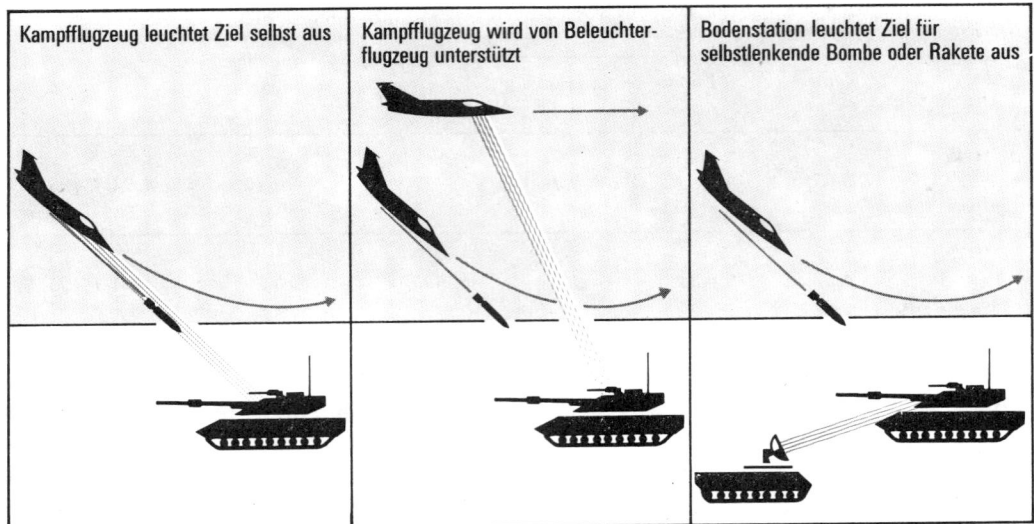

| Kampfflugzeug leuchtet Ziel selbst aus | Kampfflugzeug wird von Beleuchter-flugzeug unterstützt | Bodenstation leuchtet Ziel für selbstlenkende Bombe oder Rakete aus |

Verschiedene Verfahren der Laser-Lenkung von Bomben

Vom 18. bis 30. Dezember 1972 starteten die USA gegen Vietnam die Luftoperation «Linebacker-II». Mit ihr sollte die Moral des vietnamesischen Volkes gebrochen und die Partei- und Staatsführung der DRV bei der bevorstehenden Unterzeichnung des Abkommens über die Beendigung des Krieges und den Frieden in Vietnam zu Kompromissen gezwungen werden. An diesem Überfall nahmen 200 strategische Bombenflugzeuge B-52, 48 F-111A-Jagdbombenflugzeuge und über 800 taktische und trägergestützte Flugzeuge teil. Moderne Mittel elektronischer Kampfführung und regelrechte Window-Wolken leiteten die massierten Luftangriffe ein. «Linebacker-II» scheiterte dennoch. Einen wesentlichen Anteil daran hatte die Luftverteidigung der Vietnamesischen Volksarmee, vor allem deren Boden-Luft-Raketen, die geschickte Täuschung und die funkelektronische Gegenwirkung.

Um die optoelektronischen Zielsuchmittel der Lenkbomben zu desorientieren, setzten die Vietnamesen Wärmestrahlungsnachbildungen in Form gedeckter glimmender Feuer, aufblasbare, geheizte Panzerattrappen und spezielle Lichtreflektoren ein. Das Bedienungspersonal der Luftraumaufklärungs- und Raketenleitstationen probte die einzusetzende Technik unter den Bedingungen funkelektronischer Störungen, besonders beim Window-Einsatz. Hinter künstlichen Blenden aus Holzstämmen, Reisig und Bambusmatten wurden, von der gegnerischen Radaraufklärung unbemerkt, Truppen und Technik verlegt. Dort, wo es möglich war, bewegten sich die Soldaten mit ihrer Kampftechnik im Dschungel, da Bäume und Bewuchs gleichzeitig vor visuellen, der Laser- und der Infrarotbeobachtung tarnten. Wie schon bei anderen Kämpfen wurden Scheinfunkmeßstationen eingesetzt und anfliegende «Shrike»-Raketen aus ihren Flugbahnen geworfen.

Weltweite Proteste und die der US Air Force zugefügten Verluste zwangen die USA erneut, die Bombardements über der DRV einzustellen. Am 23. Januar 1973 wurde in Paris ein Friedensabkommen unterzeichnet, mit dem der Krieg beendet wurde. Das nordvietnamesische Volk hatte gesiegt. USA-Prä-

Typ	Trägerflug-zeuge	Länge in Metern	Durchmesser in Metern	Gesamtmasse in Kilogramm	Lenksystem	Haupteinsatz gegen
Walleye Mk.1	A-4, A-7	3,43	0,38	500	Fernseh-	Brücken, Bunker, Seeziele (Reichweite 11 bis 80 Kilometer)
Walleye Mk.2	A-4, A-7	3,90	0,45	906	Fernseh-	Brücken, Bunker, Seeziele (Reichweite 11 bis 80 Kilometer)
Snakeye Mk.82	verschieden	2,22	0,28	227	Laser-	Punktziele aller Art
Snakeye Mk.84	verschieden	3,75	0,33	907	Infrarot-Fernseh-	Punktziele aller Art
M118 E1	verschieden	–	–	1 360	Fernseh-	Punktziele aller Art

Taktisch-technische Angaben gelenkter Flugzeug-bomben der USA, die in Vietnam eingesetzt wurden

sident Nixon glaubte zwar noch immer, das Regime in Südvietnam mit Waffenlieferungen, Krediten, Beratern und Geheimdienstleuten halten zu können, doch das System war bis in die unteren Chargen korrupt. Generale, Kriegsgewinnler, Spekulanten und Schieber versuchten nur, Geld, Gold und Rauschgift jenseits des Ozeans in Sicherheit zu bringen. Einheiten der südvietnamesischen Befreiungsarmee eroberten eine Stadt nach der anderen. Dann standen sie vor den Toren Saigons. Präsident Thieu verließ in der Nacht des 25. April 1975 Saigon in Richtung Taiwan, mit ihm der Staatsschatz. Nach dem gefunkten Codewort «Aufkommender Wind» setzten sich am 29. April 1975 die letzten Amerikaner aus der zu einer Festung gemachten US-Botschaft ab. Am nächsten Tag wehte die blau-rote Flagge mit dem gelben Stern über dem ehemaligen Präsidentenpalast in Saigon.

Doch die USA-Streitkräfte hatten inzwischen eifrige Schüler für ihre elektronische Kampfführung gefunden: die israelische Armee!

ECM im Nahen Osten

General Mordechai Hod, Oberbefehlshaber der israelischen Luftstreitkräfte, führte nicht die erste Kommandeurstagung zu diesem Thema durch. Die im Tel Aviver Hauptquartier versammelten hochrangigen Luftwaffenoffiziere hatten es nach der Suezaggression 1956, als Frankreich und Großbritannien ihre Verbände aus Ägypten abziehen und die israelischen Truppen okkupierte ägyptische Gebiete wieder räumen mußten, immer wieder gehört: Der Krieg gegen Ägypten sei unvermeidlich! Dabei sollten die Fliegerkräfte die Hauptrolle spielen, sie hatten einen überraschenden Luftüberfall mit vernichtender Wucht zu führen. Deshalb sprachen die Kommandeure auf dieser Tagung 1967 auch über die Ausrüstung mit strahlgetriebenen Flugzeugen, ihre Wartung und das Training. Staffelkommandeure berichteten, wie gefechtsnah und intensiv die Piloten in der Negevwüste ausgebildet würden, den Tiefflug, das Schießen und den Bombenabwurf unter allen Flugbedingungen trainierten. Der Leiter des elektronischen Kampfführungsdienstes erklärte, daß bereits umfangreiche Erfahrungen zur elektronischen Kampfführung bei Aktionen auf verschiedene Objekte Ägyptens

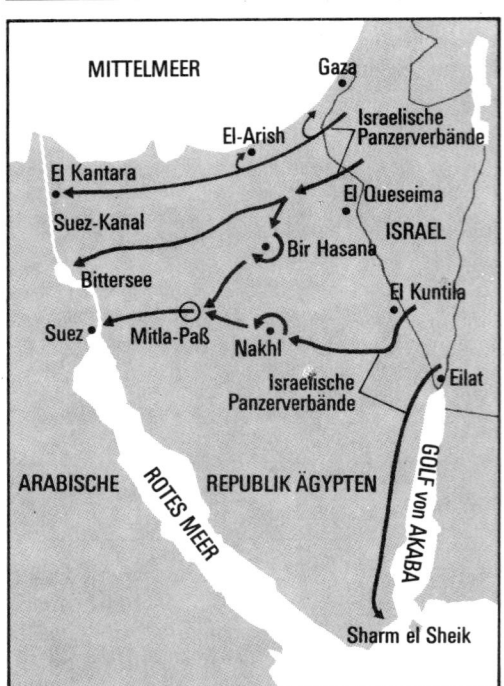

MITTELMEER   Gaza

El-Arish   Israelische Panzerverbände

El Kantara

Suez-Kanal   El Queseima

ISRAEL

Bir Hasana

Bittersee

El Kuntila

Suez   Mitla-Paß   Nakhl

Israelische Panzerverbände   Eilat

ARABISCHE   ROTES MEER   REPUBLIK ÄGYPTEN   GOLF von AKABA

Sharm el Sheik

Panzerverbände auf der Sinaihalbinsel 1967

gesammelt werden konnten. Dabei hätten ECM-Flugzeuge Funk- und Radarstörungen aus Zonen über der Sinai-Halbinsel erzeugt, ohne den Suezkanal zu überfliegen. Bei diesen Aktionen sei es gelungen, die Bodenradarstationen der Luftverteidigung mit Radarstörungen auszuschalten. Man hätte in einzelnen Fällen auch Schläge von «Shrike»-Raketen gegen Radarstationen geführt, die diese zwar nicht immer vernichteten, sie aber funktionsuntüchtig machten. Der Offizier betonte, daß zum gegenwärtigen Zeitpunkt die israelische Luftwaffe über 68 mit Störmitteln ausgerüstete Flugzeuge verfüge.

Der israelische Geheimdienstchef konnte dem Oberbefehlshaber der Luftstreitkräfte neueste Luftaufnahmen des arabischen Raumes und detaillierte Aufklärungsangaben über deren Flugplätze, die Maschinen sowie die Standorte der Radar- und Raketenstellungen der Luftverteidigung präsentieren. Dabei verschwieg er ihre Herkunft. Inzwischen ist es kein Geheimnis mehr, daß die bei bemannten Gemini-Raumflügen gemachten Fotoaufnahmen vom Gebiet der Halbinsel Sinai und dem Suezkanal dem israelischen Geheimdienst von der CIA übergeben worden waren. Auf sie stützte sich der Aggressionsplan «Taube» gegen die Vereinigte Arabische Republik. Auf den Fotos waren die ägyptischen Sperrstellungen deutlich zu erkennen. Hinzu kamen noch Angaben der Funkspionagesatelliten «Anonymus». Sogar Aufklärungsberichte anderer NATO-Staaten fehlten nicht, hatte doch ein BRD-Unternehmen das ägyptische Funkmeßsystem geliefert.

Die israelische Armee besaß damit genaue Kenntnisse über das Verteidigungs- und Nachrichtensystem der VAR. Der Überfall wurde durch die israelischen Militärs langfristig vorbereitet und politisch raffiniert getarnt. Ohne direkt teilzunehmen, sahen die USA in diesem Krieg eine Möglichkeit, Präsident Nasser in Ägypten zu beseitigen, die Regierung in Syrien zu stürzen, ihre Ölinteressen zu wahren und gleichzeitig die «Russen aus dem Nahen Osten zu verdrängen», wie es hieß. Zu diesem Zweck lief das Gros der 6. US-Flotte unter dem Befehl von Admiral Martin in den östlichen Mittelmeerraum aus. Zu ihrem Bestand gehörten die Flugzeugträger «America», «Saratoga» und «Intrepid» mit 200 Flugzeugen, Landungsschiffen und 25 000 Soldaten an Bord. Dazu gesellte sich das mit Elektronik vollgestopfte Spezialschiff «Liberty», das vor Sinai, knapp außerhalb der ägyptischen Hoheitsgewässer, kreuzte.

Drei Stunden nach Sonnenaufgang, am 5. Juni 1967, begann Israel mit einem Schlag gegen die wichtigsten Flugplätze Jordaniens, Syriens und Ägyptens. Noch am Vortag hatte es durch Aufklärungsflüge über dem Golf von Akaba den Anschein zu erwecken versucht, daß es von Süden angreifen werde. Faktisch kamen die Jagdbomber der Typen «Mirage», «Super Mystère» und «Mystère» im Tiefflug vom Mittelmeer her. Sie unterflogen in Viererformationen die noch nicht voll ausgebaute ägyptische Radarkette und tauchten plötzlich im Rücken der Truppen auf. Als die erste Einsatzgruppe ihr Ziel angriff, war die zweite bereits unterwegs und die dritte schon aufgestiegen. Schiffe der 6. US-Flotte und die «Liberty» gaben ihnen Radar- und Funknavigationshilfe über 190 Kilometer Entfernung. Dabei kam es zu einem peinlichen Zwischenfall. Am vierten Kriegstag wurde das 6700-Tonnen-Schiff von Jagdbombenflugzeugen überraschend angegriffen und von Schnellbooten torpediert. Ein SOS-Ruf alarmierte Admiral Martin. Er glaubte an einen Angriff der Ägypter und befahl den Start von Trägerflugzeugen. Sie befanden sich bereits in der Luft, als ein Blitztelegramm der Israelis eintraf: Tel Aviv entschuldigte sich für den «irrtümlichen Angriff israelischer Maschinen auf das US-amerikanische Schiff». Es gelang dem Flottenchef gerade noch, die Flugzeuge zurückzubeordern. Die arabischen Flugzeuge wurden auf den Flugplätzen mit Bomben und Raketen zerstört, ohne daß sie sich dem Gegner stellen konnten. Israel errang die Luftherrschaft und sicherte damit den Panzern einen schnellen Vorstoß.

Von Beginn an waren die ägyptischen Radar- und Funkstationen starken Störungen ausgesetzt. Die dafür erforderlichen taktisch-technischen Angaben besaß Israel ja schon lange. Die VAR hatte in größerem Umfang militärische Elektronik im westlichen Ausland eingekauft. Von diesen Ländern die erforderlichen Auskünfte zu erhalten, bereitete Israel keine Schwierigkeiten. So konnte es geschehen, daß israelische Spezialeinheiten sich des Funkverkehrs der arabischen Land-

und Luftstreitkräfte bedienten und zeitweise die «Führung» ägyptischer Truppen übernahmen. Durch entsprechende Befehle ließen sie auf der Sinai-Halbinsel ägyptische Panzerverbände gegeneinander kämpfen. ECM-Trupps leiteten Jagd- und Transportflugzeuge der VAR mit Truppen auf bereits besetzte Flugplätze, auf denen sie vernichtet wurden. Kommandotrupps, die Funkstellen und Radarstationen sprengten, und der offene Verrat einiger reaktionärer Offiziere trugen ebenfalls zur Desorganisation der VAR-Truppenführung bei. Das veranlaßte später den Kriegsminister Israels, Dayan, zu erklären, daß die elektronische Kampfführung bei der Sicherstellung des Erfolgs keine geringere Rolle gespielt habe als die Luftwaffe und die gepanzerten Truppen.

Die arabischen Länder erlitten eine Niederlage. Es gelang den israelischen Truppen, in sechs Tagen das Westjordangebiet, den Gazastreifen, den arabischen Teil von Jerusalem, die Sinaihalbinsel und die syrischen Golanhöhen zu okkupieren.

Die Sowjetunion half, die wirtschaftlichen Folgen des Krieges zu überwinden. Neue ägyptische Streitkräfte wurden aufgestellt.

Der 6. Oktober 1973 war ein Sonnabend, und noch dazu der hohe jüdische Feiertag Jom Kippur, der «Tag des Gerichts». Sechs Jahre waren vergangen, in denen es zu ständigen Terroraktionen Israels kam. An diesem Sonnabend hätten die israelischen Rundfunksender schweigen müssen, doch jede Viertelstunde wurden rätselhafte Worte wie «Seewolf», «Schöne Dame», «Koteletts» ausgesendet. Nach diesen Codeworten hatten sich Reservisten sofort bei ihren Truppenteilen einzufinden. Die Mobilmachung bildete den Abschluß umfassender Kriegsvorbereitungen, die, wie Generalstabschef Elazar später bezeugte, in der Armee Israels während der vorhergehenden zehn Tage getroffen worden waren. Bevor sich jedoch Ministerpräsidentin Golda Meir entschloß, einem

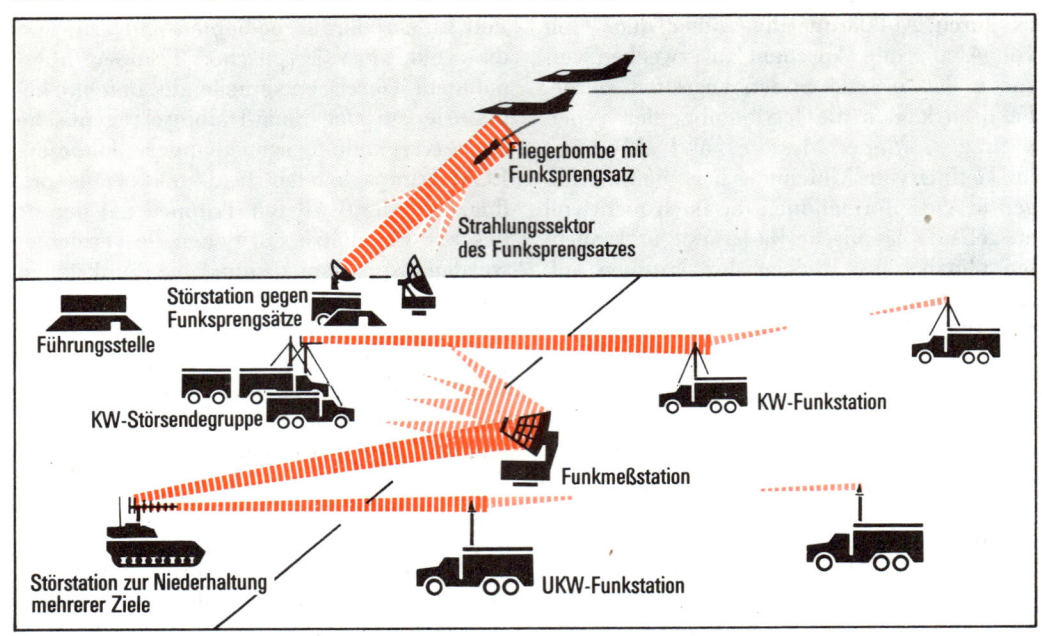

Einsatz von Störstationen durch ägyptische Truppen (Variante)

Labels in figure:
Fliegerbombe mit Funksprengsatz
Strahlungssektor des Funksprengsatzes
Störstation gegen Funksprengsätze
Führungsstelle
KW-Störsendegruppe
KW-Funkstation
Funkmeßstation
Störstation zur Niederhaltung mehrerer Ziele
UKW-Funkstation

Präventivschlag gegen Ägypten und Syrien zuzustimmen, befahl Präsident Sadat den Angriff.

Ägyptische und syrische Truppen stießen in breiter Front gegen die befestigten israelischen Stellungen vor. In den ersten sechs Stunden forcierte die ägyptische Armee nach dem Operationsplan «Badr» (Blitz) den Suezkanal. Die Barlev-Linie, eine 20 Meter hohe künstliche Sandbarriere östlich des Kanals, fiel, ohne daß die zahlreichen eingebauten israelischen Feuerstellungen wirksam wurden. Ägyptische Jagdfliegerkräfte führten unter dem Schutz elektronischer Störflugzeuge Schläge gegen Führungsstellen der Truppen und Einheiten auf der Sinaihalbinsel durch. Vernichtet wurden funktechnische Einrichtungen der israelischen Flugplätze Bir-Gifrafa, El-Arisch, Ras-Nasrani und Bir-

Tamada. Mehrere «Hawk»-Fla-Raketensysteme konnten außer Gefecht gesetzt werden. An der syrischen Front dauerte der Angriff zwei Tage und zwei Nächte. Auf den steinigen Hochplateaus zwischen El-Kuneitra und Damaskus tobten hartnäckige, blutige Gefechte. Die syrischen Truppen rückten 5 bis 6 und an manchen Abschnitten bis zu 20 Kilometer vor. Doch dann kam die ägyptische Armee am östlichen Kanalufer nicht mehr weiter. Dabei war sie zu Kriegsbeginn der israelischen Armee nicht nur an Truppen, sondern auch an Panzern, Geschützen, Granatwerfern und Fla-Raketen überlegen gewesen und hatte ihr auch in der Zahl ihrer Kampfflugzeuge nicht nachgestanden. Ein Zusammenwirken der Truppenverbände Ägyptens, Syriens und Jordaniens kam jedoch infolge mangelhafter Truppenführung nicht zustande.

Die Sowjetunion sowie arabische Spitzenpolitiker unternahmen energische diplomatische Schritte, unter anderem im UNO-Si-

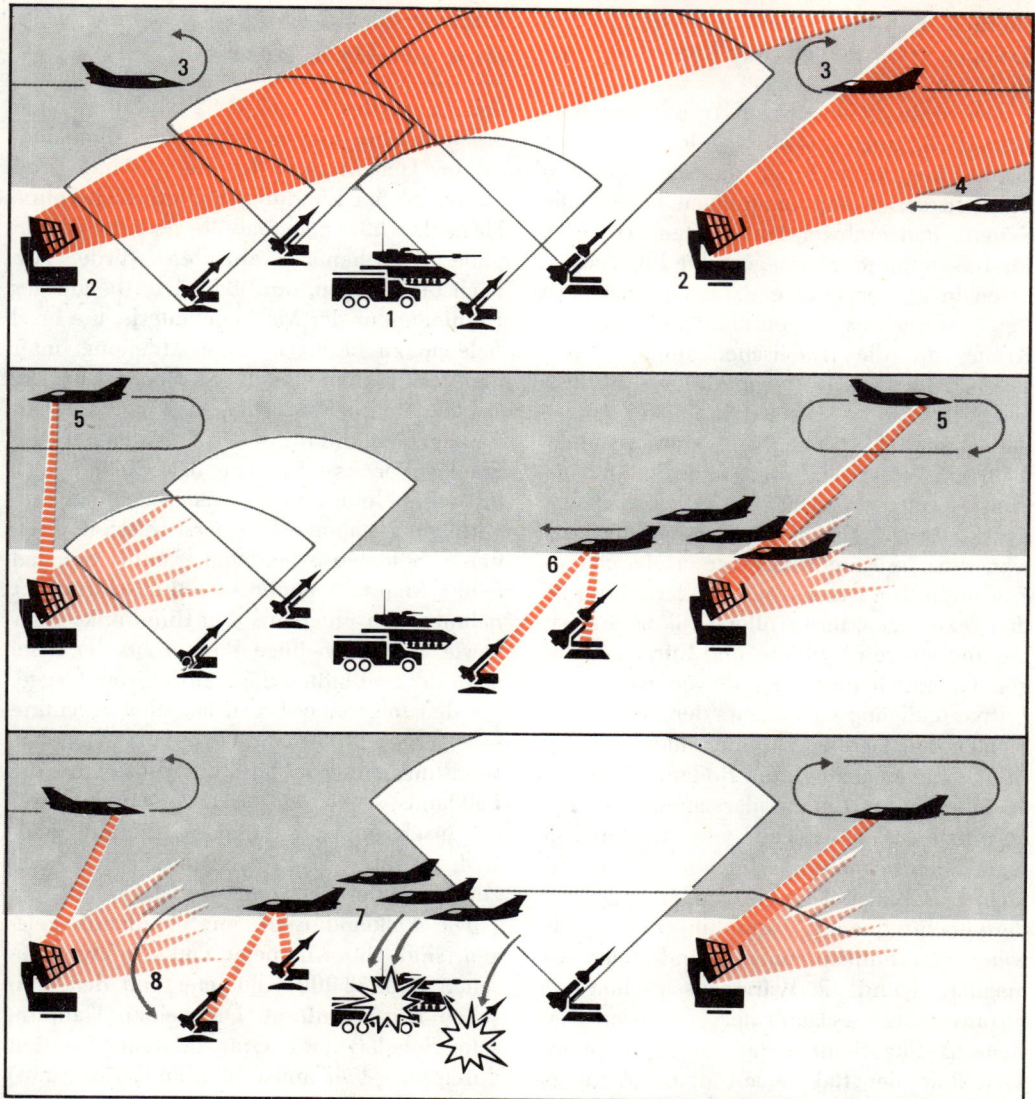

Angriff israelischer Jagdbombenflugzeuge auf ein geschütztes Objekt (Variante)

1 Konzentrierungsraum ägyptischer Truppen, durch Fla-Raketen geschützt
2 Ägyptische Funkmeßstationen
3 Israelische Störflugzeuge beziehen Einsatzräume
4 Israelische Flugzeugschlaggruppe fliegt in geringen Höhen an

5 Störflugzeuge beginnen aktive Funkmeßstörungen
6 Schlaggruppe stört ägyptische Fla-Raketen-Leitstationen
7 Schlaggruppe bombardiert Ziel und setzt aktive Störungen fort
8 Schlaggruppe verläßt Vernichtungszone der Fla-Raketen

cherheitsrat. Und so mußten die israelischen Truppen 100 Kilometer vor Kairo ihren Vorstoß stoppen.

Der arabisch-israelische Krieg vom Oktober 1973, auch als Krieg der taktischen Lenkwaffen bezeichnet, dauerte achtzehn Tage. In den Kampfhandlungen setzten alle Seiten Panzerabwehrlenkraketen (PARL), Fla-Raketen und infrarotgelenkte Flugzeugraketen in großer Zahl ein. Im Gegensatz zu 1967 waren es ägyptische und syrische Kräfte, die die israelischen funkelektronischen Mittel aktiv beeinflußten. Störflugzeuge der syrischen Fliegerkräfte störten Radarstationen, Leitstellen von «Hawk»-Luftabwehrraketen sowie Funk- und Funknavigationsstationen so stark, daß die israelische Luftverteidigung lange Zeit nicht in der Lage war, syrische Kampfflugzeuge erfolgreich abzuwehren. Die israelischen Fliegerkräfte wurden gezwungen, ihre Anflugtaktik zu ändern. Sie mußten von Window- und Infrarotstörungen Gebrauch machen und versuchten, die Luftverteidigungsstellungen der arabischen Staaten im Tiefflug zu überwinden, indem sie die Radarschatten, die Bodenerhebungen und Berge für Bodenradarstationen bilden, ausnutzten. Außerdem verwendeten sie neue Radarbekämpfungsflugkörper, die aber nicht nur Radarstationen, sondern auch andere hochfrequente Abstrahlungen, beispielsweise von Funkantennen, Zünd- oder Klimaanlagen und die Wärmeausstrahlung der Stromversorgungsaggregate, ansteuerten. Beim Anflug richtete der Zielsuchkopf die Visierlinie der Rakete auf den Strahlungsschwerpunkt und ermöglichte dadurch ein sicheres Treffen.

Natürlich wurde auch diesmal der Krieg in den NATO-Stäben gründlich ausgewertet. Ein Ergebnis für die Zukunft war, den taktischen Raketen, Radarbekämpfungsflugkörpern und dem Dipolwolkeneinsatz einen immer größeren Stellenwert zu geben.

Unter der Flagge des «Jolly Rogers»

Am Abend des 1. April 1982 näherte sich ein argentinischer Flottenverband den Falklandinseln. Der Marsch der Kampfschiffe und zweier großer Landungsschiffe erfolgte ohne Hast, als wüßte man, daß die geplante Aktion ohne Zwischenfälle ablaufen würde. Am nächsten Morgen, um 08.50 Uhr, befahl der Kommandeur der Marineinfanterie, die Insel Soledad zu besetzen. Eine Abteilung unter dem Kommando von Oberst Hector Luis Destri landete im Nordosten, stieß nach kurzem Feuergefecht mit britischen Soldaten auf Port Stanley vor und besetzte das Gelände der britischen Ionosphären- und Satellitenbahnverfolgungsstation. Mit Oberst Destri und seinen Soldaten landeten auf Soledad 5 000 Mann. Argentinische Fallschirmjäger nahmen den Flugplatz, den Rundfunksender sowie weitere wichtige Punkte auf der Insel in Besitz und hißten die blauweißrote Flagge. An den folgenden Tagen landeten argentinische Truppen auf Süd-Georgien. Über ihre Rundfunksender erklärte die Militärjunta die Falklands, auch Malwinen benannt, sowie die Inselgruppen South Georgia und Sandwich zu ihrer 24. Provinz und den 2. April zum «Tag der Befreiung der Malwinen».

Die Falklandinseln, im Südatlantik gelegen, sind 480 Kilometer von der argentinischen und 12 000 Kilometer von der britischen Küste entfernt. Die beiden Hauptinseln Soledad und Gran Malvina werden durch den Falklandsund (San-Carlos-Sund) getrennt. Dazu gehören noch über 200 kleinere Inseln. Das Klima ist rauh und kühl. Die spärliche, aus Heideflächen bestehende Vegetation nutzten die 2 300 Bewohner, vorwiegend Schotten, zur Schafzucht. Daneben wird Fischfang betrieben.

Die Landung der argentinischen Truppen am 2. April 1982 auf Soledad machte mit einem Schlage die Weltöffentlichkeit auf die

Nachrichtensatellit vom Typ Skynet

wechselvolle Vergangenheit dieser Inseln aufmerksam.

Ende des 16. Jahrhunderts entdeckt, wurden sie 1763 von Frankreich kolonisiert und 1766 an Spanien verkauft. Nach dem argentinischen Befreiungskrieg gegen Spanien kamen die Malwinen 1816 zu Argentinien, das dort Siedlungen gründete. 1833 besetzte Großbritannien die Inseln und erklärte sie zu seiner Kolonie. Die Briten begründeten diesen Schritt mit angeblich früher von Spanien erworbenen Rechten. Das wurde von Argentinien aber nie anerkannt. Besonders nach dem zweiten Weltkrieg verstärkte Großbritannien seine Bemühungen, auf den Falklandinseln präsent zu sein. Eine UNO-Resolution vom 16. Dezember 1965, die Argentinien einbrachte, forderte die Rückgabe der Malwinen, verpflichtete aber beide Länder, die Falklandfrage friedlich zu regeln.

Doch es geschah nichts. In mehreren Gesprächen war Großbritannien nicht bereit, seine Herrschaft dort zu beenden. Deshalb wollte Argentinien das Problem nun gewaltsam lösen. Im April besetzte es die Inseln. Daraufhin brach Großbritannien die diplomatischen Beziehungen zu Argentinien ab und verkündete die Entsendung eines Flottenverbandes. Die meisten westlichen Militärexperten prophezeiten einen leichten unblutigen Krieg der «Flotte Ihrer Majestät». Sie hatten sich geirrt. Der Krieg kostete 1 000 Menschenleben und dauerte zweieinhalb Monate.

Am 12. April erklärte Großbritannien eine 200-Seemeilen-Zone um die Falklandinseln als militärische Sperrzone und wies darauf hin, daß alle argentinischen Schiffe in diesem Gebiet ohne Vorwarnung angegriffen würden. London bat zusätzlich die USA, die Einhaltung dieses Verbots durch Aufklärungsflüge zu unterstützen. Die Funkaufklärung wurde durch den britischen Flottenverband im Seegebiet der Falklandinseln verstärkt. Am 1. Mai nahm man Funksignale von dem schon vor dem zweiten Weltkrieg gebauten argentinischen Kreuzer «General Belgrano» auf. Das britische Atom-U-Boot «Conqueror» erhielt den Befehl, dem Kreuzer in der Un-

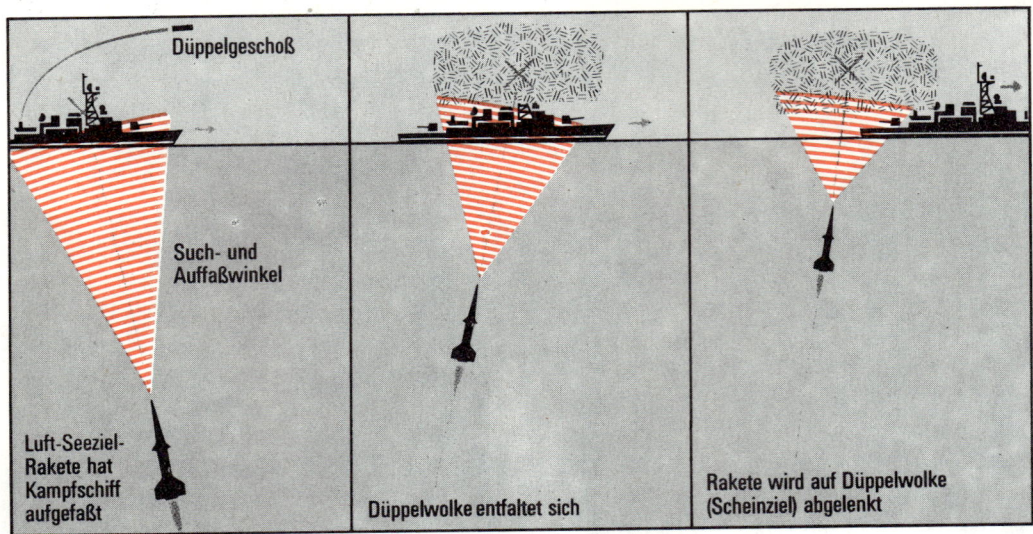

Einsatz reaktiver Düppelgeschosse zur Scheinzieldarstellung

terwasserlage zu folgen. Einen Tag später, gegen 17.00 Uhr, als die «General Belgrano» sich noch 30 Meilen außerhalb der Sperrzone befand, kam aus dem britischen Hauptquartier in London der Befehl zum Angriff. Zwei Torpedos trafen Backbord mittschiffs und das Vorschiff. Das sinkende Schiff riß über 360 Seeleute mit in die Tiefe. Die «Conqueror» drehte ab und unternahm keine Rettungsversuche, worauf man sogar im britischen Oberhaus vom «Massenmord auf hoher See» sprach. Die «Conqueror»-Besatzung hingegen war stolz auf ihre Tat und setzte beim Einlaufen in den Heimathafen den «Jolly Rogers» — die Piratenflagge mit dem Totenkopf.

Nun konzentrierte sich die argentinische Luftwaffe auf die britischen Schiffe. Am 4. Mai griffen Flugzeuge mit französischen «Exocet»-Luft-Schiff-Raketen den modernen Lenkwaffenzerstörer «HMS Sheffield» und die Lenkwaffenfregatte «HMS Plymouth»

an, die 70 Seemeilen vor den britischen Hauptkräften zur See- und Luftraumüberwachung patrouillierten. Die «Sheffield» korrespondierte gerade mit London über den SKYNET-Nachrichtensatelliten und hatte, um gegenseitige Störungen zu vermeiden, die Radaranlage abgeschaltet. So erfaßte sie weder die zwei in sehr geringer Höhe anfliegenden argentinischen «Super-Etendard»-Jagdbomber, noch machte sie die aus 36 Kilometer Entfernung abgefeuerten Luft-Schiff-Raketen aus. Als das Deckpersonal 6 Sekunden vor dem Aufschlag eine anfliegende «Exocet»-Rakete erblickte, blieb dem Kommandanten nur noch der Befehl: Deckung! übrig. Die Rakete durchschlug die Bordwand unter den Aufbauten des Hauptbefehlsstandes, flog durch die Kombüse, den zentralen Führungspunkt und detonierte im Maschinenleitstand. Die Abteilungen füllten sich mit schwerem, giftigem Rauch. Feuer breitete sich über das ganze Schiff aus; es wurde aufgegeben. Eine «Exocet»-Rakete, die 300 000 Dollar gekostet hatte, vernichtete ein Schiff für 80 Millionen!

Die britische Presse jedoch schilderte den

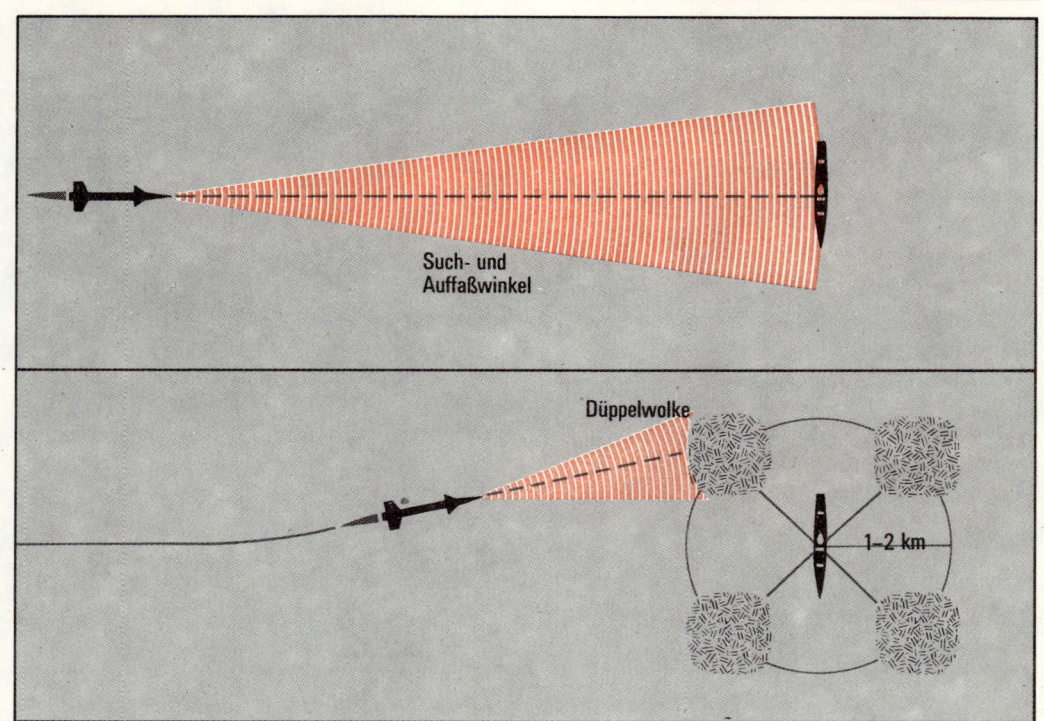

Such- und
Auffaßwinkel

Düppelwolke

1–2 km

Einsatz reaktiver Düppelgeschosse zur Rundumsiche-
rung eines Schiffes

Vorgang anders. Die Bordradaranlagen hätten sehr wohl die anfliegende Rakete aufgefaßt. Die Computer wären jedoch so programmiert gewesen, daß sie die in der NATO
benutzte «Exocet» nicht als feindliche Waffe
klassifizieren konnten. Sofort nach dem Untergang der «Sheffield» hätte man die Computer des Flottenverbandes im Südatlantik
umprogrammiert und damit den Fehler be-
seitigt.

Die Lenkwaffenfregatte «Plymouth», die
über keine Computer-Freund-Feind-Ken-
nung verfügte, erkannte die Rakete rechtzeitig und konnte durch eine schnell abgebla-
sene Dipolwolke ein Scheinziel imitieren und
sie ablenken.

Dem britischen Flottenverband gingen
noch weitere Kampfschiffe verloren, auch
wenn er versuchte, seine Verluste durch
elektronische Mittel möglichst gering zu halten. Bei der Beschießung von Port Stanley
wurde der Lenkwaffenzerstörer «Glamor-
gan» von «Skyhawk»-Flugzeugen mit vier
«Exocet»-Raketen angegriffen. Die Radar-
störstation an Bord des Schiffes verhinderte
mit ihren elektromagnetischen Abstrahlungen den Verlust. Nur eine Rakete erreichte
ihr Ziel. Ihr Einschlag traf die hinteren Aufbauten. Dabei fielen der Hubschrauberlande-
platz und der Hangar aus, der Zerstörer
blieb jedoch schwimmfähig. Bei allen übrigen Angriffen der Argentinier waren die aktiven britischen Störstrahlungen gegen Raketenleitstationen ziemlich machtlos, weil Bombenabwurf und Raketeneinsatz nicht mit
funktechnischen Mitteln, sondern nur visuell

Luft-Luft-Rakete AIM-9L «Sidewinder» (oben) und AIM-7F «Sparrow» (unten) an einem Jagdflugzeug F-15

erfolgten. Die Briten versuchten deshalb, die Radarzielsuchlenkung im Kopf der Luft-Schiff-Raketen mit sich in der Luft selbsttätig zerlegenden Dipolwolkengeschossen zu täuschen. Tatsächlich verhinderte das etliche Raketentreffer.

Am 25. Mai näherten sich zwei argentinische «Super-Etendard»-Flugzeuge mit abgeschalteten Radarstationen unbemerkt dem Flugzeugträger «Hermes», dem Führungsschiff des britischen Befehlshabers. Aus 48 Kilometer Entfernung orteten die Piloten den Träger, starteten zwei Raketen und flogen sofort nahe der Wasseroberfläche zur argentinischen Küste zurück. Sicherungsfahrzeuge des Flugzeugträgers setzten zur Scheinzielbildung große Mengen von Dipol-wolkengeschossen ein. Eine Rakete konnte abgelenkt werden. Die zweite durchflog eine Wolke, erfaßte das 4 Meilen vom «Hermes» entfernt liegende Containerschiff «Atlantic Conveyor», das Ausrüstungsgüter für das britische Geschwader brachte, und versenkte es. Die Dipolgeschosse bewahrten den Flugzeugträger vor dem sicheren Untergang.

Aus Angst, daß ihre Maschinen von Fla-Raketen getroffen werden könnten, betätigten auch die Piloten der britischen trägergestützten «Sea-Harrier»-Flugzeuge bei ihren Einsätzen fast ununterbrochen die Window-Abwurfgeräte. Sie waren der Meinung, nur dadurch so wenige Flugzeuge verloren zu haben.

Im Gegensatz zu den Briten benutzten die argentinischen Streitkräfte keine speziellen Mittel der elektronischen Kampfführung.

Am 21. Mai, 06.30 Ortszeit, begannen die britischen Truppen ihren Angriff. Sie bildeten in der 80 Kilometer von Port Stanley gelegenen San-Carlos-Bucht einen Brückenkopf. Bevor ihre Hauptkräfte eintrafen, gelang es ihnen, Kommandotrupps abzusetzen, die die Lage der argentinischen Führungsstellen, ihre Nachrichtenmittel, ungeschützte Küstenabschnitte und mögliche Marschwege für die eigenen Truppen an Land aufklärten. Als die Kampfhandlungen einsetzten, gingen die Kommandotrupps zu Diversionshandlungen über, störten die Nachrichtenverbindungen, leiteten eigene Fliegerkräfte an wichtige Objekte heran und korrigierten das Feuer der Schiffsartillerie. Am 14. Juni besetzten britische Soldaten die ersten Häuser von Port Stanley. Nach mehreren Appellen des UNO-Sicherheitsrats und einer vierundzwanzigstündigen Waffenruhe unterzeichnete Generalmajor Menendez als Befehlshaber der argentinischen Truppen am nächsten Tag die Kapitulationsurkunde, die ihm vom britischen Generalmajor Moore vorgelegt worden war. Großbritannien hatte einen militärischen Sieg errungen. Er kostet dem Land jährlich rund eine Milliarde Pfund Sterling als «Verteidigungsausgaben».

Und wofür das alles? Großbritannien und als NATO-Verbündeter die USA wollten die Inselgruppe als Militärstützpunkt, als einen «unsinkbaren Flugzeugträger» im Südatlantik unter allen Umständen behalten. Natürlich gab es neben dem strategischen für Großbritannien auch einen ökonomischen Aspekt. Im Küstenschelf der Malwinen werden in 1 000 Meter Tiefe große Mengen Erdöl vermutet, die dreizehnmal höher sein sollen als die in der Nordsee.

Die wenigen Einwohner der Inseln, die Schafe und Pinguine müssen nun in Zukunft das Land mit Truppen, mit einem Militär-

flugplatz für Fernfliegerkräfte, mit elektronischen Überwachungs- und Spionageeinrichtungen, mit Startrampen für Raketen und mit unterirdischen Depots für Kernsprengköpfe teilen.

Wie in Falkland wurde auch in anderen lokalen Kriegen die elektronische Kampfführung weiter vervollkommnet, und elektronische Stör-, Tarn- und Täuschungsmittel wurden sehr effektiv neben den konventionellen Waffen eingesetzt. Der Krieg in Vietnam zeigte den reaktionären Kreisen der USA aber auch die Grenzen dieser Taktik. So gelang es den vietnamesischen Streitkräften, ihre Luftraumbeobachtungs- und Raketenleitstationen der Konzeption des Gegners anzupassen und neue Verfahren seiner Störung, des Einsatzes und der gedeckten Verlegung der Funkmeßstationen zu entwikkeln.

Die israelisch-arabischen Konflikte bewiesen, daß eine umfassende funkelektronische Aufklärung und Spionage einen wesentlichen Gesichtspunkt der imperialistischen Vorbereitung lokaler Kriege bilden.

Anschaulich demonstrierte die britisch-argentinische Auseinandersetzung die gewachsene Bedeutung der Fliegerkräfte und der gelenkten Raketen auf dem Seeschauplatz, deren Einsatz immer von gegnerischen Stör- und Ablenkmaßnahmen begleitet wurde. Insgesamt wurden in allen lokalen Kriegen funkelektronische Kampfmittel eingesetzt.

Neben den offenen Auseinandersetzungen blieb immer eine Aufgabe für die imperialistischen Geheimdienste bestehen: mit Hilfe der Elektronik die sozialistischen Staaten auszuspionieren.

Mit Spionageelektronik nicht zu überlisten

Elektronik, die schweigen mußte

An einem Donnerstag, genau war es der 9. Februar 1956, lud das sowjetische Außenministerium alle in der Hauptstadt akkreditierten ausländischen Korrespondenten zu einer Pressekonferenz in das Spiridonowka-Palais ein. Die Zeitungsleute erwartete eine Sensation: Über dem Hof des ehrwürdigen, alten Gebäudes hingen, von der sowjetischen Luftverteidigung sichergestellt, 50 riesige Fesselballons in der kalten Winterluft. L. F. Iljitschow, der Sprecher des Außenministeriums, bat die erstaunten Journalisten im Palais an einen Tisch. Dort lagen eine in ihre Einzelteile zerlegte Ballongondel, eine Spezialkamera, Dechiffriergeräte, Funksende- und Empfangsanlagen sowie eine Kontroll- und Flugleitapparatur. Oberst A. W. Taranzow von der Luftverteidigung trat neben den Tisch und erklärte, daß jeder dieser Ballons mit «Moby Dick» bezeichnet wäre. Er verfüge über einen Sender, der in festgelegten Zeitabständen Peilsignale ausstrahle, die es gestatteten, außerhalb der Sowjetunion den Ballonstandort festzustellen. Die Ballons nutzten die in großen Höhen ständig vorhandenen Luftströmungen, um bei einer Geschwindigkeit von etwa 150 Kilometern pro Stunde das Gebiet der Sowjetunion in 7 bis 10 Tagen zu überqueren. Dabei hielten sie sich in Höhen zwischen 10 000 und 30 000 Metern auf. Ihre Startplätze lagen in der Türkei, in Alaska und der BRD. Die USA-Militärs nahmen an, daß es der sowjetischen Luftabwehr nicht gelingen würde, die Ballons mit Funkmeßstationen aufzufassen und unschädlich zu machen. Auf ein Funkkommando konnte die Gondel vom Ballon getrennt und mit den Registriergeräten an einem Fallschirm abgeworfen werden. An den Gondeln prangte in persischer, indischer, japanischer, französischer und englischer Sprache die Aufschrift: «Der Behälter kommt vom Himmel und enthält Wetternachrichten. Melden Sie das der Polizei. Sie erhalten eine Belohnung!»

Die Registriergeräte vermerkten ständig Uhrzeit und Standort des Ballons, während eine periodisch hin und her schwenkende Kamera mit zwei Objektiven von dem überflogenen Gebiet Luftaufnahmen anfertigte. Jedes Bild erfaßte einen Abschnitt von 800 bis 1 200 Quadratkilometern. Mit einem Flug konnte ein Land von der Größe Spaniens aufgenommen werden. Schießlich zeigte Oberst Taranzow Aufnahmen aus einem bereits entwickelten Film auf einer Leinwand. Die Bilder zeigten einen Militärflugplatz mit abgestellten Jagdflugzeugen in bergigem Gelände, ein anschaulicher Beweis für die Spionageaufgaben des «Moby-Dick»-Programms.

Den Journalisten im Spiridonowka-Palais wurde außerdem mitgeteilt, daß am 6. Februar 1956 die sowjetische Regierung den USA eine Protestnote übermittelt habe. Darin wurde erklärt, daß im Januar 1956 im Luftraum der Sowjetunion mehrere Ballons mit einem Durchmesser bis zu 15 Metern aufgefangen wurden, an denen Instrumente verschiedener Art, Vorrichtungen und andere Lasten hingen. Die erwähnten Ballons seien mit Heliumgas gefüllt gewesen und hätten ein Fassungsvermögen bis zu 1 600 Kubikmetern. Das Gesamtgewicht der an einem solchen Ballon angehängten Last erreichte 650 Kilogramm. Man wisse, daß diese Ballons von amerikanischen Stützpunkten in der BRD und von Luftstützpunkten aufgelassen würden, die sich auf dem Territorium einiger, an die Sowjetunion grenzender Staaten befänden. Die Instrumente beständen aus automatisch arbeitenden Kameras für Geländeaufnahmen, aus Funksendern und Funkempfängern. Die Untersuchung der aufgefangenen Ballons habe ergeben, daß sowohl die Ballons selbst als auch die Instrumente in den USA hergestellt worden seien. Das beweisen Aufschriften auf ihnen wie «Made in USA» und die Namen der amerikanischen Firmen, die diese Teile herstellten: «Atlas Engineering and Co., Roxbury, Mass.», «Elgin Neomatic Inc., Los Angeles, Calif.», «American Phenolic Corp., Chicago» und ähnliche. Weiter wurde ausgeführt, daß die von den USA gesteuerte Ballonaktion eine grobe Verletzung des Luftraums der Sowjetunion darstelle und gegen das allgemein anerkannte Prinzip des Völkerrechts verstoße. Die Sowjetregierung erhebe entschiedenen Protest und fordere von der USA-Regierung, daß diese Maßnahmen zur sofortigen Einstellung dieser unzulässigen Handlungen ergreife.

Ein Sprecher des Weißen Hauses antwortete daraufhin, daß diese Aktion ausschließlich der meteorologischen Forschung diene. Weitere 4 000 unbemannte Ballons stiegen in den Himmel. Als auch über den Territorien anderer Staaten «Moby Dicks» auftauchten, schlossen sich China, die ČSSR, die Volksrepublik Polen, die DDR und Schweden den sowjetischen Protesten an. Trotzdem kam es auch in späteren Jahren immer wieder zu einzelnen Ballonflügen. Sie dienten der Luftbildspionage mit normalen und Infrarotka-

meras, Spezialkarten nach Radaraufklärungsgeräten wurden angefertigt und Funkmeßsysteme der Luftverteidigung ausgekundschaftet.

Die Proteste blieben bestehen. Um die Öffentlichkeit nicht immer neu herauszufordern, gingen die Geheimdienste der USA schließlich dazu über, einen weiteren, wie sie dachten, ganz geheimen Bereich der elektronischen Spionage zu erschließen. Unterirdische Telefonkabel sollten angezapft werden.

An einem warmen Apriltag des Jahres 1959 erhielten zwei Journalisten der in Westberlin erscheinenden Tageszeitung «Der Kurier» eine seltsame Einladung. Sie hätten die Möglichkeit, am 25. April in Altglienicke an einer interessanten Besichtigung teilzunehmen. Am Grenzübergang von Westberlin in die DDR erwarteten einige Offiziere der Deutschen Volkspolizei und der Sowjetarmee die Korrespondenten. Man führte sie zu einem Einstiegsschacht, der sich wenige Meter von der Grenze entfernt neben einem Friedhof befand. Ein Offizier erläuterte den überraschten Journalisten, daß dieser Schacht zu einem Tunnel führe, der erst im amerikanischen Sektor ende. Nachdem die Zeitungsleute, von journalistischer Neugier getrieben, baten, den Tunnel untersuchen zu dürfen, wurde ihnen ein Schriftstück vorgelegt. Darin hieß es, daß, sollten im Tunnel irgendwelche Zwischenfälle von US-amerikanischer oder Westberliner Seite auftreten, weder die Sowjetarmee noch die Vertreter der DDR in der Lage seien, die Gäste zu schützen. Die Reporter unterschrieben und stiegen 5 Meter tief in den Schacht hinab. Unten wurden sie von sowjetischen Posten erwartet, die sie begleiteten. Zwei Stahltüren öffneten sich, dann befanden sich die Reporter in einem ausgebauten, klimatisierten Raum. Hohe, an der Wand stehende Stahlschränke enthielten elektronische Geräte, mit denen man die entlang der Chaussee verlaufenden Fernsprechkabel der Deut-

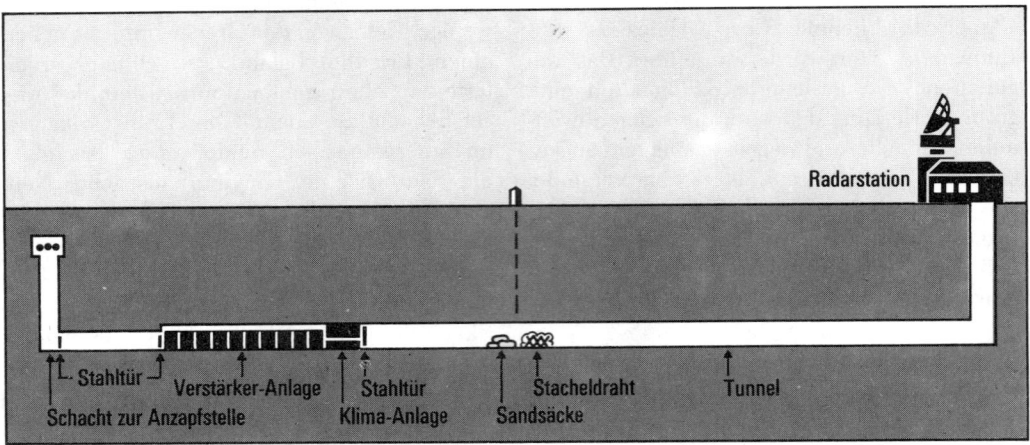

Radarstation

Stahltür — Verstärker-Anlage — Stahltür — Stacheldraht — Tunnel
Schacht zur Anzapfstelle — Klima-Anlage — Sandsäcke

Lageskizze und Innenansicht des Spionagetunnels in
Altglienicke

schen Post und der sowjetischen Streitkräfte
abhören und überwachen konnte. Die vorge-
fundene Technik bewies eindeutig, daß sich
die Journalisten in einem US-amerikanischen

Spionagetunnel befanden. Der Raum wurde
von einer weiteren Stahltür abgeschlossen,
dann folgte ein dunkler Gang in Richtung
amerikanischer Sektor. Die sowjetischen Posten blieben zurück. Die Reporter passierten
die «unterirdische» Staatsgrenze der DDR
und überkletterten ein Sandsackhindernis.
Starke Taschenlampen erhellten ihren Weg,

Das US-amerikanische Spionageschiff «Pueblo»

nach etwa 50 Metern stießen sie auf einen quer durch den Tunnel verlaufenden Drahtverhau; ein Pappschild mit der Aufschrift in deutsch und russisch: «Eigentum der Vereinigten Staaten von Amerika. Nicht eintreten!» tauchte auf. Im Licht der Lampe konnte etwa 30 Meter hinter der Drahtsperre der Gang weiter eingesehen werden. Obwohl die Reporter in deutsch und englisch riefen, kam keine Antwort. Sie mußten auf das Gebiet der DDR zurückkehren. Wie später der «Kurier» berichtete, hatte der US-amerikanische Geheimdienst den Spionagetunnel als Langzeitanlage projektieren und bauen lassen, deshalb auch der starke Stahlmantel für den Stollen. Die Wachsamkeit sowjetischer Nachrichtensoldaten hatte die 12-Millionen-Mark-Einrichtung zum Schweigen gebracht. Die CIA spionierte weiter. Nach der

Schlappe in Westberlin waren es nun andere Schauplätze, so auch der Ferne Osten.

Am 23. Januar 1968 durcheilte die Welt innerhalb weniger Stunden eine Meldung, derzufolge das US-amerikanische Mehrzweckhilfsschiff für Umweltforschung, «Pueblo», in den Territorialgewässern der KDVR durch Küstenschutzeinheiten gestellt werden konnte. Durch unwiderlegbare Beweise in die Enge getrieben, mußten Regierungsvertreter der USA eingestehen, daß die «Pueblo» elektronische Spionage betrieben hatte. An Bord des Schiffes befanden sich 28 Elektronikspezialisten, die nicht dem Befehl des Kommandanten unterstanden. Die Aufklärungsangaben hätten es ermöglicht, mittels Störstationen die koreanische Funkelektronik zu beeinflussen. Der Kommandant der «Pueblo», Korvettenkapitän Lloyd Mark Bucher, bestätigte auf einer internationalen Pressekonferenz am 26. Januar 1968 in Pjöngjang, daß die Aufgabe der «Pueblo»

Sendezentrale von «Radio Free Europe»

darin bestanden habe, militärische Objekte an der Küste aufzuklären, das Küstenradarnetz auszukundschaften und den militärischen Funkverkehr mitzuhören sowie aufzuzeichnen. Das Schiff trüge dazu im Mast Antennen für alle Wellenbereiche. Einen Monat später erklärte Bucher, daß die Fahrt der «Pueblo» Bestandteil eines weltweiten Aufklärungseinsatzes unter der Codebezeichnung «Pinkroute» gewesen sei, der nicht nur im Stillen Ozean, sondern auch im Atlantik erfolgte. Wie die Zeitung «Electronic News» bestätigte, führten zur selben Zeit auch noch die typengleichen Schiffe «Banner» und «Palm Beach» Spionageoperationen durch. Durch entschlossenes Handeln der KVA konnten die Aktionen der «Pueblo» verhindert werden.

Alle sowohl auf der westlichen wie auf der östlichen Erdhalbkugel auftretenden Mißerfolge und Verluste vermochten es nicht, die US-amerikanischen Geheimdienste vom Mißbrauch der Hertzschen und Popowschen Erfindungen abzubringen. Sie griffen auch auf solche weitverbreiteten wie Rundfunk und Fernsehen zurück.

Im Januar 1982, knapp einen Monat nachdem der Erste Sekretär des Zentralkomitees der PVAP und Vorsitzende des Ministerrates der Volksrepublik Polen, Armeegeneral Wojciech Jaruzelski, den Ausnahmezustand verkündet und einen Militärrat gebildet hatte, versammelten sich in Warschau, im Pressezentrum des Außenministeriums zahlreiche westliche Rundfunk- und Fernsehreporter. In dieser für die Volksrepublik Polen schweren Zeit jagten sie nach Sensationen: War die Staats- und Wirtschaftsmacht zusammengebrochen? Fordert Polen westliche Wirtschaftshilfe? Wird sich das Land aus der sozialistischen Staatengemeinschaft lösen?

Die Journalisten erhielten Informationen, die sie nicht erwartet hatten! Ihnen wurden drei Oberste in Uniform der Polnischen Volksarmee vorgestellt: Zbigniew Wisłocki von der Abwehr, Hipolit Straszak, Leiter der Untersuchungsabteilung des Ministeriums des Innern, und Bolesław Klis, Vertreter der Militärstaatsanwaltschaft. Dann wurde es dunkel. Auf einer Leinwand im Konferenzraum liefen verschiedene Filme, die die polnische Sicherheit gedreht hatte. Hauptdarsteller der Filme waren CIA-Agenten und Verbindungsleute zwischen westlichen Geheimdiensten und ihren Rundfunkstationen. Die Journalisten hörten den Mitschnitt eines Aufrufs des Senders «Radio Free Europe» (RFE) in polnischer Sprache, der zu gezielten staatsfeindlichen Aktionen in Polen und zur Unterstützung der «Untergrundorganisationen des gesellschaftlichen Widerstandes» aufrief. Filmaufnahmen zeigten, wie illegale Rundfunksender versteckt und betrieben wurden. Man benutzte dazu mit Vorliebe Fahrstuhlschächte größerer Gebäude, baute darin Ultrakurzwellensender ein, kaum sichtbare Antennen auf den Dächern komplettierten den Sender. Außerhalb von Livesendungen, die kurzzeitig von Handwerkern, die angeblich Reparaturen in den Häusern durchführten, gesprochen wurden, erfolgte ein automatischer Betrieb mit Zeitschalter über Tonband. Eine versteckte Kamera filmte, wie der belgische Bürger Roger Noel versuchte, einen UKW-Sender, der in einem Medizincontainer verpackt war, in einer Kirche einem Konterrevolutionär zu übergeben. Beide wurden durch Sicherheitskräfte gestellt. Der Film zeigte auch die in den Socken des Belgiers versteckten Schaltpläne und Bedienungsanweisungen für den Schwarzsender.

Oberst Wisłocki teilte mit, daß durch eine Funkpeilaktion die meisten illegalen Sender bereits zum Schweigen gebracht wurden. Dabei konnten 7 Konterrevolutionäre einschließlich der Rundfunksprecherin des «Ko-

mitees zur Verteidigung der Arbeiterrechte» (KOR), Irena Romanzewska, verhaftet werden. Weitere Filmstreifen bewiesen die Geheimdiensttätigkeit von Leslie Sternberg, Michael Anderson und Peter Berg. Leslie Sternberg, offiziell dritter Sekretär der Konsularabteilung der USA-Botschaft in Warschau, unterstützte aktiv die Arbeit der staatsfeindlichen Gruppierung «Komitee für ein unabhängiges Polen» (KPN). Er beförderte und verteilte Flugblätter mit einer «Politischen Erklärung». Den Inhalt dieses in der USA-Botschaft produzierten Papiers strahlte auch wiederholt der Sender RFE aus. Michael Anderson, zweiter Sekretär der USA-Botschaft, arbeitete eng mit KOR-Funktionären zusammen und leitete Berichte sowie Meldungen an den Sender RFE weiter. Peter Berg war Mitarbeiter der Politischen Abteilung der USA-Botschaft und Spezialist in Sachen Militärspionage. Bei seinen Fahrten durch das Land sendete er mit Hilfe eines Kleinfunkgerätes vor allem Angaben über die polnische Luftverteidigung zur USA-Botschaft nach Warschau. Er wurde gefaßt, als er versuchte, einen toten Briefkasten seiner Agenten zu entleeren, die ihre Aufträge in getarnten Rundfunksendungen des RFE erhielten und auf diesem Weg zu berichten hatten.

Anschließend bot man den Journalisten das Material sogar zum Kauf an. Aber keiner der Anwesenden reagierte. Die Sache war zu heiß. Schließlich wußten die Journalisten, in wessen Auftrag die schon in den Jahren des kalten Krieges gegründeten Sender «Radio Free Europe» und «Radio Liberty» tätig waren. Zu sehr mischte die CIA mit. Den USA-Journalisten war weiterhin bekannt, daß man die Hauptstoßrichtung in den achtziger Jahren gegen die Volksrepublik Polen führte und in Verbindung damit die Sendeleistungen von RFE und RL von 3775 im Jahre 1975 auf 7500 Kilowatt bis 1982 erhöht hatte. Beide Sender wurden dabei durch

che Arbeit ihrer Sicherheitsorgane, und manchen von ihnen wurden die Augen geöffnet, das Wirken westlicher diplomatischer und sonstiger Vertretung kritischer und mit größerer Wachsamkeit zu verfolgen.

Persona non grata

Der stellvertretende Marineattaché der USA in der Sowjetunion, Kapitänleutnant Robert L. Smith, galt als ein fröhlicher und sehr kontaktfreudiger Mensch. Niemand hätte ihn ohne weiteres für einen langjährigen CIA-Agenten gehalten. 1962 befand sich der Mitarbeiter eines Moskauer Betriebes namens Schugojew auf einer Dienstreise. Auf der Fernverkehrsstraße Tallinn—Narva bemerkte er in der Nähe eines größeren Industrieobjekts im Halteverbot ein parkendes Auto mit diplomatischem Kennzeichen. Zwei Männer stiegen aus, klappten die Haube auf und machten sich am Motor zu schaffen. Eine im Wagen sitzende dritte Person fotografierte inzwischen durch das geöffnete Autofenster mit einem Teleobjektiv die Industrieanlagen.

Schugojew informierte den nächsten Milizposten. Die Polizisten stellten das Fahrzeug noch in der Nähe der Fabrikanlagen. Da es sich um ein Diplomatenauto handelte, wurden Mitarbeiter der Sicherheitsorgane hinzugezogen. Sie setzten Robert L. Smith mit zwei Begleitpersonen fest. Die in Narva durchgeführte Untersuchung förderte bei Smith in einem speziell angefertigten Leibgürtel Pläne der Seehäfen Leningrad und Tallinn mit Anmerkungen über Ankerplätze für Kriegsschiffe, Treibstofflager und Werkstätten zutage. Das Auto wurde durchsucht. Man fand Lageskizzen einer Werft mit Zahlenangaben, ein Notizbuch und drei Notizblöcke mit kodierten Informationen, ein Minitonbandgerät mit einem besprochenen Band, eine «Minox»-Kamera mit belichtetem Film und einen Miniaturfeldstecher. In die-

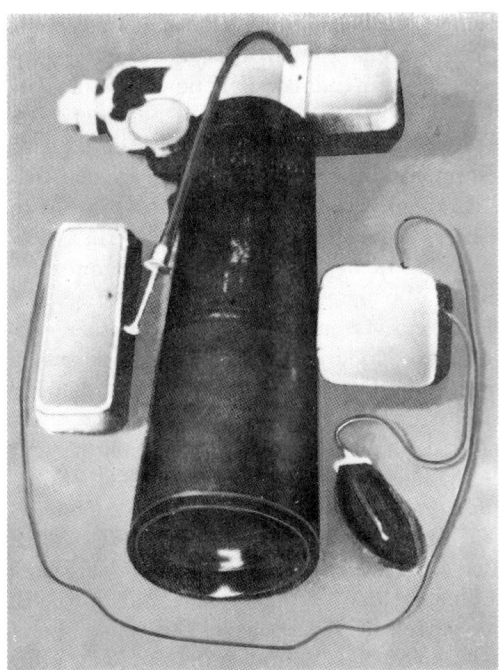

«Minox»-Kamera mit Teleobjektiv

Sendungen der «Voice of America» (VOA), des Westberliner RIAS, der «Deutschen Welle» (DW) und durch Programme des «Deutschlandfunk», der als «bundeseigener» Sender in der BRD speziell nach dem 13. August 1961 eingerichtet worden war, unterstützt. Zur selben Zeit berichtete der Bonner Korrespondent der polnischen Zeitung «Zycie Warszawy», Zbigniew Ramotowski, daß in der BRD mit großer Offenheit über aufgefangene Funksprüche der sowjetischen und der DDR-Volksarmee sowie über die Verfolgung «jeder Bewegung sowjetischer und polnischer Divisionen» geschrieben wurde.

Im Anschluß an diese internationale Pressekonferenz strahlte man die Bild- und Tonbeweise im polnischen Fernsehen aus. Viele Bürger begrüßten die schnelle und gründli-

Eine der von den vier Diplomaten angefertigten Spionageaufnahmen

sem Fall hatte sich die CIA im Gebiet Leningrad und Tallinn vor allem für Häfen, Flugplätze, Funkmeßstationen, Funkstellen, Raketenstellungen und andere militärische Objekte interessiert. Smith wurde zur Persona non grata erklärt und mußte die Sowjetunion verlassen.

1964 belegten hohe westliche Militärs im Schnellzug Moskau—Chabarowsk—Nachodka ein Sonderabteil. Die darin saßen, waren der Militärattaché der USA in der Sowjetunion, Oberst Jackson Aubrey, sein Stellvertreter, Oberstleutnant K. Liver, der stellvertretende Luftwaffenattaché, Major J. Smith, und der stellvertretende Marineattaché Großbritanniens, Korvettenkapitän Leville. Die Reise war sorgfältig vorbereitet. Die Militärs sollten während der Fahrt militärische Ob-

jekte entlang der Transsibirischen Eisenbahn ausspionieren. Besondere Aufmerksamkeit verwendeten sie auch darauf, Flugplätze, Eisenbahnknotenpunkte, Brücken, Tunnel, Funkmeß-, Richtfunk- und Funkstationen auszukundschaften. Die Offiziere benutzten spezielle Fotoapparate mit Teleobjektiven. Sie hatten, bevor sie den Schnellzug bestiegen, alle Spionageaufgaben genau unter sich aufgeteilt. In einem Wachsystem fotografierten und notierten sie alle Beobachtungen in Abständen von drei bis fünf Minuten. In Nachodka wollten sich die Diplomaten nach Japan einschiffen. Doch rechtzeitig wurde ihnen das Handwerk gelegt. Zugfahrgäste hatten das Personal auf das merkwürdige Verhalten der Ausländer hingewiesen. Die Herren wurden festgenommen und 26 Notizbücher mit Informationen in einem Zahlencode, 26 Filme mit über 900 belichteten Spionageaufnahmen, 2 Teleobjektive und topographische Karten mit eingetragenen Informationen über militärische Objekte beschlagnahmt. Auch diese westlichen Diplomaten mußten die Sowjetunion auf schnellstem Wege verlassen.

Die CIA verwickelte aber nicht nur Diplomaten in ihre schmutzigen Geschäfte, sie benutzte auch deren Einrichtungen wie das Botschaftsgebäude der USA in Moskau und das Konsulatsgebäude der USA in Leningrad, um dort elektronische Spionageeinrichtungen zu installieren. Im Rahmen des von der CIA gemeinsam mit dem Nationalen Sicherheitsamt aufgestellten Funkspionageprogramms «Cobra Ace» brachten Sondermaschinen als Diplomatengepäck getarnte umfangreiche elektronische Geräte in die Sowjetunion. Die Antennen erhielten ihren Platz unter einer für elektromagnetische Wellen durchlässigen Plastekugel auf dem Dach des neunstöckigen USA-Botschaftsgebäudes in der Moskauer Tschaikowski-Straße und auf dem Dach des Konsulatsgebäudes in Leningrad. Die elektronischen Einrichtungen sollten den internationalen Funkverkehr der Sowjetunion und den Botschaftsfunkverkehr überwachen, Angaben über die Arbeit der Luftverteidigung und ihre Technik im Moskauer Raum gewinnen, den zivilen und militärischen Flugfunk- und Funknavigationsbetrieb erfassen und Partei- und Regierungsfunkverkehr in verschiedenen Übertragungskanälen abfangen. Zudem ging aus einzelnen ausländischen Pressemeldungen hervor, daß man mit dieser Elektronik sogar die Autotelefone in den Pkws sowjetischer Regierungsmitglieder abhören könne. Die elektronischen Spionageergebnisse werteten die USA in dem neuen Informationsverarbeitungssystem «WG-1240», das eine extrem hohe Speicherkapazität besitzt, aus.

Unter Mißbrauch ihres diplomatischen Status installierten 1980 der USA-Attaché Harry Weatherbee und der Archivsekretär, Richard Corbin, während eines Familienausflugs vor Moskau ein elektronisches Langzeitspionagesystem im Werte von mehreren 100 000 Dollar an der Zufahrtsstraße zu einem militärischen Objekt. Sie verbargen in einem aus Plaste täuschend ähnlich nachgebildeten Kiefernstumpf akustische Sensoren. Diese fingen die Geräusche der vorbeifahrenden Fahrzeuge auf, wandelten sie in elektrische Signale um und speicherten und übertrugen sie auf Abruf drahtlos. Über 450 Kilometer Entfernung konnte das Langzeitspionagesystem auf ein Funkkommando von der USA-Botschaft oder von einem Aufklärungssatelliten zur Sendung aufgefordert werden. Auch von dieser neuen Idee der CIA ließen sich die sowjetischen Sicherheitsorgane nicht überraschen. Man schrieb den Ausfall des Langzeitspionagesystems allerdings den ungenügenden praktischen Fähigkeiten der Gerätebauer zu. So lamentierte die «Süddeutsche Zeitung» am 29. März 1980, daß ihr leider der Name des Stümpers nicht bekannt sei, der die Plastikattrappe für die funkelektronische Vorrichtung erfunden hätte. Die Hersteller dieses «Baumstumpfes» hätten keine Ahnung von der russischen Flora und Fauna gehabt, hieß es. Sonst hätten sie gewußt, daß ein Kiefernstumpf in einem Espenwald eine höchst seltene Erscheinung sei. Weatherbee und Corbin mußten das Land verlassen.

Am 7. März 1983 wurde der 1. Sekretär der USA-Botschaft, R. Osborne, am Moskauer Stadtrand bei der Arbeit mit einem Spionagefunkgerät von sowjetischen Sicherheitsorganen beobachtet und gestellt. Das Funkgerät nutzte zur Übermittlung von Spionagemitteilungen Kanäle des Nachrichtensatelliten MARISAT. Außerdem fand man Spionageaufzeichnungen in einem Notizblock auf wasserlöslichem Papier. Auch Osborne wurde zur Persona non grata erklärt und des Landes verwiesen.

Nach mehreren Hinweisen von Kolchosbauern ertappten sowjetische Sicherheitsorgane am 11. September 1983 den Vizekonsul des USA-Generalkonsulats in Leningrad, Ion David Augustenborg. Er hatte in Begleitung seiner Ehefrau etwa 40 Kilometer außerhalb von Leningrad bei einem Spaziergang einen toten Briefkasten entleert, dabei fielen ihm streng geheime Angaben über die sowjetischen Seestreitkräfte zu. Augustenborg hielt eine kodierte Funkverbindung mit dem Generalkonsulat in Leningrad aufrecht. Ähnlich wie Osborne wurde auch er über Nachrichtensatelliten geführt. Augustenborg mußte die UdSSR verlassen.

Zu Beginn der achtziger Jahre verstärkten die imperialistischen Geheimdienste ihre Spionage gegen die Sowjetunion nicht nur auf militärischem, sondern auch auf ökonomischem und politischem Gebiet. Mit militärischer Spionage im größeren Maßstab hatten sie gleich nach dem zweiten Weltkrieg begonnen. Mehr und mehr gelangten neben Agenten und getarnten Geheimdienstmitarbeitern auch Spionageflugzeuge zum Einsatz.

Powers und andere

Bereits im Spätsommer 1945 kam es zu ersten Luftspionageeinsätzen, deren Intensität ständig zunahm. Am 11. April 1950 protestierte die Sowjetregierung bei der Regierung der USA dagegen, daß eine Militärmaschine vom Typ RB-29 drei Tage zuvor 21 Kilometer tief beim Ostseehafen Liepāja in den sowjetischen Luftraum eingedrungen war. Das Flugzeug befolgte um 17.39 Uhr nicht die Landeaufforderung sowjetischer Jagdflugzeuge und eröffnete auf sie das Feuer. Die Jäger gingen zum Gegenangriff über, die RB-29 drehte daraufhin in Richtung Ostsee ab und verschwand. Die US-amerikanische Flugüberwachung gab nun den Verlust der Maschine bekannt und deklarierte es als unbewaffneten «Navy Consolidated Vultee PB$_4$Y$_2$ — Patrouillen-Bomber» (Privateer), der sich von seinem Stützpunkt Port Lyauty im damaligen Französisch-Marokko auf einem Langstreckenflug über Europa befunden habe. Das war der Vorwand, um in der Ostsee mit US-amerikanischen, britischen und schwedischen Flugzeugen und dänischen Marineeinheiten eine umfangreiche Suchaktion zu starten. Mit höchster Wahrscheinlichkeit führten diese Suchflugzeuge nebenbei gleich weitere Spionageaufträge aus. Am 13. April 1950 protestierte sogar Schweden gegen das Überfliegen des Flottenstützpunkts Karlskrona durch US-amerikanische Suchflugzeuge.

In den Jahren von 1953 bis 1956 registrierte die Sowjetunion 113 Luftraumverletzungen durch westliche Militärflugzeuge. Viermal kam es zu Luftkämpfen, in denen die sowjetische Luftverteidigung zwei Aufklärungsflugzeuge vom Typ P2V «Neptune» und je ein elektronisches Spionageflugzeug vom Typ RB-50 und RB-29 vom Himmel holte. Die US Air Force unterschätzte die Gefechtsmöglichkeiten der sowjetischen Luftverteidigung dabei beträchtlich.

Zwei MiG-Jagdflugzeuge zwangen am 29. Juni 1958 ein elektronisches Spionageflugzeug vom Typ RC-118 in der Aserbaidshanischen SSR zur Landung. 36 Tage danach startete vom türkischen Luftstützpunkt Adena eine Lockheed Turboprop-Transportmaschine RC-130 «Hercules» in Richtung Kaukasus, drang in den sowjetischen Luftraum zwischen Trapezunt und Wan ein und stürzte ab. Das NSA fertigte daraufhin ein Tonband an, das beweisen sollte, sowjetische Jagdflugzeuge hätten die RC-130 angegriffen. Man konnte aber den Fälschern grobe Verstöße gegen die Jagdfliegerregeln und die russische Sprache nachweisen. Daraufhin zog das State Department das Beweismaterial sofort zurück. Am 6. September 1960 bestätigten zwei Mitarbeiter des NSA, Bernon F. Mitchell und William H. Martin, die die Sowjetunion um politisches Asyl gebeten hatten, diese Fälschung. Sie erklärten, daß die

Lockheed U-2 Spionageflugzeug

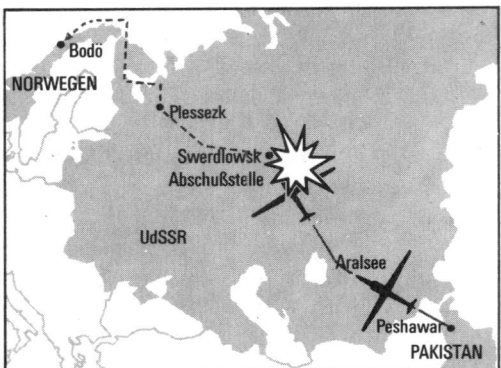

Route des Spionageflugzeugs U-2

als Transportflugzeug deklarierte RC-130 ein elektronisches Spionageflugzeug war, das den Auftrag hatte, die Funk- und Funkmeßsignale sowjetischer Raketenabschußrampen abzuhören und aufzuzeichnen.

Die Lufthoheit der DDR, der ČSSR und der VR Polen wurde durch die USA unter maßgeblicher Beteiligung der BRD zwischen 1953 und 1956 in 211 Fällen verletzt. Über 1 000mal wurde zwischen 1950 und 1957 der Luftraum der Volksrepublik China verletzt. Am 18. Januar 1956 schossen chinesi-

sche Flakbatterien ein Aufklärungsflugzeug des Typs P2V «Neptune» und am 22. August ein elektronisches US-Spionageflugzeug über der Provinz Fukien ab.

Unter der Bezeichnung «NASA-Forschungsflugzeug Lockheed U-2» erschien Anfang des Jahres 1957 im Registerbuch der US-amerikanischen Luftfahrtindustrie ein Flugzeug, dessen Gipfelhöhe mit über 21 000 Metern angegeben wurde. Etwas später meldete die Tagespresse der USA, daß eine U-2 als fliegendes Wetterlabor in der Karibik erstmals einen Hurrikan fotografiert habe. Der Zweck war klar: die U-2 sollte als gewöhnliches Forschungsflugzeug gelten. Aber das war nicht der Fall!

Auf dem pakistanischen Flugplatz Peshawar bestieg am Sonntag, dem 1. Mai 1960, Francis Gary Powers in einer Fliegerkombination ohne Rangabzeichen eine schwarzgestrichene U-2. Als ehemaliger Hauptmann der US Air Force flog er jetzt für ein lukratives Jahresgehalt von 35 000 Dollar für die CIA. Powers startete um 07.30 Uhr (Ortszeit). Um 05.36 Uhr (Moskauer Zeit) verletzte er über dem Hochland des Pamir den sowjetischen Luftraum. Seine Flugroute sollte 4 700 Kilometer betragen. Das Wetter war kühl und regnerisch. Kurz nach Powers Start verlor die Flugleitzentrale Peshawar

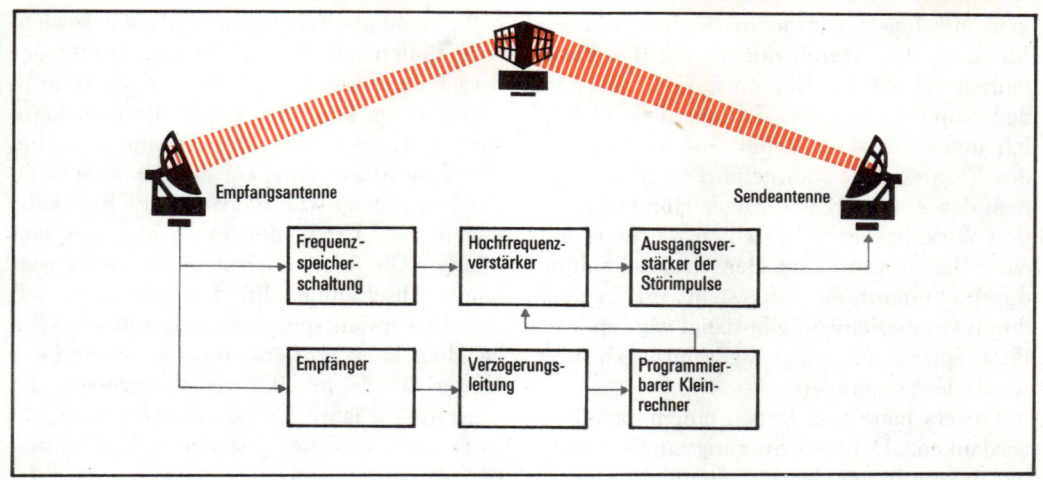

Prinzipieller Aufbau eines Imitationsstörsenders
(Radarrepeaters) für Entfernungsablenkstörungen
Der an Bord eines Flugzeugs installierte Störsender
strahlt bei der Aufnahme von Bodenfunkmeßsignalen
Störimpulse ab, die auf dem Sichtgerät der Bodenfunk-
meßstation vor oder hinter dem realen Ziel als Scheinziele dargestellt werden und den Beobachter täuschen.

den Radarkontakt zur U-2. Während man sich schon auf eine Erfolgsmeldung vom Zielflughafen in Nordnorwegen freute, fingen im afghanischen Grenzgebirge stationierte US-amerikanische Funkaufklärungs- und -peilposten Funksprüche der sowjetischen Luftverteidigungskräfte auf. Es schien so, als ob die U-2 bereits aufgefaßt und von Fla-Raketenkomplex zu Fla-Raketenkomplex weitergereicht wurde. Tatsächlich war es der Luftverteidigung schon mehrfach gelungen, U-2-Flugzeuge trotz ihrer großen Flughöhen und ihres Radarschutzes sicher aufzufassen. Bislang hatte man verzichtet, diese Flugzeuge aufzuhalten. Der USA-Administration sollte keine Gelegenheit gegeben werden, am Vorabend der geplanten Pariser Gipfelkonferenz ihre Haltung zur Entspannung der internationalen Lage zu korrigieren. Der neuerliche U-2-Flug zeigte indessen, daß Washington

nicht auf weitere Luftspionage verzichten wollte. Powers nahm Kurs auf Dshussaly und Aralsk, seinem ersten Einsatzgebiet. Am Aralsee vermutete die CIA Startplätze ballistischer Raketen. Vorsichtshalber betätigte der U-2-Pilot eine, erst vor kurzem in das Flugzeug eingebaute, technische Neuerung — einen Imitationsstörsender. Sollte seine Maschine von einer sowjetischen Luftraumaufklärungsfunkmeßstation erfaßt werden, würden viele Störimpulse auf dem Sichtgerät auftauchen und eine exakte Zielortung außerordentlich erschweren. Über dem Aralsee setzte Powers die gesamte Spionagetechnik ein: Aufklärungsgeräte für Infrarotstrahlung, für Funk- und Radarsignale und ein Luftbildaufnahmesystem aus 8 Kameras mit Weitwinkel- und Teleobjektiven mit Brennweiten bis zu 120 Zentimetern. Der Filmvorrat reichte für 4 000 Doppelaufnahmen. Um 07.40 Uhr (Moskauer Zeit) wechselte Powers seinen Kurs auf 340 Grad und stieg auf 21 000 Meter Höhe. In dieser Höhe und mit diesem Kurs konnte es sich um keine zufällig von der Richtung abgekommene Maschine handeln. Die Uhren im europäischen Teil der Sowjetunion zeigten 08.55 Uhr, als südlich von Swerdlowsk auf die U-2 eine Fla-Rakete abgefeuert wurde. In der schriftlichen Meldung des Kommandeurs der Fla-Raketenbatterie, Major Buranow, hieß es: «An den Kommandeur des Truppenteils 92 851. Ich melde, daß Ihr Befehl zur Vernichtung des Flugzeuges ... ausgeführt wurde. Nachdem das Ziel in 21 000 Meter Höhe in unserem Wirkungsbereich erschien, wurde es mit einer Rakete vernichtet. Der Abschuß konnte durch Funkortung festgestellt und später durch Ortsbesichtigung bestätigt werden. Der Pilot sprang mit dem Fallschirm ab und wurde festgenommen.»

Powers hatte sein Leben einem Zufall zu verdanken. Der Annäherungszünder hatte die Rakete hinter der U-2 detonieren lassen und deren Heck sowie die Tragflächen durchlöchert. Das Flugzeug taumelte abwärts. Bei 4 500 Meter Höhe katapultierte sich der Pilot aus der Maschine.

Während der Gerichtsverhandlung in Moskau vor dem Obersten Militärgericht legte der öffentliche Ankläger der internationalen Presse Beweisstücke, unter anderem die Magnetbänder der Aufklärungsgeräte, vor. Sie hatten die charakteristischen Signale sowjetischer Luftraumaufklärungsfunkmeßstationen gespeichert. Ebenso konnte man die Spionagetechnik des Flugzeugs besichtigen. Am späten Nachmittag des dritten Prozeßtags erfolgte der Urteilsspruch. Zehn Jahre Freiheitsentzug, von denen Powers nur die ersten 3 in einer Haftanstalt verbüßen sollte. Nach eineinhalb Jahren wurde er jedoch begnadigt und am 10. Februar 1962 gegen den sowjetischen Kundschafter, den ehemaligen Leutnant-Colonel Rudolph I. Abel, auf der Glienicker Brücke in Westberlin ausgetauscht. Die CIA nahm ihren Mann in Haft und verhörte ihn 24 Tage auf Wellops-Island vor der Küste Virginias. Ihm wurde vorgeworfen, nicht die an Bord der U-2 befindliche automatische Verbrennungsanlage für Spionageunterlagen betätigt zu haben. Powers behauptete, er habe den Auslösehebel

nicht mehr greifen können, als die sowjetische Boden-Luft-Rakete den Stabilisator der Maschine zerriß. Um die Aussage zu kontrollieren, reiste sogar Lockheed-Direktor Johnson als Tourist nach Moskau und besuchte dort eine Ausstellung, auf der die Wrackteile der U-2 gezeigt wurden. Nach der Rückkehr lautete sein Urteil, daß es so gewesen sein könnte. Die CIA erarbeitete für den Senat einen Abschlußbericht, der bestätigte, daß sich Powers an seinen Vertrag mit der CIA gehalten habe. Powers, am Tag seiner Festnahme 30 Jahre alt, wurde vergessen. Er starb mit 42 Jahren in Los Angeles beim Absturz eines von ihm gesteuerten Hubschraubers.

Der Luftspionageakt zeigte große politische Auswirkungen: Das Pariser Gipfeltreffen wurde verschoben, die Weltöffentlichkeit sah sich um ihre Hoffnungen in der Abrüstung betrogen. Während der USA-Präsident öffentlich die Koffer für Paris packte, befahl er heimlich großangelegte Luftspionageflüge.

Zwei Monate nach der U-2-Aktion, am 1. Juli 1960, stieg um 10.00 Uhr (Greenwich-Zeit) ein elektronisches Spionageflugzeug vom Typ RB-47 des 55. Geschwaders für militär-strategische Erkundungen, bestückt mit 2 20-mm-Bordkanonen, 7 Spezialkameras und einigen Radaraufklärungsempfängern, vom britischen Flugplatz Brize Norton auf. Der Auftrag der 6 Besatzungsmitglieder lautete, in die Barentssee vorzustoßen, dort ein bestimmtes Gebiet abzusuchen und die Nordküste der Halbinsel Kola nebst vorgelagerten Inseln, auf denen die CIA U-Boot-Stützpunkte und Raketenabschußrampen vermutete, zu erfassen. Außerdem sollten sowjetische Radarstationen und ihre Betriebsverfahren ermittelt werden. Danach sollte das Flugzeug nach Großbritannien zurückkehren oder als Ausweichflugplatz Bodö in Nordnorwegen anfliegen. Um 15.03 Uhr (MEZ) erreichte das Flugzeug planmäßig den befohlenen Ausgangspunkt, 480 Kilometer nordost-

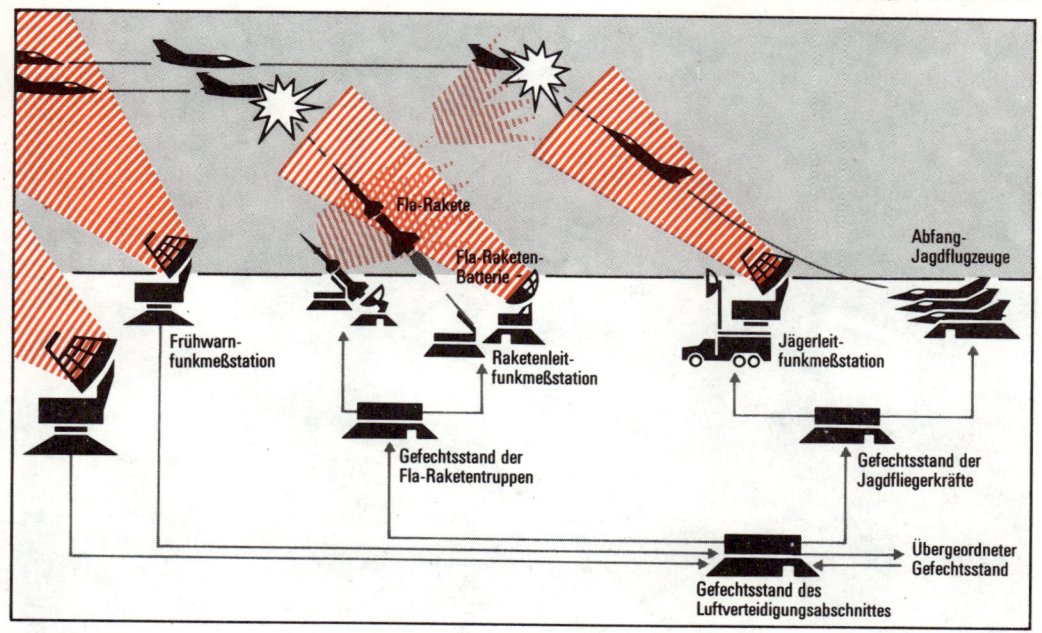

Aufbau eines Luftverteidigungssystems (Variante)

wärts des Nordkaps, und ging auf Südkurs. Die sowjetische Luftverteidigung beobachtete die Maschine aufmerksam. Vierzehn Seemeilen nördlich des Kaps Swatoi Nos überflog die RB-47 das Territorium der UdSSR in Richtung Archangelsk. Ein sowjetisches Abfangjagdflugzeug, geführt von Hauptmann Poljakow, näherte sich gegen 18.00 Uhr (Moskauer Zeit) dem Aufklärungsflugzeug und gab ihm durch Zeichen zu verstehen, auf den nächstgelegenen Flugplatz zu folgen. Die RB-47 ignorierte die Warnung und flog weiter. Poljakow eröffnete das Feuer. Die Maschine stürzte in das Weiße Meer. Nur zwei Besatzungsmitglieder, der Copilot, Oberleutnant Freeman Brud, und der Navigationsoffizier, Oberleutnant John Richard McKone, konnten 6 Stunden später von einem sowjetischen Fischdampfer gerettet werden. Aus Washington verlautete

sofort, der Flug hätte rein zivilen Zwecken der elektromagnetischen Forschung im Hohen Norden gedient und auch, daß die RB-47 die Territorialgrenzen der Sowjetunion nicht verletzt hätte. Am 26. Januar 1962 ließ die Sowjetunion die beiden Luftspione frei. Wieder zeigte sie sich bereit, bessere Beziehungen zu den USA zu finden. USA-Präsident Kennedy begrüßte dies als Geste guten Willens. Doch schon wenige Tage danach verweigerte er auf einer Pressekonferenz die Auskunft darüber, ob Spionageflüge noch immer durchgeführt würden.

Und diese wurden fortgesetzt.

Anfang September 1962 schoß die Luftverteidigung der Volksrepublik China über ihrem Territorium eine spionierende U-2 ab.

Mit einer sowjetischen Boden-Luft-Rakete holten kubanische Streitkräfte am 27. Oktober 1962 über ihrem Land eine weitere U-2 vom Himmel. Der Pilot, Major Rudolf Anderson, kam dabei um. Daraufhin setzte die US Air Force über Kuba die unbewaffnete

Das CIA-Hauptquartier im Wald von Langley, Virginia

und sehr empfindliche Maschine für Spionageflüge nicht mehr ein. Tieffliegende Überschall-Düsenflugzeuge übernahmen ihre Aufgabe. Als dann RF-101 «Voodoo»-Überschallaufklärer Kuba im Tiefflug überquerten, erhielten sie starken Flakbeschuß und drehten ab.

Eine RB-66 C verloren die USA am 10. März 1964 über der DDR, im Raum Gardelegen. Sie kam vom Luftwaffenstützpunkt des taktischen Luftkommandos (TAC) Toel-Rosiéres in Nordfrankreich und absolvierte eine «Navigationsübung». An Bord befanden sich drei Mann, die sich mit dem Fallschirm retten konnten. Soldaten der Gruppe der So-

wjetischen Streitkräfte in Deutschland nahmen sie fest und ließen sie später wieder frei. Die Nachrichtenagentur TASS gab bekannt, daß aus dem Wrack Kameras, belichtete Filme und elektronische Abhörgeräte geborgen werden konnten.

Vier Monate später vernichtete die Luftverteidigung der Volksrepublik China über Ostchina eine von Taiwan gestartete U-2. Ebenfalls von dort kam am 18. Dezember 1964 eine RF-101 «Voodoo». Die Luftverteidigungsorgane holten sie in der Provinz Fukien vom Himmel. Fischer nahmen den Piloten Hsieh Hsiang-Ho fest.

Auch im Luftraum der Koreanischen Demokratischen Volksrepublik tauchten ständig Elektronikspäher auf. Am 28. April 1965 mußten die USA-Streitkräfte eine RB-47 als

Verlust buchen. Man schrieb den 15. April 1969, als eine EC-121 von der koreanischen Luftverteidigung beschossen wurde und mit 31 Mann Besatzung und 5,5 Tonnen Elektronik im Japanischen Meer versank. Am 26. August 1981 kam es erneut zu einem feindseligen Akt, als die US Air Force mit einem Spionageflugzeug in einer Höhe von 26 000 Metern in die KDVR eindrang. Das war innerhalb von acht Wochen die achtzehnte Luftraumverletzung. Während des gemeinsamen amerikanischen und südkoreanischen Manövers «Team Spirit 83» verletzte ein SR-71 Spionageflugzeug, eine modifizierte YF-12, am 16. März 1983 das Hoheitsgebiet der KDVR und hielt sich 15 Minuten lang über fremdem Territorium auf. Insgesamt registrierte die Koreanische Volksarmee während des Manövers mehr als 20 Spionageeinsätze. Die gleichen Aktionen wiederholten sich im Manöver «Team Spirit 85».

Abermals registrierte die KVA 15 und im August 1986 11 Luftraumverletzungen.

Die Elektronik, mißbraucht für geheime Erkundungen, Spionage und Sabotage, hat in den Praktiken und Methoden der CIA viele Neuerungen gebracht. Menschenverluste wurden dabei eingeplant. Auf der Nordwand vor dem Eingang zum CIA-Hauptquartier in Langley befinden sich zwei große Marmortafeln. Auf ihnen sind die CIA-Offiziere mit einem Stern und Namen verzeichnet, die seit 1950 bei ihrer Tätigkeit den Tod gefunden haben. Mehrere Sterne sind namenlos, zum Andenken an CIA-Mitarbeiter, die «verdeckte Operationen» ausüben mußten. An den Marmortafeln ist noch viel Platz für den Fall, daß man weiterhin versuchen sollte, mit Spionageelektronik die sozialistischen Länder überlisten zu wollen. Doch das wird weder mit Elektronik noch mit forciert betriebener elektronischer Hochrüstung gelingen.

Moderne Technik für alte Ziele

Prohibited Area

In den Vereinigten Staaten von Amerika vollzogen sich Ende des 19. Jahrhunderts grundlegende Veränderungen. Das Land der unbegrenzten Möglichkeiten war aufgeteilt, seine wenigen Ureinwohner zum Leben in Reservationen gezwungen. Die ersten Monopole beherrschten in steigendem Maße die Wirtschaft der USA. Über das Erdöl verfügte Rockefeller von der Standard Oil, der Name Du Pont verband sich mit Chemie aller Art, und die Banken beherrschten Mellon, Morgan und andere. Der Kapitalismus war in sein imperialistisches Stadium eingetreten. Zu dieser Zeit erschütterte in den Jahren von 1893 bis 1896 eine Wirtschaftskrise das Land. Der Binnenmarkt bot den Monopolen keine Absatz- und Profitmöglichkeiten. Das Kapital zog es über die Grenze.

Hawaii, 1898 annektiert, wurde am 30. April 1900 zum USA-Territorium erklärt. Der erste imperialistische Krieg um die Neuaufteilung der Welt, der Spanisch-Nordamerikanische Krieg, endete mit der Eroberung Kubas, Puerto Ricos, Guams und der Philippinen. Die USA errichteten ihren ersten ausländischen Militärstützpunkt Guantanamo und stellten weithin sichtbare Verbotsschilder mit der Aufschrift «Prohibited Area» — Sperrgebiet — auf. Solche Schilder waren in den nachfolgenden Jahren bald in vielen Ländern zu sehen. Um 1900 begann man, verbunden mit einer verstärkten Dollarausfuhr, Teile Lateinamerikas wirtschaftlich zu unterwerfen. 1904 landeten die USA in der Dominikanischen Republik. 1907 betraten sie Honduras und 1910 Nikaragua. 1914 ging es nach Haïti und nebenbei gleich noch einmal zur benachbarten Dominikanischen Republik, die sie faktisch bis 1934 besetzten. Dazwischen lagen Interventionen in Mexiko, der Panamakanalzone und in Guatemala. Wenn die Truppen abzogen, blieben meistens Militärstützpunkte zurück.

Der erste Weltkrieg brachte den USA-Monopolen einen wahren Goldregen. Ununterbrochen floß ein Güterstrom über den Atlantik zu ihren Verbündeten. Mit der Großen Sozialistischen Oktoberrevolution beendete 1917 Sowjetrußland einseitig die Kriegshandlungen. Die USA-Regierung fürchtete, daß die Revolution auf andere Länder übergriff, sie sah auch ihre Verluste voraus. Daher landeten 1918 in Murmansk 5 100 amerikanische Soldaten.

Die ausländische Einmischung scheiterte jedoch. Die militärische Macht der jungen Roten Armee und die internationale Solidarität zwangen die Interventionstruppen zum Abzug. Nunmehr nutzten die USA ihre ausländischen Militärstützpunkte auch dazu, die UdSSR sowie andere, ihnen nicht ergebene Staaten auszuspionieren und zu überwachen. Das Stützpunktsystem weitete sich mehr und mehr aus.

1930 bewilligte der Kongreß die Mittel für 30 neue Marine- und Luftwaffenstützpunkte in der Panamakanalzone, auf Hawaii, Puerto Rico, Guam, Midway und Wake. Für 50 alte Zerstörer erhielten die USA von Großbritannien die Erlaubnis, auf Barbados, den Baha-

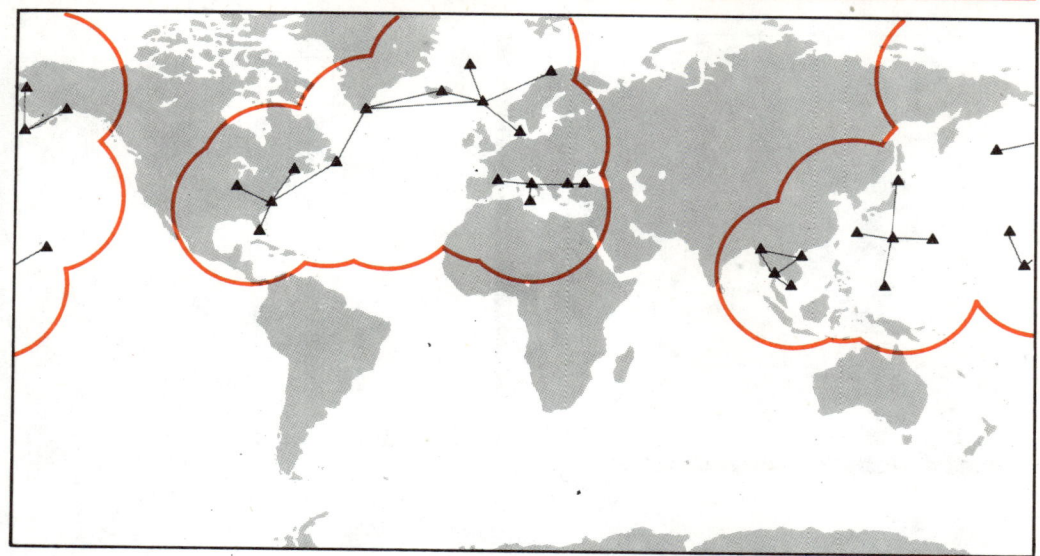

LORAN-C-Funknavigationssystem für eine Betriebsfrequenz von 100 Kilohertz
LORAN-C ist ein Hyperbelortungsverfahren für Überwasser- und Luftfahrzeuge, bei dem ein Leitsender mit 2 bis 4 Nebensendern zusammenarbeitet. Der Leitsender strahlt eine Gruppe von 9 Impulsen und jeder Nebensender, verzögert zum Leitsender, eine Gruppe von 8 Impulsen ab. Die Verwendung von Impulsgruppen erhöht die Ortungsreichweite, und durch Phasenkodierung ist es möglich, die Sendestationen der jeweiligen Kette zu erkennen. Meßwertgewinnung, -verarbeitung und -darstellung können im LORAN-C-Verfahren automatisch erfolgen.
Dargestellt sind die Standorte der LORAN-C-Ketten und Gebiete, in denen die Funkortung mit Raumwellen erfolgen kann.

mas und Bermudas für 99 Jahre Stützpunkte anzulegen. Inzwischen wurden diese Gebiete unabhängig, die Stützpunkte blieben.

1941 gestattete es die dänische Exilregierung — das Land war von faschistischen deutschen Truppen besetzt —, USA-Einheiten in Grönland zu stationieren. Sie blieben auch nach dem Krieg dort und wurden in den nachfolgenden Jahren immer weiter verstärkt. Das grönländische Thule ist heute Zentrum eines großen militärischen Sperrgebiets. Sogar Journalisten aus NATO-Ländern unterliegen einer sorgfältigen Kontrolle, bevor sie sich auf dem stark zerklüfteten Hochland frei bewegen dürfen. Die Thule-Radarstation, mit einem riesigen Kostenaufwand errichtet, gehört zum Frühwarnsystem BMEWS, das den Anflug ballistischer Raketen ermittelt und gleichzeitig der Einsatzführung von Kräften des strategischen Bomberkommandos (SAC) dient. Ein anderes umfangreiches Elektroniksystem hat seine Antennen bei Fiskenaesset in den Weltraum gerichtet. Pro Tag kann es bis zu 30 000 Satellitenfunksignale registrieren und stellt mit ähnlichen Systemen in Söndre Strömfjord auf Alaska und im USA-Bundesstaat Colorado die Datengrundlage für das 1985 neugebildete USA-Weltraumkommando SPACE-COM dar, dem Hauptquartier für den Sternenkrieg. Außerdem befindet sich auf Kap Farvel noch eine Großraumradarstation der DEW-Line. Auf Grönland wurde ebenso das LORAN-C Funknavigationssystem installiert, mit dessen Hilfe Flugzeuge und Kampfschiffe bis zu 2 000 Seemeilen Entfernung geleitet werden können. Dieses mit hoher

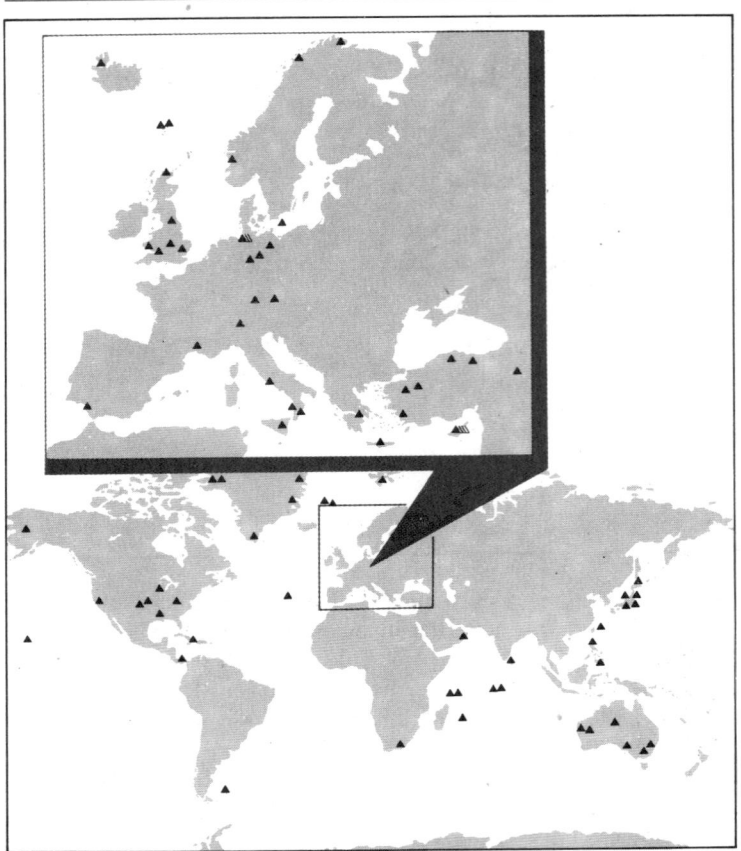

Die wichtigsten elektronischen Stützpunkte der USA und der NATO

Genauigkeit arbeitende System verfügt allein auf der nördlichen Erdhalbkugel über 25 Sendestellen, die 35 Prozent der Erdoberfläche erfassen.

Seitdem strategische Bombenflugzeuge existieren und eine Spionageflugzeugarmada zur Verfügung steht, bauen die USA ihre elektronischen Späh- und Horchposten in der ganzen Welt immer intensiver aus. Die Nordflanke der NATO verfügt über besonders viel Militärelektronik. In Norwegen, Dänemark und Island aufgebaute Funknavigationssysteme vom Typ LORAN-C und OMEGA werden ständig durch das Nationale Sicherheitsamt und die CIA überwacht. Das OMEGA-Navigationssystem ist ein Allzweck-Allwetterverfahren mit großer Universalität. Es kann unter Wasser, auf dem Wasser und in der Luft angewendet werden. Die großen Reichweiten des Längstwellensystems erlauben ein Netz von 8 Stationen, die die gesamte Erdoberfläche abdecken können. OMEGA besitzt für den Gefechtseinsatz raketentragender U-Boote der USA und Großbritanniens, die in der Tauchlage Standortbestimmungen durchführen müssen, eine große Bedeutung.

Nicht umsonst nennt man Island das Land

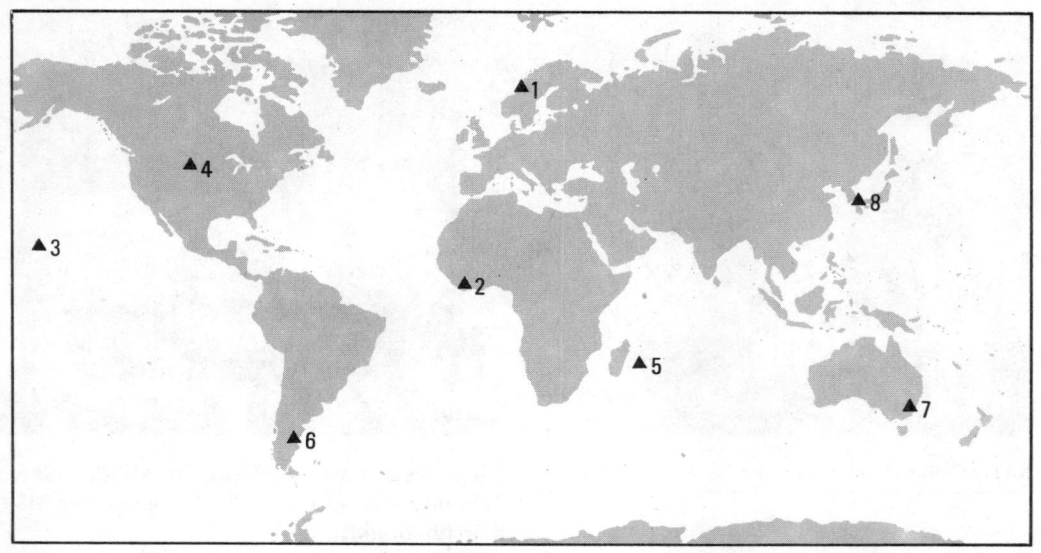

OMEGA-Funkortungssystem mit Betriebsfrequenzen
zwischen 10,2 und 13,6 Kilohertz
Standorte der OMEGA-Stationen:

1 Aldra/Norwegen	*5 Mafate/Reunion*
2 Painsword/Liberia	*6 Tralew/Argentinien*
3 Oahu/Hawaii	*7 Wudsait/Australien*
4 La Mur/USA	*8 Tsushima/Japan*

*OMEGA ist ein weltweites Hyperbelortungsverfahren
für Überwasser-, Unterwasser- (bis etwa 15 Meter
Tauchtiefe), Luft- und Landfahrzeuge. 8 über die
Erdoberfläche verteilte Bodenstationen strahlen auf
einen absoluten Zeitstandard bezogene Signale nach
einem Zeit- und Frequenzmultiplexverfahren zwischen
10 und 14 Kilohertz ab. Ein automatischer OMEGA-
Navigationsempfänger wertet die Phasendifferenzen
der von den Bodenstationen ankommenden Signale
aus und bestimmt den Standort des Fahrzeugs. Auf-
grund der großen Reichweite der Längstwellen stehen
in den meistbefahrenen Seegebieten mehr als zwei
Standlinien zur Verfügung, das erhöht die Genauigkeit
der Ortsbestimmung.*

von Feuer und Eis. Nur ein Hundertstel der
Inselfläche kann von Menschen bearbeitet
werden. Die übrige Fläche besteht aus Bergen, riesigen Eiszonen und Lavafelsen. In jedem Jahr gibt es Vulkanausbrüche. Die ein-
malige Natur, die sehenswerten Geiser und

Wasserfälle, die klaren Flüsse und Seen ziehen jährlich Tausende ausländischer Touri-
sten an. Und obwohl die kleine, erst 1944
ausgerufene Republik keinen einzigen Soldaten besitzt, sind dennoch Uniformen auf der
Insel zu sehen: Sie werden von USA-Solda-
ten getragen.

In Island kreuzen sich wichtige NATO-
strategische See- und Luftwege. Und 1949,
als das Land NATO-Mitglied wurde, waren
die USA sofort zur Stelle. Von Keflavik aus
starten ihre Orion-Flugzeuge, die zu einem
Unterwasserkontrollsystem im Nordatlantik
gehören. Auf der Nordwest-Halbinsel, im
Raum Isafjördur, steht eine Großraumradarstation der DEW-Line. Am Reykjanes-Kap
und am Stokknes-Kap arbeiten Radaranlagen, die ständig den Schiffs- und Flugzeug-
verkehr der sozialistischen Staaten im Nordatlantik überwachen. Weithin sichtbar leuch-
tet im Gebiet von Sandur der 200 Meter
hohe Sendemast einer LORAN-C-Station.
Dort überlappen sich die Sendestellen auf
den Färöer-Inseln, Jan Mayen, den Lofoten
und Sylt, der nördlichen Navigationskette im
Europäischen Nordmeer, mit der anschlie-

NATO-Großraumradarstation auf Island

ßenden Kette des nordatlantischen LORAN-C-Systems. Die Radarstationen zur See- und Luftraumkontrolle wurden hier entlang der gesamten Inselkette installiert. Die durch die Steilufer günstigen Antennenhöhen von mehreren 100 Metern gewährleisten große Auffassungsreichweiten.

Die nächste Inselgruppe, die im strategischen NATO-Dreieck Schottland—Island—Nordnorwegen liegt, sind die seit 1380 zu Dänemark gehörenden Färöer-Inseln. Hier siedelten sich irische Mönche an, die Schafe mitbrachten und für sie geeignete Weideplätze fanden. Mit den Schafen haben die 44 000 Färinger auch heute noch die wenigsten Sorgen. Mehr Kummer bereiten ihnen die NATO-Einrichtungen. Fährt man von dem einzigen färöischen Flugplatz, der während des zweiten Weltkriegs auf der Insel Vagø angelegt wurde, in die Hauptstadt Torshavn, erblickt man plötzlich auf einem steil aus dem Meer ragenden Basaltfelsen, dem Sornfelli, schneeweiße runde Kugeln, unter denen sich Antennen verbergen, und daneben graue, gewölbte Antennenschalen. Hier ist die östlichste Großraumradarstation der DEW-Line, gekoppelt mit einer Leitzentrale.

Nicht weit davon entfernt, in Mjörkadalur, befindet sich ein von den USA genutzter Militärstützpunkt.

Norwegen ist mit der Sowjetunion durch eine 200 Kilometer lange gemeinsame Grenze verbunden. Zu den vielen militärischen Einrichtungen, die entlang der Grenze sowie von Süd- bis Nordnorwegen zu finden sind, gehören umfangreiche elektronische Anlagen. Neben der Station des nordatlantischen LORAN-C-Systems steht in Aldra in Nordnorwegen ein Sender des Funknavigationssystems OMEGA. Bei Narvik befindet sich ein Längstwellensender der NATO, der mit leistungsstarken Stationen in Jim Crique und Cutler in den USA zusammenarbeitet und der Gefechtsführung konventioneller und raketentragender Unterwasserschiffe dient. Eine gut gesicherte Großraumraketenradarstation hat ihren Standort in der Nähe der kleinen Siedlung Fauske. Nordnorwegen, insbesondere der Raum um Kirkenes, ist der Standort mehrerer funktechnischer Anlagen zur Überwachung der sowjetischen Kola-Halbinsel. Die Flugplätze an der Grenze zur Sowjetunion, besonders der von Bodö, sind für Starts und Landungen von Höhenspähflugzeugen ausgerüstet.

Die sich nach Norden über den 80. Breitengrad erstreckende Inselgruppe Spitzber-

Radarstation mit 25-Meter-Parabolantenne zur Satelliten- und Raketenbahnverfolgung

gen (Svalbard) liegt 1 000 Kilometer vom Nordpol entfernt. Eigentlich sollte das Territorium militärisch nicht genutzt werden. Am 9. Januar 1951 beschloß jedoch die norwegische Regierung, Spitzbergen in den NATO-Befehlsbereich Nordeuropa einzugliedern. In der Nähe der ehemaligen Grubensiedlung Ny Aalesund entstand dann in den siebziger Jahren eine Satelliten- und Großraumradarstation.

Jan Mayen, ebenfalls arktischer Außenbesitz Norwegens, ist eine unbewohnte Insel auf dem 71. Breitengrad. Weithin sichtbar strecken sich auch hier die Antennen der LORAN-C-Station und einer Großraumradarstation der USA in den Himmel. Das Personal wird einmal im Jahr abgelöst.

An der britischen Südostseite, an der Mündung des Flusses Ore in die Nordsee, liegt Kap Orford Ness. In der fruchtbaren Landschaft ragt ein mächtiger Antennenwald empor. Als Monteure und Ingenieure mit dem Bau von Gebäuden, Antennenmasten und Trafostationen begannen, meldete die britische Presse, daß es sich hier um ein Forschungszentrum der RAF zur Untersuchung elektromagnetischer Wellen handele. 1971 stellte sich heraus, daß in dem Sperrgebiet US-amerikanische Spezialisten des NSA arbeiten. Dabei ist Orford Ness nur eine von 200 Spionagezentralen, die das NSA in aller Welt unterhält und die zur Überwachung und zum Abhören des Funkverkehrs der Sowjetunion, anderer sozialistischer Staaten, aber auch neutraler und verbündeter Staaten eingerichtet wurden. 1973 errichtete das Pentagon in Browdy an der britischen Westküste eine weitere elektronische Abhörzentrale. Auch bei diesem Objekt hielt die Tarnung als ozeanographisches Forschungsinstitut nicht lange an.

Die Shetland-Inseln, eine schottische Inselgruppe im nördlichen Nordseeausgang, besitzen von jeher in der britischen Marinepolitik einen besonderen Stellenwert. Als Eckpunkt der Engen zwischen der Inselgruppe und Bergen (Norwegen), Nordschottland sowie den Färöer sind die Shetlands zugleich Kontrollpunkt zur Nordsee, zur Norwegischen See und zum Nordatlantik. Die stark zerklüfteten größten Inseln Mainland, Yell und Unst tragen kahle oder mit Torf bedeckte Bergrücken. An den Küsten fallen Felsenklippen steil in das Meer ab. Durch ihre um 280 Kilometer von der Küste Nordschottlands nach Norden vorgeschobene Lage bilden die Inseln einen wichtigen Abschnitt im britischen Luftüberwachungssystem. Das beweisen Antennen im Norden der Insel Unst und auf dem fast 300 Meter hohen Saxa Ford, die zu Radarstationen gehören.

Die Kette der elektronischen Späh-, Horch- und Führungstechnik der USA und der NATO setzt sich in Mitteleuropa fort. Im Bayerischen Wald, an der Grenze zur ČSSR liegt der 1 457 Meter hohe Große Arber. Auf ihm wurde ein großes elektronisches Spionagezentrum der NATO mit Blickrichtung Osten installiert. Die US Air Force besitzt in der BRD zwischen dem Holsteinischen Neustadt bis in die Nähe des Ortes Naila im Frankenwald in unmittelbarer Nähe der DDR-Staatsgrenze fünf Aufklärungsstützpunkte. Umfassende elektronische Überwachungs-, Kontroll- und Peiltechnik setzt die US Navy von Flensburg, Kiel und Neustadt in Holstein ein, um die elektromagnetischen Aktivitäten der sozialistischen Ostseeflotten zu kontrollieren. Damit die USA-Armee nicht zu kurz wegkommt, hat sie ihre Technik in Kornberg, Markleuthen und am Schneeberg, jeweils an den Staatsgrenzen zur DDR und zur ČSSR, plaziert.

Das Nationale Sicherheitsamt der USA verfügt zusätzlich zu seinen schwimmenden und fliegenden Aufklärungsposten neben dem Westberliner «Teufelsberg», dem britischen Orford Ness und dem Oberharzer Wurmberg noch beim bayerischen Gablingen, nördlich von Augsburg, über ein viertes «Riesenohr». In enger Zusammenarbeit mit der CIA und den nationalen militärischen Geheimdiensten überwachen hier Nachrichtenspezialisten weltweit den Satelliten- und militärischen Funkverkehr, analysieren Signale von Raketen, Kampfschiffen, Flugzeugen und Panzern, entschlüsseln und vergleichen Meldungen und Mitteilungen. Alle aufgenommenen Informationen gelangen auf kürzestem Wege zum USA-Bundesstaat Maryland, in die Computer des Forts ›George G. Meade. Dort werden sie bearbeitet und zum Pentagon weitergeleitet. Das Kriegsministerium benutzt die Daten, um in Verbindung mit anderen Spionageangaben die aggressive Einsatzplanung seiner Teilstreitkräfte vorzubereiten. Schilder mit «Prohibited Area» lassen sich auch in zahlreichen anderen Ländern finden.

Im Süden Europas ist Sizilien ein unversenkbarer Flugzeugträger der USA und der NATO. Die Insel ist mit Waffenlagern, Übungsplätzen und Luftstützpunkten geradezu gespickt. Eine Radarstation steht unweit der Kleinstadt Noto. Eine zweite, zu der nur USA-Personal Zutritt hat, auf dem Hügel Cuddia Attalora. Schließlich ist in Gelcamare noch eine Seeraumüberwachungsstation der NATO zu finden. Drei Jahre lang bemühte sie die NATO um die italienische Insel Pantelleria in der Straße von Sizilien. Dann konnte man dort einen großen Luftstützpunkt und einen elektronischen Horchposten errichten. Weitere Radarstationen erfassen den Luftraum über dem Mittelmeer bis nach Nordafrika. Gleichzeitig entstand eine Funkstelle zur Datenübertragung von und an USA-Spionagesatelliten. Die auf dem Berg Foia am Kap Sao Vicente in Südportugal befindliche Erdefunkstelle des Systems NATO-SATCOM verbindet Portugal direkt mit dem Hauptquartier in Brüssel.

Griechenland, das Land auf dem südlichsten Teil der Balkanhalbinsel, beherbergt ebenfalls Militärobjekte der USA. Vom Radarzentrum auf dem USA-Stützpunkt Gournes, unweit von Herakleion auf Kreta, werden vor allem sowjetische Schiffsbewegungen und der Luftraum im östlichen Mittelmeer kontrolliert. Neo Makria liegt 50 Kilometer von Athen entfernt in nördlicher Richtung. Von hier aus wird der Balkan überwacht. Auf Zypern, nur 600 Kilometer von Kreta entfernt, befindet sich der nächste elektronische Spionagestützpunkt der USA. Die Station in Lefniko, unweit von Famagusta, klärt vom Nahen Osten bis nach Bulgarien und zu den Südgrenzen der Sowjetunion in allen Wellenbereichen auf. In der US-amerikanischen Botschaft in Nikosia befindet sich eine mit drei großen Antennenfeldern arbeitende Funkspionagezentrale der USA, die größte im Nahen Osten.

Durch ihre geographische Lage nimmt die Türkei in der USA-Stützpunktstrategie eine exponierte Stellung ein. Von allen NATO-Ländern haben nur sie und Norwegen gemeinsame Grenzen mit der Sowjetunion. Das wird weidlich ausgenützt. Vom Territorium der Türkei aus arbeiten Dutzende von Radar-, Funk- und Funknavigationsstationen. Die bereits in den fünfziger Jahren im Pontischen Gebirge und auf der Suche nach den Resten der Arche Noah im Ararat errichteten Radarstationen bestehen, inzwischen modernisiert, noch heute. Zwei umfassend ausgebaute elektronische Spionageposten befinden sich in Sinop und Pirinclik. Vierzehn Radarstationen sind Bestandteil des NATO-Luftwarnsystems NADGE. Wie in Norwegen bestehen auch von der Türkei aus militärische Troposphärenfunkverbindungen innerhalb des ACE-High-Troposperic-Scatter-Systems zum NATO-Oberbefehlshaber Europa im belgischen Casteau. Auf dem Flugplatz nördlich von Konya stehen 3 AWACS-Flugzeuge in ständiger Startbereitschaft.

Mit zahlreichen Stützpunkten im Fernen Osten schließt sich das USA-Spinnennetz um die Sowjetunion und andere sozialistische Länder. Yokosuka in Japan, dort sitzt der Stab der 7. US-Flotte, besitzt zahlreiche Antennen für strategische und taktische Nachrichtenverbindungen. Die Basis Camp Zama, auf halbem Wege zwischen Yokosuka und Yokota, nahm den Stab der USA-Landstreitkräfte in Japan und ebenso eine Erdefunkstelle des Regierungsnachrichtensatellitensystems DSCS auf. Okinawa mit seinem Strand ist ein Tourismusziel der Japaner. Ohne Zweifel hat Okinawa dafür günstige Voraussetzungen; saubere Luft und klares Wasser, blendend weißer Sand. Aber der Gast stößt auf Schritt und Tritt auch auf Stacheldrahtzäune und Verbotsschilder. Okinawa spielt eine wichtige Rolle in der Globalstrategie des Pentagon, da sich im weiteren Umfeld der Insel sowohl Taiwan, die koreanische Halbinsel, die Philippinen als auch Teile des chinesischen Festlandes befinden. Und so haben die USA im Paradies auf Erden 30 000 Mann stationiert. Von der Luftwaffenbasis Kadana können SR-71 Höhenspähflugzeuge starten, die über dem Pazifik Treibstoff nachtanken und dann, die Manöver «Team Spirit» beweisen es, in den Luftraum der KDVR und anderer Länder Asiens eindringen. In Kadana arbeitet auch das Nachrichtensystem HF-SSB, das B-52-Piloten den Befehl des USA-Präsidenten zu Kernwaffenschlägen übermitteln kann.

Selbst Australien und der Indik wurden im Stützpunktnetz der USA nicht vergessen. Nicht nur, daß eine Reihe von Forschungseinrichtungen auf dem kleinsten Kontinent die USA bei der Entwicklung von Weltraumwaffen unterstützen, gleichzeitig werden auch USA-Stützpunkte wie Pine Gap bei Alice Springs im Herzen Australiens genutzt, um mit riesigen Antennen Funksignale der USA-Spionagesatelliten aufzufangen und sowjetische Raketentests zu beobachten. Offiziell untersteht Pine Gap einer gemeinsamen amerikanisch-australischen Leitung, und etwa die Hälfte der 500 Mitarbeiter sind auch Australier. Ein ehemaliger CIA-Vizedirektor ließ dennoch inoffiziell verlauten, die USA hätten Australien niemals Informationen aus Pine Gap zukommen lassen. Daran hat sich bis heute nichts geändert. Fünfhundert Kilometer nordwestlich von Adelaide liegt der Stützpunkt Nurrungar, der ebenfalls Spionagefunktionen erfüllt. Die dort beschäftigten 200 USA-Spezialisten leiten die von Satelliten überspielten Informationen unverzüglich an den Stab des SAC in Omaha, Bundesstaat Nebraska, weiter. Ein Längstwellensender auf North West Cape dient, gekoppelt mit einer OMEGA-Bodenstation bei Wudsait, der Gefechtsführung kernkraftgetriebener, raketentragender Unterwasserschiffe der US Navy vom Westpazifik bis zum Arabischen Meer. Außerdem kontrolliert diese Kommunikationszentrale den Einsatz ballistischer Raketen mit Kernsprengköpfen. Ein weiteres Zentrum befindet sich im Raum Canberra. In der US-amerikanischen Botschaft in Sidney hat sich eine NSA-Zentrale einquartiert, die Funkspionage auf diesem Kontinent durchführt.

Wegen seiner hohen strategischen und ökonomischen Bedeutung erklärte Washington den Indik zur Zone seiner Lebensinteressen. Die USA richteten in diesem Gebiet rund 30 Militärstützpunkte ein und kontrollieren seit 1981 alle Flugzeug- und Schiffsbewegungen mit Spionagesatelliten. Größter Stützpunkt der US Navy und der Air Force wurde die zu Mauritius gehörende Insel Diego Garcia. Noch bevor Mauritius unabhängig wurde, trennte Großbritannien die Insel ab und verpachtete Diego Garcia bis zum Jahre 2016 an die USA. Die Inselbewohner siedelte man nach Mauritius um. Um den militärischen Ausbau der Insel vor der Weltöffentlichkeit zu verbergen, gingen die USA schnell daran, eine Funkstation für den zivilen Flugverkehr zu errichten. In Wirklichkeit aber, um den gesamten Funkverkehr in der Region zu überwachen. 1973 kam eine Funknachrichtenzentrale der US Navy hinzu. Diego Garcia kann Flugzeugträger, Atom-U-Boote und strategische B-52-Bomber aufnehmen. Weitere Auslandsstützpunkte wurden den USA in Somalia, Kenia und Oman überlassen.

Inzwischen besitzen die USA ein Netz von 1 500 Militärstützpunkten und elektronischen Spionageobjekten in 32 Staaten auf 6 Kontinenten, die sich spinnenartig um den Erdball ziehen. Von den Flugplätzen starten ständig Spionageflugzeuge.

Höhenspäher auf Gefechtskurs

Seit der zweiten Hälfte der siebziger Jahre versuchen führende Kreise der USA, neue wissenschaftlich-technische Erkenntnisse für ihre alten Ziele zu mißbrauchen. Die militärische Hochrüstung soll endgültig eine Überlegenheit in der nuklearen und konventionellen Ausrüstung und Bewaffnung schaffen. Nutznießer dieser Hochrüstung sind die großen Rüstungskonzerne, deren Rüstungsprofite zwei- bis dreimal so hoch sind wie in anderen Bereichen der Industrie. So buchten allein 1979 die Produzenten von Spionageflugzeugen wie die Lockheed Aircraft Corporation 1,52 und die Grumman Aerospace Corporation 1,18 Milliarden Dollar Gewinn für sich.

Das strategische Höhenspähflugzeug SR-71 ist eine Weiterentwicklung des Überschall-Abfangjagdflugzeugs YF-12A und diesem weitgehend ähnlich. Die Flugzeugbesatzung besteht aus dem Flugzeugführer und einem Operateur. Jeder ist für sich in einer getrennten Kabine untergebracht und mit einem Raumanzug bekleidet, den die USA-Astronauten bei ihren Gemini-Raumflügen erprobten. Der Operateur bedient nicht nur die komplizierte Elektronik, sondern ist auch Bordingenieur. In Havariesituationen ist er in der Lage, das Flugzeug zu führen; ein Bordlebensrettersystem sichert, daß sich die Besatzung in 24 000 Meter Höhe und bei dreifacher Schallgeschwindigkeit gefahrlos katapultieren kann. Zur Bordausrüstung des SR-71 gehören Radar, Luftbildkameras und Infrarotaufklärungsgeräte. Das strategische Einsatzkommando der US Air Force erhielt ungefähr 30 Flugzeuge dieses Typs, weitere Bestellungen gingen bald ein.

Durch den Sturz des Schahregimes und den damit verbundenen Verlust sämtlicher USA-Stützpunkte im Iran entstanden für das Nationale Sicherheitsamt einige Probleme. In

Höhenspähflugzeuge der USA und der NATO

Kabkan ging so eine moderne elektronische Spionagestation verloren. Ein weiterer aufgegebener Stützpunkt des 'Nationalen Sicherheitsamtes befand sich in Behschahr am Kaspischen Meer, nordöstlich von Teheran. Er war nicht viel schlechter als der in Kabkan ausgerüstet. Auch über ihn konnte man nicht mehr verfügen. Ein Ausweg sollte sich schnell finden. Dafür gab es die Höhenspäher SR-71. Flugplätze wurden ihnen in Nordnorwegen, Großbritannien und auf Zypern zur Verfügung gestellt. Nicht lange nachdem zwei SR-71 in Großbritannien stationiert waren, trafen weitere Maschinen auf der Insel ein: taktische Höhenspähflugzeuge des Typs TR-1. Ein Geschwader von 17 Einheiten verlegte aus den USA zum Luftstützpunkt Alcenbury in der Grafschaft Cambridgeshire. Der einsitzige und einmotorige, unbewaffnete Höhenspäher ist mit einem

nachtblauen Radarschutzanstrich versehen, um so den Radarwellen zu entgehen.

Der im Rahmen der Hochrüstung entwickelte teuerste elektronische Höhenspäher der USA, der Aufklärungs- und Führungsstelle in einem ist, stand, streng von der Militärpolizei bewacht, 1975 hinter einer Sichtblende auf dem USA-Luftstützpunkt Ramstein in der Pfalz. Er trug die Bezeichnung Testflugzeug E-3A/EC-137 D und war Bestandteil des AWACS-Systems. Das Flugzeug besaß als äußeres Kennzeichen einen pilzartigen Aufbau, einen Radom, mit einem Durchmesser von rund 9 Metern und einer Höhe von fast 2 Metern vor dem Seitenleitwerk. Das in Ramstein abgestellte Flugzeug hatte seine ersten Einsätze über dem BRD-Territorium und dem Ostsee-Raum hinter sich, und schon prahlte die «Frankfurter Allgemeine Zeitung» am 20. Dezember 1975: «Die elektronischen Augen können aus der normalen Arbeitshöhe des Systems weit in die Sowjetunion sehen. Ziele werden in jeder

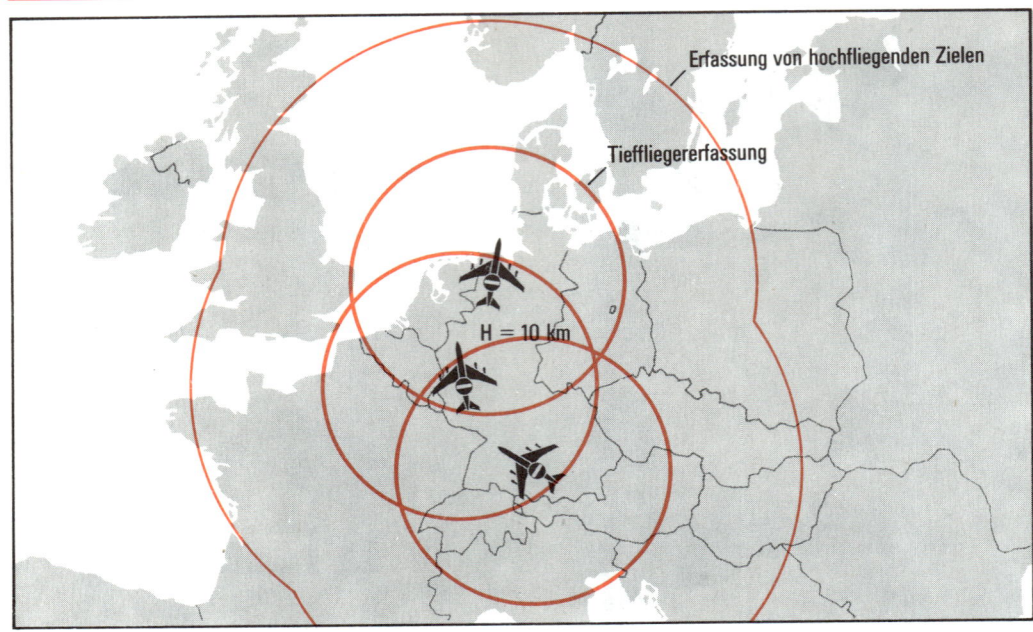

Erfassung von hochfliegenden Zielen

Tieffliegererfassung

H = 10 km

Auffassungszonen von AWACS-Flugzeugen

Höhe und bei jeder Geschwindigkeit erfaßt.» Für AWACS wurde verkündet, daß seine Aufgabe darin besteht, das NATO-System NADGE zu stärken und ein Unterfliegen des Bodenradars auszuschließen. Boeing plante, 34 AWACS-Maschinen an das SAC zu verkaufen, und 27 sollten die europäischen NATO-Staaten erwerben. Ganz im Sinne der Profitinteressen von Boeing erklärte der Oberste NATO-Befehlshaber Europa, General Haig, AWACS für unentbehrlich, und der Befehlshaber der US Air Force, Jones, stempelte AWACS zur größten Revolution seit der Einführung des Radar.

Insgesamt besteht das AWACS-System aus E-3A-Flugzeugen und aus Bodenstationen zur Zusammenarbeit mit dem Luftwarnsystem NADGE. Im Radom jedes Flugzeugs rotiert eine langsamdrehende Antenne, die einer Radaranlage mit einer Impulsleistung von einem Megawatt zugeordnet ist. Die aufgefangenen Zielimpulse gelangen zu einem Bordcomputer und nach ihrer Verarbeitung mit eigenen Flugwerten auf eine Displaydarstellung zur Zielanzeige. Der Computer kann außerdem Jagdflugzeugeinsätze leiten, mehrere AWACS-Maschinen zusammenarbeiten lassen und Informationen des NADGE-Systems mit einbeziehen. Funkverbindungen in verschiedenen Frequenzen sollen verschlüsselte Übertragungen zur Bodenführungsstelle garantieren. Bei einer Flughöhe von 9 000 Metern erfaßt das Bordradar Luftziele in geringen Höhen auf rund 500, in mittleren Höhen auf 700 Kilometer Entfernung. Da die Flugzeuge in der Luft nachtanken, können sie ununterbrochen eingesetzt werden.

Anfang 1978 begannen im Brüsseler NATO-Hauptquartier die Vorbereitungen von AWACS. Noch im selben Jahr beschlossen die NATO-Verteidigungsminister, bis 1982 das AWACS-System mit 18 Flugzeugen einzuführen. 1979 landete die erste

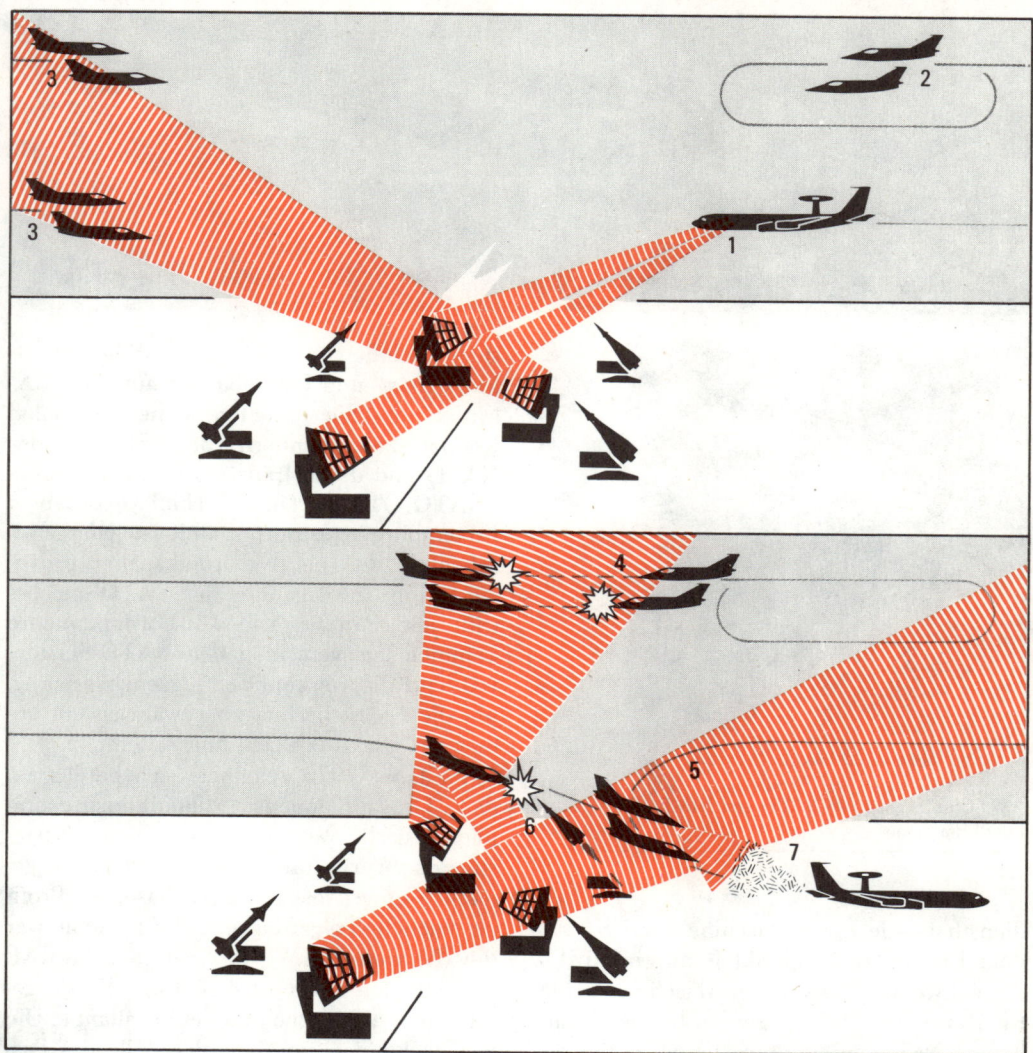

Einsatzkonzeption für AWACS-Flugzeuge

1 AWACS-Flugzeug fliegt in die Auffassungszone der gegnerischen Funkmeßstationen und stört diese

2 Jagdflugzeuge decken die Handlungen des AWACS-Flugzeugs

3 gegnerische Jagdflugzeuge nähern sich dem AWACS-Flugzeug und den Deckungskräften

4 Deckungskräfte führen Luftkampf mit einem Teil der gegnerischen Jagdflugzeuge

5 AWACS-Flugzeug kurvt ab und verläßt die Auffassungszone der gegnerischen Funkmeßstationen

6 gegen die verfolgenden gegnerischen Jagdflugzeuge werden Fla-Raketen eingesetzt

7 AWACS-Flugzeug stört die Bordfunkmeßstationen weiterer gegnerischer Jagdflugzeuge und setzt Abwehrmittel gegen infrarotgelenkte Luft-Luft-Raketen ein

AWACS-Flugzeug der NATO und NIMROD-Flugzeug Großbritanniens

diensthabende E-3A-Maschine der USA auf dem Luftwaffenstützpunkt Ramstein (BRD), der zeitweilige Basis dieser Maschine wurde. Im Dezember 1980 waren es bereits 4 Einheiten. Nachdem sie dem Hauptquartier der Alliierten Luftstreitkräfte Europa Mitte unterstellt waren, unternahmen sie täglich 15 Stunden Spionageflüge entlang der Seegrenze zur Volksrepublik Polen und an den Staatsgrenzen zur DDR und zur ČSSR. Dann sollte diese Aufgabe generell von der NATO übernommen werden. Dazu baute man im Januar 1981 im zukünftigen Standort der NATO-AWACS-Flugzeuge, in Geilenkirchen, nördlich von Aachen, mit einem Ko-

stenaufwand von über 200 Millionen D-Mark Start- und Landebahnen für 18 E-3A-Maschinen. Sie erhielten keine nationalen Kennzeichen, sondern das Symbol der NATO und deren französische Bezeichnung «NATO OTAN». Die Maschinen wurden in Luxemburg registriert. Damit ist jeder Zwischenfall, den ein Elektronikspäher provoziert, eine Angelegenheit der NATO und betrifft alle Partner. Die 13 Bordoperateure kommen aus verschiedenen NATO-Staaten, während die vierköpfige Flugzeugbesatzung, um die Flugsicherheit zu gewährleisten, immer aus einem NATO-Land stammt.

Im Jahre 1975 zeichnete sich bereits ab, daß Großbritanniens Militärindustriekomplex bestrebt war, mit einem eigenen luftgestützten Warn- und Kontrollsystem — genannt «Long Nose» (Lange Nase) —, Profit zu machen. Trägerflugzeug des Systems war die «Nimrod» AEW Mk 3, von der die RAF 11 Einheiten in Dienst stellen will. Einsatzgebiete sind die Ostsee und der Ostatlantik. Die Konstruktion besteht aus der Zelle des Passagierflugzeugs De Havilland DH-106 «Comet 4C», Rumpfbug und -heck wurden für die elektronischen Geräte durch sogenannte Rotodome verlängert. Die Briten überließen es der NATO, ihr AWACS-System an die «Long Nose» anzupassen.

Die vollständige AWACS-Flotte der NATO soll somit 18 E-3A und 11 «Nimrod»-AEW-Mk-3-Flugzeuge umfassen. Sie wird strukturmäßig von einem USA-General

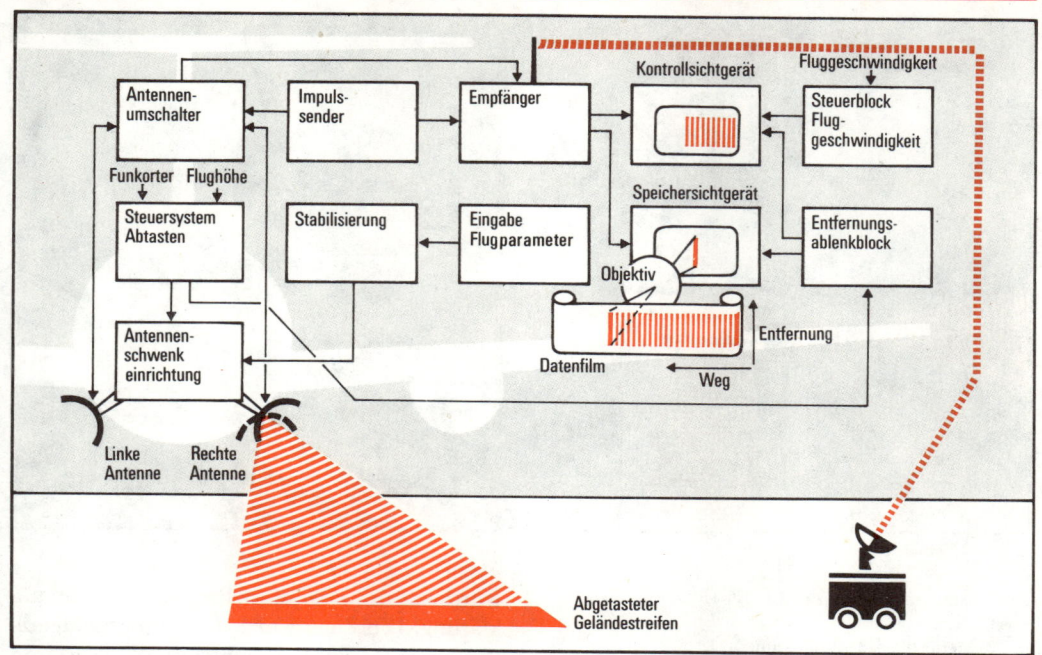

Prinzipieller Aufbau einer Seitensichtradarstation
(SLAR) mit Längsantennen

In the diagram:
- Antennen-umschalter
- Impuls-sender
- Empfänger
- Kontrollsichtgerät
- Fluggeschwindigkeit
- Steuerblock Flug-geschwindigkeit
- Funkorter
- Flughöhe
- Speichersichtgerät
- Steuersystem Abtasten
- Stabilisierung
- Eingabe Flugparameter
- Entfernungs-ablenkblock
- Objektiv
- Antennen-schwenk einrichtung
- Datenfilm
- Entfernung
- Weg
- Linke Antenne
- Rechte Antenne
- Abgetasteter Geländestreifen

befehligt und untersteht dem Obersten Befehlshaber Europa der NATO. Ein enges Zusammenwirken der AWACS-Flugzeuge mit den Höhenspähern SR-71 und TR-1 ist nicht nur geplant, sondern wird bereits praktiziert.

AWACS-Flugzeuge tauchten nicht nur in Europa auf. Seit dem Frühjahr 1980 starten sie von Stützpunkten im Nahen Osten zu Spionageflügen in den Regionen des Persischen Golfs und des Indischen Ozeans. Gleichzeitig verfolgen USA-Militärs damit das Ziel, die Trägerflugzeugbesatzungen über das AWACS-System zu trainieren.

Das luftgestützte Warn- und Kontrollsystem hat aber auch einige Nachteile, die jedoch kaum Erwähnung finden. Zum einen werden anfliegende «gegnerische» Flugzeuge oft nicht erkannt, zum anderen sind die

AWACS-Flugzeuge mit Geschwindigkeiten von 600 bis 900 Kilometern je Stunde relativ langsam und müssen zusätzlich mit Jagdflugzeugen geschützt werden.

Seitensicht mit neuer Sicht

Die NATO-Führung war immer bestrebt, die Spionageflüge ihrer Höhenspäher für große, mittlere und geringe Einsatzentfernungen unter Anwendung neuester technischer Erfindungen so effektiv wie möglich durchzuführen. Mit einem Jubelschrei verkündete die «Welt am Sonntag» im Dezember 1970 ihren Lesern, daß es nunmehr gelungen sei, das Aufklärungsgeschwader 51 der Bundeswehr in Breisgau/Bremgarten mit Maschinen vom Typ RF-4E «Phantom II» auszurüsten. Mit der an Bord installierten neuen SLAR-Technik könne man bis zu 600 Kilometer

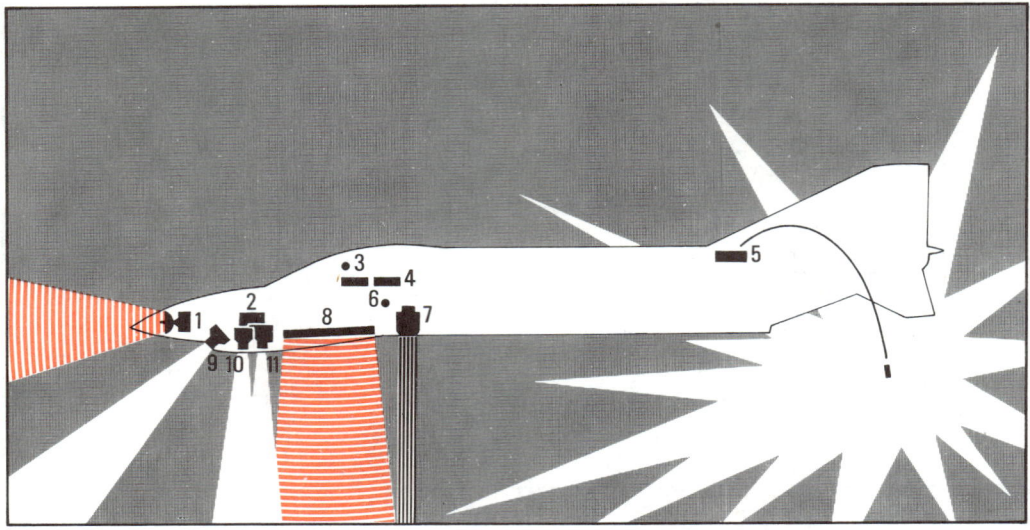

Aufklärungsausrüstung der RF-4E «Phantom II»
1. Voraussichtradar
2. Steuerblock Luftbildkameras
3. optisches Visier für seitliche Panoramaaufnahmen
4. Seitensichtradar (SLAR)
5. Auswurf für Blitzlichtpatronen
6. Blitzlichtdetektor
7. Infrarotaufklärungsgerät
8. Antennen des Seitensichtradars
9, 11 Luftbildaufnahmekameras

hinter den «Eisernen Vorhang» hineinfotografieren, ohne den NATO-Luftraum auch nur einen Meter verlassen zu müssen. Obwohl die genannte Einsatztiefe anzweifelbar ist, erhielten die BRD-Fliegerkräfte durch Seitensichtradar neue technische Möglichkeiten, gemeinsam mit der US Air Force um elektronische Spionageergebnisse zu wetteifern. Ungeachtet ihrer positiven Eigenschaften, zu beliebiger Tageszeit und auch bei Regen, Nebel und Schnee arbeiten zu können, brachten Bordradargeräte, also Flugzeugfunkmeßstationen mit Front- oder Voraussicht, die für den Bombenwurf und die Navigation seit dem zweiten Weltkrieg verwendet wurden, nur eine unbefriedigende Luftaufklärung. Die Ziele wurden auf den Sichtgeräten immer nur als leuchtende Punkte, und nie in ihren Umrissen abgebildet. Einzelheiten bestimmter Objekte konnten wesentlich schlechter erkannt werden, als das mit einem Fernglas möglich wäre.

Anfang der sechziger Jahre wurden die Seitensichtradargeräte international bekannt. Ihre Antennen befestigte man starr parallel zur Längsachse des Flugzeugrumpfes. Die Erd- und Wasseroberfläche wurde während der geradlinigen Bewegung des Flugzeugs erfaßt; dabei konnte auf einer oder auf beiden Seiten der Maschinen mit elektromagnetischen Wellen ein Streifen abgesucht werden, dessen Breite von der Auffassungsreichweite des Seitensichtradars abhing. Das Gerät nahm größere Bodenziele wie Flugplätze, Schiffsliegeplätze, Straßen und Brücken auf. Das Bodenbild eines Geländes unterschied sich jedoch in mehrfacher Hinsicht von einer gewöhnlichen Fotografie. Besonders fiel auf, daß die Perspektive fehlte und die Bildauflösung von der Entfernung unabhängig war. Das Bild war dem einer Landkarte ähnlich,

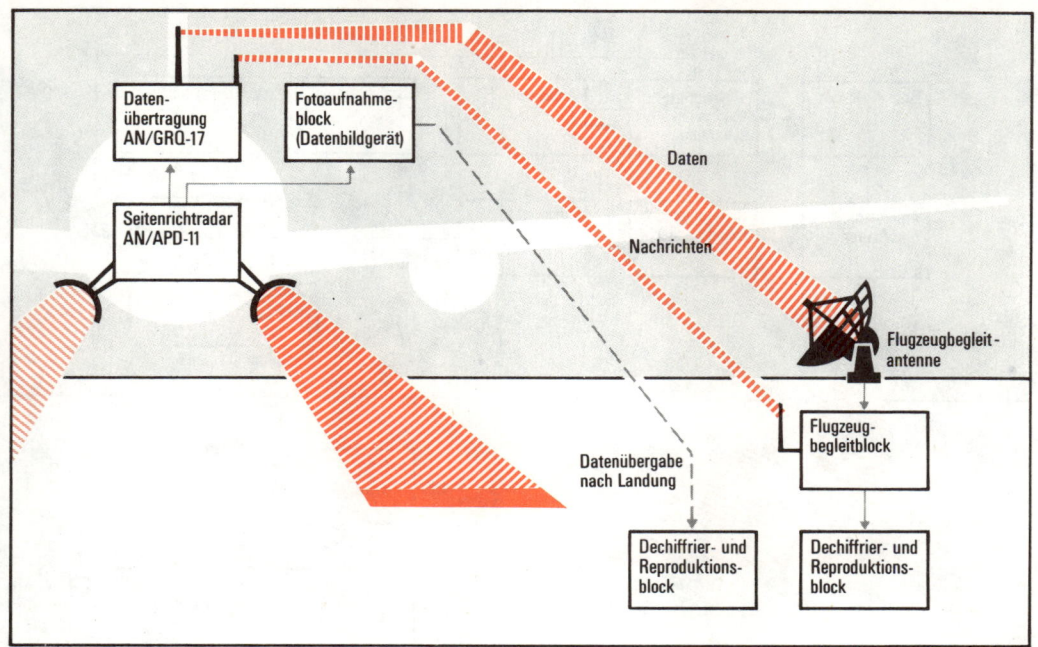

Prinzipieller Aufbau des Seitensichtradarkomplexes
AN/UPD-6 der RF-4E «Phantom II»

obwohl am abgebildeten Gelände nur seitlich entlanggeflogen wurde. Das Seitensichtradar gestattete unter bestimmten Bedingungen das unmittelbare Überspielen der Aufklärungsdaten, die Zieldarstellungen mit ihren Silhouetten umfassen, zu einer Bodenstation. Diese Informationen wurden als Vorstufe auf einem Datenfilm gespeichert, aus dem ein Kartenfilm entstand. Nachteilig ist bei SLAR, daß bei Flughöhen unter 500 Metern durch die Erdkrümmung kein hochwertiger Kartenfilm entsteht. Außerdem kann mit SLAR jedes Ziel, ob es eine Straße, eine Brücke, ein Schiff oder eine Truppenkonzentration ist — beim seitlichen Vorbeiflug nur einmal erfaßt werden. Dabei werden manche Ziele nicht erkannt.

Das «Phantom»-Flugzeug der BRD-Flie-gerkräfte durchlief Anfang der achtziger Jahre bei dem BRD-Konzern Messerschmidt-Bölkow-Blohm AG (MBB), deren Rüstungsanteil am Gesamtumsatz 63 Prozent beträgt, eine Modernisierung und wurde danach den Aufklärungsgeschwadern 51 und 52 zugeführt. Waren die RF-4E vorher unbewaffnet, so erhielten sie neben neuer Elektronik Aufhängevorrichtungen für Bombenlasten bis zu 2,5 Tonnen, eine Waffenleitanlage und eine automatische Waffenauslösungseinrichtung. Damit wurde dieser Flugzeugtyp in einer Doppelrolle als Höhenspäher und Jagdbombenflugzeug einsetzbar. Mit der Foto- und elektronischen Ausrüstung lassen sich Weitwinkelluftbild-, SLAR-, Voraussicht-, Infrarot- und fotooptische Aufnahmen anfertigen. Die eingebaute SLAR-Technik wird sowohl in großen als auch in geringen Höhen verwendet. Für den Einsatz in geringen Höhen liegt ein Antennenpaar im Flugzeugrumpf, für große Höhen wird ein Anten-

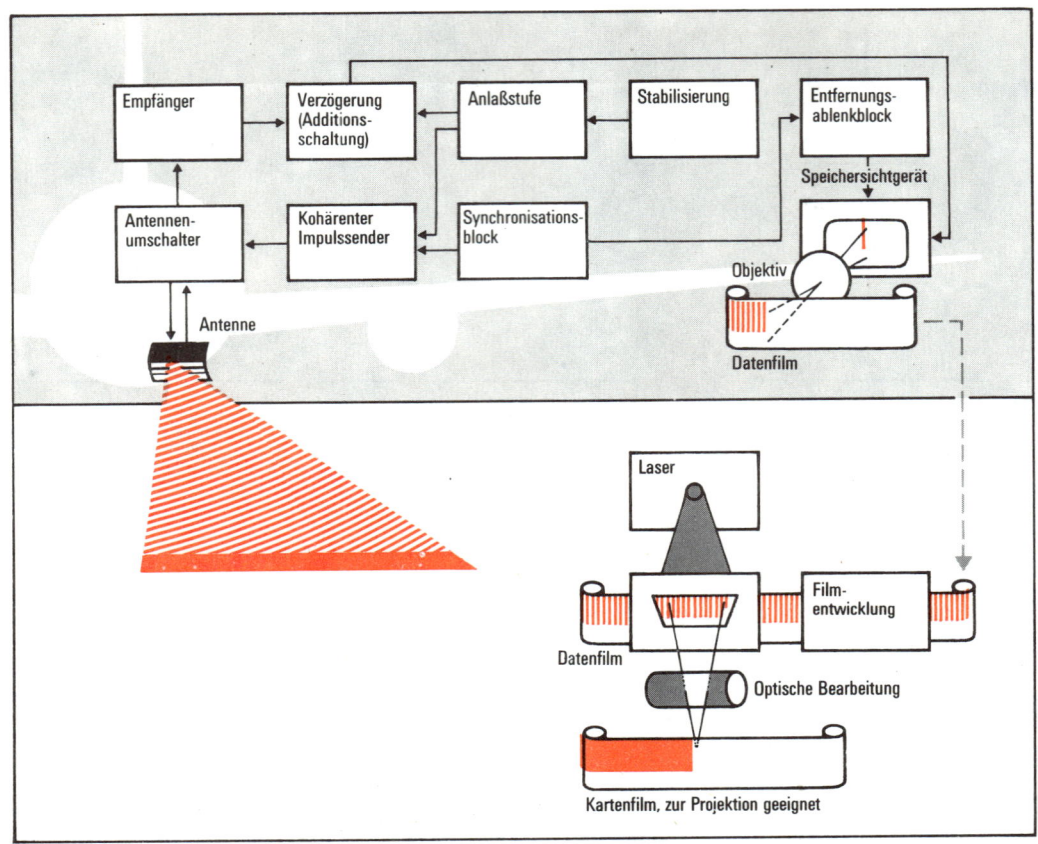

Prinzipieller Aufbau einer Seitensichtradarstation (SLAR) mit synthetischer Antenne

nenpaar in Außencontainern mitgeführt. Während des Fluges wird ein Datenfilm angefertigt, an eine Bodenstation weitergegeben und dort zum Kartenfilm verarbeitet. Die Bodenstation verfolgt dabei mit den Parabolantennen ihres Radars den genauen Flug des Höhenspähers. Das gewährleistet ständig, die überspielten Daten dem jeweiligen Flugzeugstandort zuzuordnen. Beim Flug der RF-4E in sehr geringen Höhen oder bei größeren Entfernungen zur Bodenstation kann eine Datenfernübertragung nicht eingesetzt wer-

den, da das die verwendete Ultrakurzwellenverbindung nicht zuläßt. Meist wird dann nach der Flugzeuglandung der Datenfilm bearbeitet, das wiederum verzögert eine schnelle Auswertung. Im Vergleich werden zur Infrarot- und Fotoaufklärung 15 bis 105 Minuten benötigt, der SLAR-Datenfilm erfordert nach der Flugzeuglandung 125 bis 180 Minuten Auswertezeit.

Die Seitensicht bleibt auch weiterhin aktuell. Die NATO-Elektroniker sollen effektivere Auswertedisplays direkt an Bord der verschiedenen Höhenspäher einbauen und eine störungsfreie Datenfernübertragung in Echtzeit sowie eine größere Aufklärungstiefe garantieren.

Tests ergaben, daß bei Seitensichtradar die Antennenausmaße und damit die Silhouetten-Zieldarstellung mit einer sogenannten synthetischen, also künstlichen Antenne um ein Vielfaches verbessert werden können. Bei dieser Antenne wird die konstante geradlinige Bewegung des Flugzeugs in das Antennendiagramm mit einbezogen. Die Ausmaße einer synthetischen Antenne können dann die Flugzeugmaße um ein Vielfaches überschreiten.

Nicht zuletzt fordern die NATO-Militärs, die SLAR-Technik verschiedener Varianten in einem einheitlichen Luftkontroll- und -überwachungssystem zusammenzufassen, das dann in der Lage ist, unverzüglich den Datenfilm von beliebigen SLAR-Flugzeugen, unabhängig von ihrer nationalen Zugehörigkeit, an Boden-, Luft- und Schiffsführungsstellen aller NATO-Teilstreitkräfte zu übertragen.

Neben der Entwicklung und Einführung moderner elektronischer Technik für boden- und luftgestützte Kontrolle, Überwachung und Einsatzleitung wird durch die USA auch der Weltraum für die elektronische Hochrüstung erschlossen. Das Vorspiel zur Weltraumrüstung liegt bereits viele Jahre zurück.

Das Damoklesschwert im Weltraum

Es war an einem Abend im Juli 1962, als sich über Hawaii urplötzlich eine tiefe Finsternis ausbreitete. Die Stromversorgung fiel aus, die Beleuchtung in den Straßen, Wohnhäusern und Gaststätten erlosch. In den Banken und Hotels schaltete die fehlende Elektrizität Alarmanlagen ein. Ihr durchdringendes Sirenengeheul alarmierte eine ratlose Polizei. Bestürzung, Verwirrung, Panik breiteten sich unter der Bevölkerung aus. Man vermutete eine Naturkatastrophe. Schuld aber hatte das Pentagon. An jenem Tag war im Stillen Ozean vor Johnstone Island eine Rakete mit einer Kernladung an Bord in den Kosmos gestartet. Durch ein Funksignal erfolgte in großer Höhe ihre Zündung. Zugleich mit einem riesigen Feuerball entstand ein nuklear-elektromagnetischer Impuls, der die über 1 000 Kilometer bis Hawaii blitzartig zurücklegte, elektrotechnische Einrichtungen zerstörte oder für längere Zeit außer Betrieb setzte. Der Versuch war das Ergebnis einer stürmischen Diskussion, die zu Beginn der sechziger Jahre im Kreis führender Militärs der USA zu einem kosmischen Antiraketensystem geführt wurde. Diese Diskussion hatte ihre eigene Geschichte.

Nach der Zerschlagung des Faschismus forschten die führenden Raketenfachleute Hitlerdeutschlands, darunter Wernher von Braun, Walter Dornberger, Arthur Rudolph, mit einemmal in den USA. Sie führten ihre Arbeiten an Raketenprojekten weiter fort. Schon 1952 schlug Wernher von Braun vor, eine Raumstation zu errichten. Er machte auch ausdrücklich darauf aufmerksam, daß sie als Träger von ferngelenkten Kampfraketen mit Kernladungen zu nutzen sei. In einer Pressemitteilung des Pentagon hieß es: «Die schon 1949 bekanntgegebenen Forschungen im Zusammenhang mit dem Programm künstlicher Erdsatelliten erfolgen energisch und kommen in einem Tempo voran, das dem technischen Entwicklungsniveau von heute entspricht. Sie werden vom Verteidigungsministerium koordiniert und sichern eine optimale Variante des gemeinsamen Vorgehens der Teilstreitkräfte.» In Huntsville, in einer abgelegenen Gegend des US-Bundesstaates Alabama, bildeten die USA 1950 das «Zentrum für Raketen und Flugkörperentwicklungen». Mit militärischen Ehren wurde am 4. Oktober 1957 Verteidigungsminister McElroy auf dem Raketenversuchsgelände zu einer Inspektion empfangen. Voller Stolz präsentierte ihm der Leiter des wichtigsten Objekts, John B. Medaris,

Space Shuttle der USA

eine dreistufige «Vanguard»-Trägerrakete, die schon in nächster Zukunft den ersten militärischen «Explorer»-Erkundungssatelliten in eine Erdumlaufbahn befördern sollte. Nach dem Rundgang fanden sich McElroy, John B. Medaris, Wernher von Braun und hohe USA-Militärs zu einem Cocktail zusammen. Plötzlich stürmte ein Presseoffizier in den Raum und berichtete, soeben sei durchgegeben worden, daß die Sowjetunion einen Satelliten gestartet hätte. Er sende Funkzeichen auf einer international bekanntgegebe-

nen Frequenz, und einer der Funker in Huntsville hätte die Zeichen bereits empfangen.

«Sputnik 1» der Sowjetunion leitete das Zeitalter der Raumfahrt ein. Drei Wochen lang meldete er von seiner Umlaufbahn in 228 bis 947 Kilometer Höhe mit seinen Funksignalen Innentemperatur und -druck an die Erdefunkstellen. Erst nach 92 Tagen verglühte er in den dichteren Schichten der Atmosphäre. In «Sputnik 1» sahen die USA-Militärs sofort einen willkommenen Vorwand, um von der «russischen Gefahr aus dem Kosmos» zu reden. Und obwohl die Regierung der UdSSR am 15. März 1958 den

«Krieg der Sterne» nach USA-Vorstellungen.
Laserwaffen vernichten mit ihren Strahlen über
«Kampfspiegel» im Kosmos anfliegende interkontinen-
tale ballistische Raketen

Vorschlag unterbreitete, die Verwendung des
Kosmos für militärische Zwecke zu verbieten
und eine internationale Zusammenarbeit zur
Erforschung des Weltraums herbeizuführen,
forderte das Pentagon den weiteren Ausbau
des militärischen Stützpunkt- und Spionage-
netzes, die Entwicklung eines kosmischen
Abwehrsystems und die Erhöhung der Fi-
nanzmittel für militärische Forschungen. So
kam es 1962 auch zum Hawaii-Versuch.

Panikartig errichteten die USA zwei bodengestützte Antisatellitensysteme auf Inseln

im Pazifik: 1963 auf dem Atoll Kwajalein auf
der Basis von «Nike-Zeus»-Raketen und
1964 auf Johnstone Island unter Einsatz mo-
difizierter «Thor-Agena»-Raketen. Zur selben Zeit wurden zahlreiche Raketenstarts
zum Abfangen von Zielsatelliten vorgenom-
men.

Am 26. Mai 1972 schlossen die UdSSR
und die USA in Moskau zwei bedeutende
Vereinbarungen: das Abkommen über die
Begrenzung der strategischen Offensivwaf-
fen, auch SALT I genannt, und den Vertrag
über die Einschränkung der Raketenabwehrsysteme, den ABM-Vertrag.

Letzterer, unbefristet abgeschlossen und
am 3. April 1974 durch ein Zusatzprotokoll
ergänzt, beschränkt die Anzahl der Raketenabwehrsysteme der UdSSR und der USA auf

Laserwaffe LBW (Laser Beam Weapon)
Mit der Entwicklung der Quantenphysik konnten zu-
sammenhängende elektromagnetische Strahlenbündel
hoher Energiedichte erzeugt werden. Die Quellen dieser
Strahlung erhielten nach der englischen Abkürzung für
«Lichtverstärkung durch erzwungene Strahlenemission»
den Namen «Laser» (Light Amplification by Stimulated
Emmission of Radiation).
Strahlen einer Laserwaffe erhitzen die Oberfläche eines
Raumflugkörpers, bis das Material weich wird, schmilzt
oder verdampft, bringen mittels Schockwelleneinfluß
den Raketenkörper zum Zersetzen oder schädigen elek-
tronische Bauelemente durch Strahlen im Röntgen-
strahlenbereich.

Partikelstrahlenwaffe PBW (Particle Beam Weapon)
Die in Partikelstrahlwaffen extrem hochbeschleunig-
ten atomaren oder subatomaren Partikel zeichnen sich
beim Auftreffen auf die Oberfläche eines Raumflugkör-
pers durch ihre Durchdringungsfähigkeit aus. Die Parti-
kelenergie wird durch elastische Stöße auf die Atom-
kerne und Elektronen des Raumflugkörpers übertragen
und wandelt sich teilweise in Wärme um. Diese führt,
bei entsprechend hoher Partikeldichte, zum Schmelzen
beziehungsweise zu Brüchen des Materials infolge ther-
mischer Spannungen. Weiterhin werden durch die
Wechselwirkung der Partikel mit der Materie des
Raumflugkörpers Röntgenstrahlen erzeugt, die wie bei
der LBW die Elektronik beeinflussen.
PBW unterteilen sich in Strahlenwaffen mit elektrisch
geladenen Partikeln CPW (Charged Particle Weapons)
und Strahlenwaffen mit neutralen Teilchen NPW (Neu-
tral Particle Weapons). CPW sind in den unteren
Schichten der Erdatmosphäre einsetzbar. Ihre Wirkung
kann durch besondere Ausstattung der Raketenoberflä-
che, beispielsweise Verspiegelung, herabgesetzt werden.
NPW können im Weltraum uneingeschränkt arbeiten.
Gegen sie sind bisher keine effektiven Gegenmaßnah-
men bekannt.

Mikrowellenwaffe MBW (Microwave Beam Weapon)
Bisher bekannte Mikrowellengeräte dienten im Zenti-
meter- und Millimeterbereich des elektromagnetischen
Spektrums zur elektronischen Zielsuche, Zielverfolgung,
Waffenleitung und Kommunikation. In Mikrowellen-
waffen sollen Mikrowellenstrahlen hoher Energiedichte
und starker Bündelung elektronische Bauelemente der
Raumflugkörper oder kosmischer Nachrichtenverbin-
dungssysteme durch Parameterveränderungen un-
brauchbar machen.

jeweils eines mit 100 Abschußrampen. Beide Seiten verpflichteten sich, auch im Kosmos «keine Raketenabwehrsysteme oder deren Bestandteile ... zu schaffen, zu erproben und zu unterhalten».

Kurz vor Ronald Reagans Amtsantritt setzte sich eine Gruppe von Ingenieuren, Politikern und Unternehmern, deren Repräsentanten Senator Wellop, der «Vater der Wasserstoffbombe», Edward Teller und der frühere Direktor des militärischen Abschirmdienstes, General a. D. Graham, waren, dafür ein, Waffen im Weltraum zu stationieren. Diese absolut zuverlässige Raketenabwehr, eine Art kosmischen Schilds, hätten die USA nötig, wurde Reagan nahegelegt. In einer Studie sprach sich General Graham dafür aus, ein gestaffeltes mehrschichtiges Verteidigungssystem aufzubauen. Als Sofortmaßnahme empfahl er, zum Schutz der USA-Raketensilos eine landgestützte Punktverteidigung zu schaffen, die anfliegende Raketen mit nuklearen Gefechtsköpfen ausschalten könne. Um das vorzubereiten, brauche man zwei bis drei Jahre. Als zweites sollten sodann mehrere, zu Kampfplattformen zusammengefaßte Raumfahrzeuge im erdnahen kosmischen Raum stationiert und mit konventionellen Waffen bestückt werden, um sowjetische Raketen in ihrer frühen Flugphase zu zerstören. Dies sei in 5 oder 6 Jahren machbar. Bis Anfang der neunziger Jahre lasse sich das System so erweitern, daß sämtliche Kernsprengköpfe anfliegender Raketen im Verlauf ihrer Flugbahn — vom Start bis zum Wiedereintritt in die Atmosphäre — vernichtet werden könnten. Eine derart hoch entwickelte Raketenabwehr müsse zusätzlich zu den Infrarotmitteln mit einem starken Lasersystem auf der Erde ausgestattet werden sowie mit verstärkenden Spiegeln auf Satelliten oder mit im Weltraum stationierten Strahlenwaffensystemen. Ergänzend dazu werden der Bau von Raumfähren «Space Shuttle» für Kontrollfahrten und das Ausset-

Marschall der Sowjetunion S. Achromejew zum geplanten weltraumgestützten Raketenabwehrsystem der USA

«Es besteht objektiv eine enge Wechselbeziehung zwischen offensiven und defensiven strategischen Systemen. Die Entwicklung des in den USA geplanten groß-dimensionalen weltraumgestützten Raketenabwehrsystems hat ein klares aggressives Ziel: Dieses System wird zu einem überaus wichtigen Element eines geschlossenen Angriffspotentials der Seite, die es schafft. Es untergräbt das strategische Gleichgewicht und gibt den USA die Möglichkeit, einen Erstschlag mit der Hoffnung zu führen, daß ein Gegenschlag auf das amerikanische Territorium abgewendet werden könnte.»

zen militärischer Satelliten vorgeschlagen. Die Gesamtkosten seines Konzepts schätzte Graham auf 24 Milliarden Dollar für die nächsten fünf, sechs Jahre und später auf 40 Milliarden Dollar.

Im Juli 1982 wurde diese Direktive dann regierungsoffiziell. Präsident Reagan verkündete sie. Als Hauptaufgabe nannte die Direktive die Erhöhung der Lebensdauer und der Sicherheit kosmischer Systeme, den weitgehenden Einsatz von Raumschiffen des Typs «Space Shuttle» sowie die Indienststellung von Satellitensystemen. Damit wurden unmittelbare Kampfhandlungen im Kosmos vorbereitet. Und dem diente auch das am 1. September 1982 auf der Peterson Air Base bei Colorado Springs gebildete Weltraumamt der US Air Force mit 1 800 Mitarbeitern. Auch die USA-Landstreitkräfte schufen sich am 1. August 1986 ein eigenes Weltraumamt. Dieses ist wie das der Air Force dem USA-Weltraumkommando (SPACECOM) unterstellt, das wiederum die Pläne zur Militarisierung des Weltraums ausarbeitet.

Der «Krieg der Sterne» konnte vorbereitet werden. Die Bezeichnung wurde einem Hollywoodstreifen entnommen. Sein Titel: «Star Wars». In dem Film wird eine bildhübsche Prinzessin durch böse Gangster gekidnappt und auf wunderbare Weise gerettet. Die Helden fahren mit superschnellen Raumkreuzern und schießen mit treffsicheren Strahlenkanonen. «Krieg der Sterne» wurde so zum Synonym für die Weltraumrüstung der USA.

Ab 1983 erfolgte dann der Übergang von der strategischen Konzeption der «gegenseitigen garantierten Vernichtung» zum «garantierten Überleben der USA». Wiederum empfahl General Graham, ein System aus über 400 Satelliten zu schaffen, von denen jeder mit 40 bis 50, selbsttätig ihre Ziele suchenden Abfangraketen bestückt ist, die mit Strahlenwaffen hoher Energie anfliegende feindliche Raketen 5 Minuten nach ihrem Start zerstören können. Die Strahlenwaffen sollten Laserstrahlen, Mikrowellen oder elektromagnetische Impulse aussenden. Der General a. D. vertrat die Ansicht, daß die USA mit einem solchen Raketenabwehrsystem unverwundbar wären und 97 Prozent aller anfliegenden interkontinentalen Raketen vernichten könnten. Nicht jeder begriff sofort, wozu das Abwehrsystem noch zu gebrauchen ist.

Die Kombination von «Trident», «MX-»

173

Kampfflugzeug F-15 «Eagle» mit Antisatellitensystem PMALS. Der Start der Antisatellitenrakete erfolgt in 20 bis 30 Kilometer Höhe. Der Zielsatellit, in Höhen bis zu 2 000 Kilometern, soll innerhalb weniger Minuten erreicht werden

und Minuteman-Raketen, die ja nach wie vor vorhanden sind, mit dem «Sternenkriegs»-System gibt den USA die Möglichkeit, selbst einen Raketen-Kernwaffenkrieg auszulösen.

Die praktische Realisierung der Graham-Studie begann. Die NASA, die Nationale Luft- und Raumfahrtbehörde der USA, wurde militärisch ausgerichtet. Ihr Steuer nahmen dem Militär-Industriekomplex und dem Pentagon nahestehende Kreise in die Hand. Sie lancierten James Baggs zum Leiter, den ehemaligen Vizepräsidenten von General Dynamics Corporation. Dieser Konzern ist einer der größten Auftragnehmer des USA-Verteidigungsministeriums. An Geldern sind von 1984 bis 1988 167 Milliarden Dollar geplant. Davon sollten unter anderem 9,7 Milliarden für die Forschung und Entwicklung von neuen nuklearen Waffen- und Spionagesystemen ausgegeben werden, die auch Raketenstationierungen im Kosmos und den verstärkten Einsatz der Raumfähren zu militärischen Zwecken einschließen. Außerdem könnten mehr Satelliten gebaut und für den Weltraumeinsatz Laserwaffen erprobt werden.

Tests im erdnahen Raum gab es schon genug. Im Rahmen des Programms «Sea Light» brachte die US Navy bereits 1980 mit einem Laserstrahl einen Hubschrauber zum Absturz. Im Juli 1983 wurden unweit des Chinasees in Kalifornien durch einen an Bord einer «Boeing NKC 135» eingebauten 400 Kilowatt starken Laser 5 anfliegende Luft-Luft-Raketen «Sidewinder» außer Betrieb gesetzt. Der gegenwärtig stärkste Laser der USA soll im Infrarotbereich 2,2 Megawatt Leistung abstrahlen können. Eine Strahlenwaffe im Weltraum benötigt eine Leistung von 100 Megawatt. Außerdem wird diskutiert, einen kleinen nuklearen Sprengkörper mit etwa 50 Lasergeneratoren zu umgeben. Die nukleare Detonationsenergie würde ausreichen, alle Laser gleichzeitig zu zünden und mit ihren Strahlen einen großen Schwarm anfliegender Raumflugobjekte zu bekämpfen.

1984 erprobten F-15-Kampfflugzeuge «Eagle» erstmals Kleinzielsuchflugkörper PMALS zur Satellitenbekämpfung. Dazu zündete ein Flugzeug über dem USA-Luftstützpunkt Vandenberg in Kalifornien in etwa 30 Kilometer Höhe eine sechs Meter lange zweistufige Feststoffrakete gegen einen Satellitenfestpunkt im Weltraum. Am 13. September 1985 fand der erste reale Gefechtstest statt. In mehr als 450 Kilometer Höhe wurde ein «Solwind»-Satellit vernichtet.

Nach den Testversuchen konnte als fliegende Startplattform eines Antisatellitenkom-

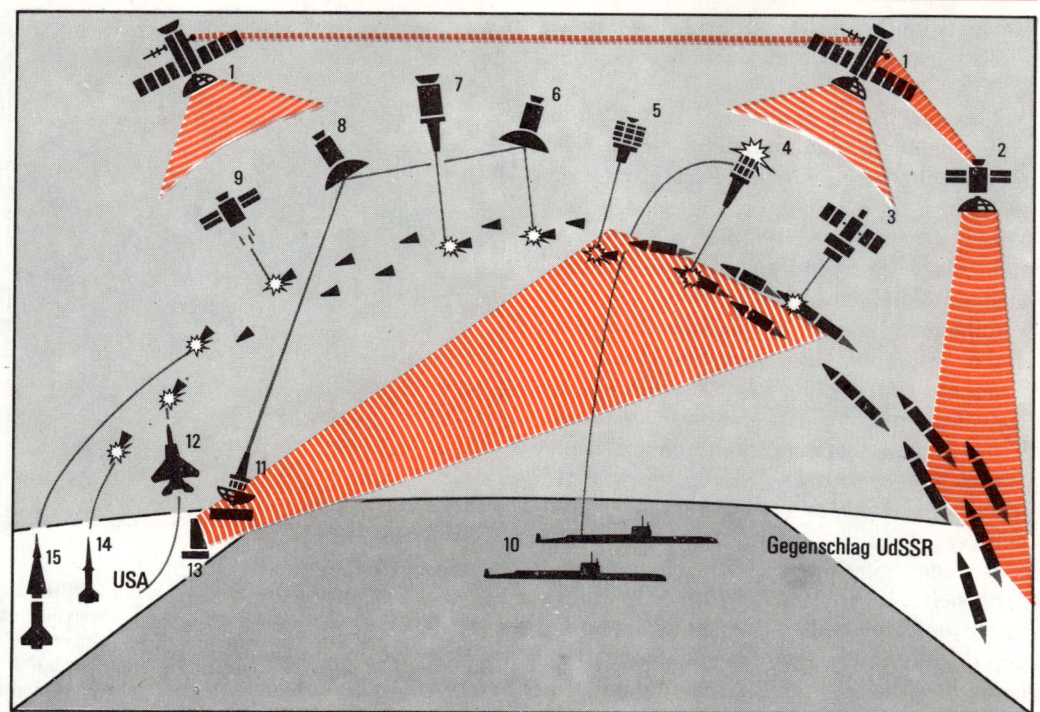

Weltraumgestütztes gestaffeltes System zur Vernichtung
anfliegender Kampfraketen (nach USA-Plänen)
1 Führungssatellit
2 Frühwarnsatellit
3 Chemischer Laser
4 Nuklearer Röntgen-Laser
5 Strahlenbeschleuniger
6 Kampfspiegel
7 Elektromagnetische Kanone
8 Umlenkspiegel
9 Satellit mit Zielsuchraketen
10 U-Schiffe mit nuklearen Röntgen-Lasern
11 Laser-Station
12 Luftgestützter Raketenabfangkomplex (ASAT)
13 Frühwarnradar
14 Antiraketen geringer Reichweite
15 Antiraketen großer Reichweite

plexes das umgerüstete Überschall-Jagdflugzeug F-15 bestätigt werden. Als Trägersystem wird die Feststoffrakete «SRAM» mit
vergrößerter Leitwerkfläche und die Fest-

stoffrakete «ALTAIR», die außerdem als
Zweitstufe die Antisatellitenwaffe «ASAT»
trägt, verwendet. Die «ASAT»-Rakete mit
einem Infrarotselbstlenksystem, der Gefechtsladung und einem Ministrahltriebwerk
hat eine Masse von 45 Kilogramm und einen
Durchmesser von etwa 30 Zentimetern. Bis
1987 sollen 111 «ASAT» zur Verfügung stehen und Flugzeuggeschwader an der atlantischen und pazifischen USA-Küste damit ausgerüstet werden. Die USA planen ferner
neue Stützpunkte für diese Waffen auf den
Falklandinseln, in Australien, auf Ascension
und auf Diego Garcia. Auch Flugzeugträger
können, wenn die auf ihnen stationierten
F-14-Jagdbombenflugzeuge mit «ASAT»
ausgerüstet werden, als schwimmende Stützpunkte dienen.

Mit den «ASAT»-Komplexen entsteht so
eine neue Dimension der Bedrohung von

Raumstationen und Raumflugkörpern, da sie ohne Vorwarnung im direkten Zielanflug angreifen können.

Jüngsten Publikationen aus den USA ist zu entnehmen, daß nunmehr einem weltraumgestützten gestaffelten System zur Vernichtung anfliegender Kampfraketen der Vorzug gegeben wird. Bei diesem System besteht die erste Staffel aus Weltraumplattformen mit Strahlenwaffen an Bord, die interkontinentale Raketen in der Startphase ihres Fluges zerstören. Die zweite Staffel hat weltraumgestützte Waffen zur Zerstörung der Gefechtsköpfe der Raketen während ihres freien Fluges. Schließlich gehören zur dritten Staffel bodengestützte Anlagen, die die Gefechtsköpfe beim Zielanflug vernichten können.

An dem «Sternenkriegs»-Programm beteiligen sich 247 der größten Firmen. Ihre Manager unterzeichneten ein Abkommen mit der Regierung über eine langfristige Zusammenarbeit, die bis in das nächste Jahrtausend geplant ist. Damit sind die jährlichen Rüstungsprofite gesichert. Schon heute gehören die wichtigsten von ihnen, wie General Electric Corp., Boeing Co., Mc Donnel Douglas Corp., Rockwell International, Lockheed Corp. und Litton Industries Ine zu den ersten unter den größten kapitalistischen Firmen. Alle diese multinationalen Monopole schufen sich spezielle SDI-Direktorien.

Im Gegensatz zur Politik der USA unterbreitete die UdSSR der 38. UNO-Vollversammlung im November 1983 den Entwurf eines Vertrages über das Verbot der Gewaltanwendung im Kosmos und aus dem Kosmos gegenüber der Erde. Er sieht vor, die vorhandenen Satellitenabwehrsysteme zu liquidieren, keine neuen Antisatellitenwaffen zu entwickeln oder zu erproben und keine bemannten Raumschiffe zu militärischen Zwecken, auch nicht als Waffen gegen Satelliten, zu verwenden. 120 Staaten stimmten für den Vertrag. Die einzige Gegenstimme

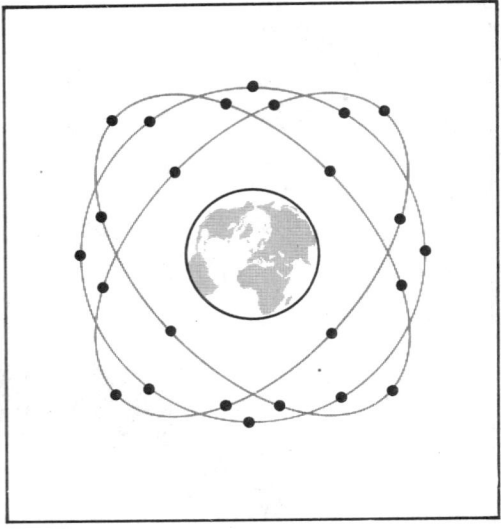

Wirkungsprinzip des GPS-Navstar
Das Satelliten-Navigationssystem besteht aus 24 Satelliten Navstar, Erdefunkstellen und Bordempfangsapparaturen. Die Satelliten bewegen sich zu je 8 auf verschiedenen Umlaufbahnen. Die Satellitenpositionen auf den jeweiligen Bahnen und die Bahnneigungen wurden so festgelegt, daß für die Standortbestimmung von Land-, Luft- oder Seefahrzeugen bzw. Raketeneinsatzmitteln mindestens 6 Satelliten herangezogen werden können. Die Erdefunkstellen (Vandenberg, Alaska, Guam, Hawaii) übernehmen Bahnverfolgung und Betriebskorrekturen. Bordempfangsapparaturen werten die Satellitensignale aus und stellen kontinuierlich Standortangaben sowie weitere Ergebnisse zur Verfügung

kam bei Stimmenthaltung Großbritanniens von den USA. Ein Jahr später sprach sich die 39. UNO-Vollversammlung mit 150 Stimmen gegen eine Militarisierung des Weltraums und für dessen ausschließliche friedliche Nutzung aus. Die USA enthielten sich der Stimme. Sie setzten ihre Arbeiten an Laser-, Partikelstrahlen- und Mikrowellenwaffen für den Weltraumeinsatz fort.

Zur computerkontrollierten elektronischen Führung des boden-, luft- und kosmosgestützten Angriffspotentials wird das US-amerikanische C³I-System (Command, Control, Communication, Intelligence – Führung, Kontrolle, Verbindung, Aufklärung) weiter ausgebaut. Auch als «Netzwerk» bezeichnet, kann es Befehle übergeben, Kontrollen ausführen und die Kommunikation zwischen dem USA-Präsidenten, dem Pentagon und den Streitkräften sowie der elektronischen Spionage gewährleisten. Das C³I umfaßt Satellitensysteme, luftgestützte Erkundungssysteme, Bodenradarsysteme, Unterwasseraufklärungssysteme, verschiedene Nachrichtensysteme und etwa 40 Kommandostellen hoher und höchster Führungsebene. Im Januar 1984 wies Präsident Reagan die NASA an, bis 1992 eine ständig bemannte Raumstation zur weltraumgestützten Führung und Kontrolle des gesamten Netzwerks militärischer Satelliten, Weltraumwaffen und anderer Anlagen zu entwickeln. Im Rahmen des C³I gelangen immer neue militärische Raumflugkörper in den Kosmos, so auch das für «Navstar»-System.

Ein U-Boot bestimmt auf dem Weltmeer seinen Standort auf etwa 1 000 Meter genau. Sollen unter solchen Bedingungen ballistische Raketen gestartet werden, reicht die erforderliche Treffergenauigkeit nicht aus. Mit Navigationssatelliten hingegen ist es möglich, einen Schiffsstandort wesentlich besser zu vermessen. Das dazu in den USA entwickelte GPS «Navstar» hat die Aufgabe, eine hohe Genauigkeit mit «Trident-I»- und «Trident-II»-Kampfraketen zu gewährleisten. Ende der achtziger Jahre soll ein aus 24 Satelliten bestehendes globales Navigationssystem (GPS) einsatzbereit sein, das in drei Ringen in Höhen von 16 000 bis 20 000 Kilometern Positionsbestimmungen bis auf 10 Meter Genauigkeit zuläßt. 12 Satelliten sind bereits auf ihren Umlaufbahnen.

Das Nachrichtensatellitensystem «MILSTAR» soll die weltweiten militärischen Fernmeldeverbindungen der USA mehrfach überlagern und eine störungsfreie Kommunikation und Einsatzführung aller kosmischen Waffensysteme sowie der Truppen sichern. Dazu stehen ab 1987 Satelliten auf geostationären Umlaufbahnen über dem Indik, dem West- und Ostpazifik, dem Atlantik und über dem Nordpol. Zwei künstliche Himmelskörper sollen im Orbit auf Reservebahnen laufen.

Den USA dient ihre Legende von einer «Weltraumlücke» dazu, ihr SDI-Programm zu rechtfertigen. Gleichzeitig wollen sie aber auch solche Waffensysteme entwickeln, die der UdSSR die Abwehr erschweren und das Land zu riesigen Rüstungsausgaben zwingen würden.

Doch technische Systeme, auch kosmische, können Störungen unterliegen oder ausfallen. Daher ist es nicht ausgeschlossen, daß technische Pannen im Weltraum, beispielsweise hervorgerufen durch einen Meteoriten, einen Computerfehler oder durch den Ausfall entscheidender Stromversorgungs- oder Übertragungseinrichtungen als Vorwand für militärische Aktionen genommen werden können. Durch «Sternenkriegs»-Systeme erhöht sich die Gefahr eines Kriegsausbruchs wesentlich. Ein Vulkanausbruch könnte irrtümlich als Start einer Kampfrakete angenommen, ein Großbrand oder eine Explosion bereits als Kriegsbeginn angesehen werden. Schon einmal haben US-amerikanische Radarstationen versehentlich einen Schwarm Gänse für sowjetische Bombenflugzeuge mit Kernwaffen an Bord gehalten, und es war wenig Zeit, den Fehler zu erkennen. Die Sowjetunion hat daher erklärt, keinerlei Antisatellitenwaffen als erste in den Weltraum zu bringen. Dieses Zeichen guten Willens soll jedes Risiko eines Konflikts vermeiden. Das einseitige Moratorium vom 18. August 1983 gilt so lange, wie andere Staaten auf entsprechende Systeme im Weltraum verzichten.

1985 unterbreitete die Sowjetmacht erneut Vorschläge zur friedlichen Erschließung des Weltraums. Ihr Konzept des «Sternenfriedens» geht von einer breiten internationalen Zusammenarbeit bei der Erforschung des Kosmos, des Mondes und anderer Himmelskörper, beim Start interplanetarer Raumschiffe, der Anwendung kosmischer Technologien in der Biologie, Medizin, Materialkunde, Meteorologie, bei Umwelt- und Klimaforschungen und bei globalen Nachrichtensatellitensystemen aus. Die Sowjetunion ruft alle Länder dazu auf, die Fernerkundung der Erde im Interesse der Geologie und Landwirtschaft, die Erschließung der Weltmeere wie auch die Rettung von auf See und in der Luft Verunglückten gemeinsam durchzuführen.

Wieder und wieder unterbreitet KPdSU-Generalsekretär Michail Gorbatschow neue, bedeutende Initiativen, um eine friedliche und fruchtbare Zusammenarbeit bei der Erschließung des Weltraums einzuleiten. Demnach könnte die ausschließlich friedliche Nutzung des Kosmos in drei Etappen erfolgen. In der ersten, auf fünf Jahre berechneten Etappe sollte die Nutzbarkeit der Kosmostechnik geprüft werden. Außerdem erklärte die UdSSR gegenüber interessierten Ländern und Organisationen ihre Bereitschaft, Flugkörper ins All zu befördern, die friedlichen Zwecken dienen. Mit der Bildung einer Spezialgruppe für Dienstleistungen im Weltraum bei der Außenhandelsvereinigung «Licenzintorg» der Sowjetunion hat diese Bereitschaft auch ihren praktischen Niederschlag gefunden. Die zweite Etappe des Vorschlags umfaßt für die erste Hälfte der neunziger Jahre den Aufbau kosmischer Technik für die geplanten Projekte. Schließlich sollen in der dritten Etappe bis zum Jahr 2000 die Pläne in einer Welt realisiert werden, in der alle Frequenzen nur dem Frieden dienen würden.

Frieden auf allen Frequenzen

Funksignale
aus dem Kosmos

Die unsichtbaren elektromagnetischen Wellen unterlagen aber auch anderen Entwicklungen. Sie wurden zum Freund und Helfer der Menschen. Der Schiffs- und Funkverkehr erhöhte deren Sicherheit, die Navigation über Funk wurde genauer. Internationale Hilfsaktionen verständigten sich über Ätherwellen. Der Rundfunk erreichte eine nach Millionen zählende Zuhörerschar, die ständig zunahm. Die drahtlose Richtungstelegrafie entwickelte sich zur Richtfunktechnik. Man gewöhnte sich an neue architektonische Gebilde zur Abstrahlung und zum Empfang der Radiowellen, wie Türme, Masten, Antennengitter und Metallspiegel.

Nach dem zweiten Weltkrieg, als Wissenschaft und Technik wieder zum Nutzen der Menschen gefördert und eingesetzt werden konnten, gelang es der Sowjetunion, einen völlig neuen Bereich für die Nachrichtenübertragung zu erschließen, den Kosmos. Für alle UKW-Stationen im 200-Megahertz-Bereich deutlich hörbar, schickte 1957 der erste künstliche Erdsatellit «Sputnik 1» seine Funksignale zur Erde.

Der Start von «Sputnik 1» gehörte zum Programm des Internationalen Geophysikalischen Jahres und leitete eine breite wissenschaftliche Zusammenarbeit ein. An der Beobachtung und am Empfang seiner Funksignale waren Bodenstationen und Amateure vieler Länder beteiligt. Der Name der kirgisischen Siedlung Baikonur war bald in aller Munde. Von hier aus startete als nächster Raumflugkörper am 2. Januar 1959 «Lunik 1» in Richtung Mond. Er konnte bereits Meßdaten über Funk übermitteln. Dem ersten Mondraumflugkörper folgten «Lunik 2» und «Lunik 3». Letzterer fotografierte die Mondrückseite und sendete ein Funkbild zur Bodenstation.

In der DDR empfingen Physiker im Mai 1958 Funksignale des Forschungssatelliten «Sputnik 3». Sie sammelten erste Erfahrungen für eine Empfangsgerätekonzeption, die für kosmische Nachrichtenverbindungen ausgelegt war. Da die Sowjetunion bereitwillig auch andere sozialistische Staaten an Experimenten der Raumforschung beteiligte, konnte im November 1965 eine internationale Kooperation unter dem Namen Interkosmos entstehen. Zum Interkosmos-Programm gehören unter anderem der Start von Interkosmos-Satelliten, von Höhenforschungsraketen sowie der Einsatz von Kosmonauten aus den sozialistischen Ländern. Am 14. Oktober 1969 stieg «Interkosmos 1» auf, der die Sonnenstrahlung außerhalb der absorbierenden Erdatmosphäre messen sollte. Bald folgten diesem Forschungssatelliten weitere vom Interkosmos-Startplatz in Kapustin Jar.

Im Verlauf der Interkosmos-Zusammenarbeit wuchsen die Forschungsaufgaben. Umfangreiche, komplizierte Versuche erforderten bessere Funkübertragungsstrecken zur Erde. Von den ersten «Interkosmos»-Satelliten gelangten die Meßdaten über analoge Funkfernübertragungskanäle zu den Boden-

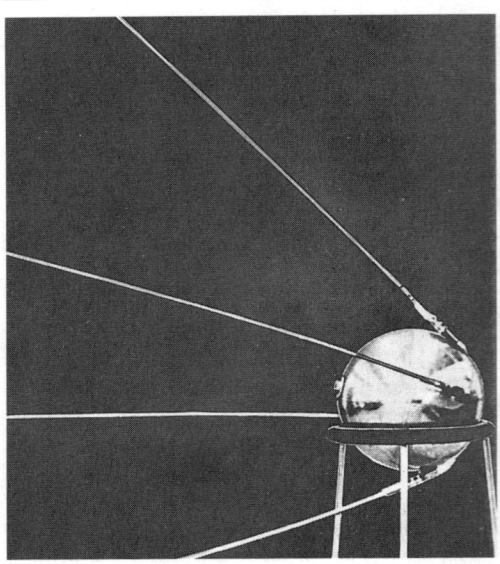

Erdsatellit Sputnik 1 der UdSSR mit zwei Bordsendern und Antennenlängen von 2,4 und 2,9 Metern

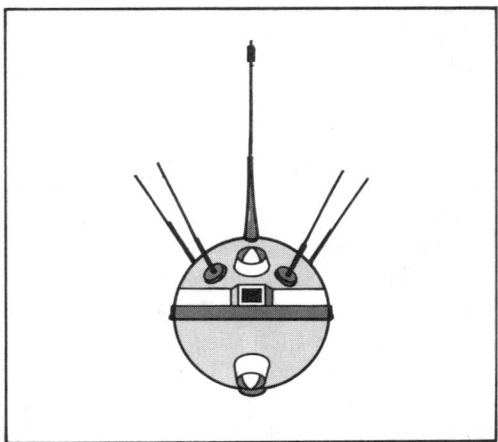

Raumsonde Lunik 1 der UdSSR

Interkosmos 1 — der erste Gemeinschaftssatellit sozialistischer Länder

beit von Wissenschaftlern der UdSSR, der UVR, der ČSSR, der Volksrepublik Polen und der DDR entstand so ein einheitliches Telemetriesystem.

Eine weitere Etappe des «Interkosmos»-Programms, der Start von Raumschiffen mit internationaler Besatzung, begann 1978. In den darauffolgenden Jahren flogen mit den sowjetischen Raumschiffen «Sojus» und den Orbitalstationen «Salut 6» und «Salut 7» gemeinsam mit ihren UdSSR-Partnern die Kosmonauten Vladimir Remek aus der ČSSR, Mirosław Hermaszewski aus der VR Polen, aus der DDR Sigmund Jähn, aus der VR Bulgarien Georgi Iwanow, aus der VR Ungarn Bertalan Farkas, aus der VR Vietnam Pham Tuan sowie der Kubaner A. Tamayo Méndez, der Mongole Shugderdemidyn Gur-

stationen. Nunmehr mußten digitale Kanäle, die sehr hohe Datenraten übertragen können und es gestatten, operativ auf das jeweilige Untersuchungsprogramm Einfluß zu nehmen, entwickelt werden. In gemeinsamer Ar-

ragtschaa und aus der VR Rumänien Dimitri Prunari. Diese Flüge brachten den Übergang von der reinen Grundlagenforschung zur angewandten Forschung mit unmittelbarem volkswirtschaftlichem Nutzen. Das Kombinat Carl Zeiss Jena entwickelte die sechskanalige Multispektralkamera «MKF 6». Im September 1976 wurde diese Präzisionskamera, an deren Entwicklung auch die UdSSR beteiligt war, an Bord von «Sojus 22» durch die beiden sowjetischen Kosmonauten Oberst Dr. Waleri Bykowski und Dr. Wladimir Axjonow während eines achttägigen Fluges im Kosmos erprobt. Eine modifizierte Kamera «MKF 6M» befand sich in der Orbitalstation «Salut 6», die von 1977 bis 1982 unsere Erde umkreiste. Zwanzig Kosmonauten-Besatzungen aus zehn Ländern, unter ihnen der Forschungskosmonaut der DDR, der heutige Generalmajor Dr. Sigmund Jähn, gewannen mit dem Zeissgerät Zehntausende von Aufnahmen. Das Bildauflösungsvermögen der «MKF 6M» übersteigt das moderner Luftbildkameras um das Zwei- bis Dreifache. Ein geübter Auswerter ist damit in der Lage, volkswirtschaftlich wertvolle Aussagen zu treffen. Die erste Stammbesatzung von «Salut 7» mit Anatoli Beresowoi und Walentin Lebedew konnte während ihres 211-Tage-Fluges den Geologen folgende Hinweise auf Lagerstätten geben: Erdgas und Erdöl in Mittelasien, diamanthaltiges Kimberlit in Sibirien, Zinn im Fernen Osten. Ein Schwerpunkt ihrer Erkundungsarbeiten mit der Multispektralkamera war die Vermessung der Baikal-Amur-Magistrale. Sowjetische Kosmonauten waren es auch, die Fotoserien von DDR-Gebieten aufnahmen, um ihre land- und forstwirtschaftliche Nutzung, städtische Bebauung und Fragen des Umweltschutzes klären zu helfen. Erfaßt wurden dabei die Räume Dübener Heide, Eberswalde, Potsdam und Leipzig.

Neuere Forschungsobjekte ermöglichen die Arbeit auf allen fünf Spezialgebieten des «Interkosmos»-Programms: der Physik, des Nachrichtenwesens, der Meteorologie, der Biologie und Medizin sowie der Erforschung der Erde aus dem Kosmos. Der wirtschaftliche Nutzeffekt ist bedeutend. Kosmosgestützte Vermessungsarbeiten sparen 30 Millionen Rubel ein, beim Aufschluß von Erdöl- und Erdgasvorkommen werden die Kosten um 100 Millionen Rubel geringer.

Volkswirtschaftlich wichtig ist auch der Meteorologische Dienst. Seit 1978 erhalten die Meteorologen der DDR über Wetterbildfunkempfangsanlagen regelmäßig Wolkenaufnahmen über ein von der Meteorologischen Weltorganisation (WMO) abgestimmtes Netz von polumlaufenden und synchronen Wettersatelliten. Wolkenbildfotos, in kurzen Zeitabständen und für verschiedene Spektralbereiche per Funk zur Erde übertragen, lassen erkennen, wie sich Hoch- und Tiefdruckgebiete bilden und sich die Warm- und Kaltluftgrenzen verschieben. Die vollständigen Bildinformationen, die im sichtbaren und infraroten Spektralbereich vorliegen, liefern nicht nur die Wettervorhersage, sie lassen auch rechtzeitig vor gefahrdrohenden Wettererscheinungen warnen. Die Meteorologie war die Wissenschaft, die noch vor der Fernerkundung der Erde als erste den größten Nutzen aus der Weltraumforschung zog und auch in Zukunft zu ihren intensivsten Nutzanwendern gehören wird.

Rettung mit KOSPAS-SARSAT

Schiffe aller Größen und Nationen befahren die Meere. Sie verfügen über leistungsstarke Maschinen sowie moderne Navigationsgeräte. An Bord befinden sich Funkstationen und zuverlässige Rettungsmittel. Man sollte meinen, die Zeiten, da Schiffe ausfahren und nicht wußten, wann und ob sie ihren Heimathafen wieder anlaufen werden, seien längst vorbei. Es passiert aber immer wieder, daß Schiffe nicht zurückkehren und ihr Schicksal im dunkeln bleibt. Fast täglich ertönt das internationale Notsignal «SOS» im Äther. Mitunter können die Schiffbrüchigen gerettet werden, manchmal kommt jede Hilfe zu spät. Dabei wird die Sicherheit für den Schiffsverkehr stark beachtet. Eine internationale Konvention über den Schutz des menschlichen Lebens legt fest, daß alle Passagier- und Frachtschiffe mit einer Wasserverdrängung von über 1 600 Tonnen mit Funktelegrafie- und Schiffe zwischen 300 und 1 600 Tonnen mit Funktelefoniegeräten ausgerüstet sein müssen. Doch es können auch plötzlich Ereignisse eintreten, ohne daß der Funker Zeit findet, ein «SOS» abzusetzen. So explodierte im Januar 1957 der US-Tanker «Salem Maritimes». Seit dem 4. Februar 1963 sind die Tanker «Marine Sulphur Queen» mit einer Ladung von 15 260 Tonnen flüssigem Schwefel und der Fischdampfer «Snow Boy» verschwunden. Im April 1970 riß die Funkverbindung zu dem britischen Frachter «Milton» für immer ab. Im sogenannten Teufelsmeer, zwischen Japan, der Insel Guam und dem nördlichen Teil der Philippinen gelegen, verschwanden von 1950 bis 1954 neun Hochseeschiffe. Die japanische Regierung beauftragte daraufhin das mit umfangreichen Navigations- und Funkgeräten ausgerüstete Forschungsschiff «Kayo Maru Nr. 5», die Ursachen zu finden. Das Schiff lief mit 22 Seeleuten und 7 Wissenschaftlern an Bord aus und wurde bis heute nicht wieder gesehen oder geortet.

Am 21. März 1973 liefen zwei Massengutschiffe unter norwegischer Flagge aus Häfen an der Ostküste der USA in Richtung Europa aus; die «Norse Variant» mit 13 000 Tonnen Tragfähigkeit nahm Kurs auf Glasgow, die «Anita» mit fast gleicher Tragfähigkeit Kurs auf Bremen. Das Barometer fiel, Wind und Regenschauer kamen auf, doch die Schiffe waren seefest, und das Kommando hatten erfahrene Kapitäne. Einen Tag später erhielten sie über Funk Sturmwarnung, Windstärke 10 wurde für ein Gebiet 170 Meilen nordwestlich des USA-Staates Maryland vorausgesagt. Um 17.45 Uhr empfing die Küstenfunkstelle Philadelphia einen «SOS»-Ruf der «Norse Variant». Acht Minuten später meldete Kapitän Harsem, die Laderäume seien beschädigt, das Schiff leck, es sinke. Sofort starteten Hubschrauber der Küstenwacht in das Unglücksgebiet.

Orkanartige Böen türmten 10 bis 12 Meter hohe Wellen auf und gefährdeten die Sucheinheiten. Sie wurden zurückbefohlen. Am 25. März besserte sich das Wetter, und wiederum starteten Hubschrauber. Gegen 9 Uhr sichtete man ein orangegelbes Rettungsfloß mit einem Mann. Zwei Mitglieder der fliegenden Rettungsmannschaft sprangen mit leichter Taucherausrüstung ab. Etwas später nahm der herbeigerufene Tanker «Mobil Lube» sie zusammen mit einem einzigen geretteten Seemann von der «Norse Variant» bei hoher See an Bord. Später erzählte der Überlebende, auf dem Schiff seien während des großen Sturmes die Lukendeckel über Bord gegangen und zwei Laderäume vollgelaufen. Fünf Minuten nach dem Befehl des Kapitäns zum Verlassen des Schiffes kenterte es und sank.

Am 29. März fand ein Kriegsschiff der USA-Marine zwei unbemannte Beiboote von der «Anita». Zunächst war dieser Umstand nicht besorgniserregend, da bei starken Stürmen Beiboote und andere Rettungsmittel immer wieder von den Schiffen verlorengingen. Zudem hatten in den letzten Tagen in diesem Raum mehrere Schiffe den Verlust von Rettungsmitteln gemeldet. Aber die Versuche mißlangen, eine Funkverbindung mit der «Anita» aufzunehmen, deren erster und einziger Funkspruch vom 21. März, dem Tag ihres Auslaufens, vorlag. Am 30. März hätte das Schiff das Gebiet der Azoren durchlau-

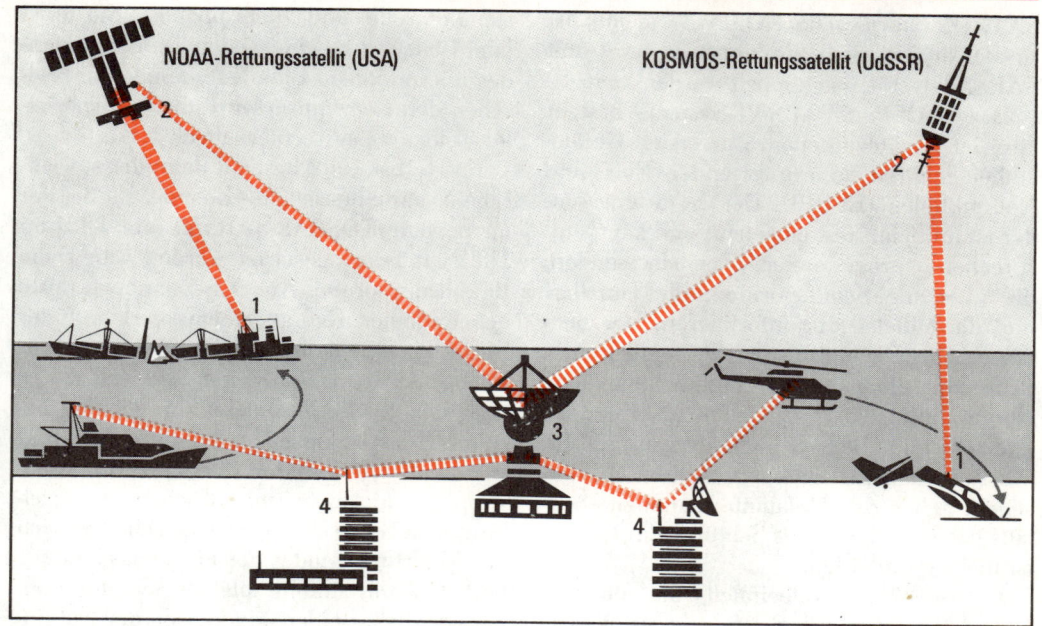

NOAA-Rettungssatellit (USA)   KOSMOS-Rettungssatellit (UdSSR)

Arbeitsprinzip des KOSPAS-SARSAT-Systems
1 Schiff bzw. Flugzeug in Not sendet Notsignale
2 Rettungssatelliten nehmen die Notsignale auf und
   leiten diese weiter
3 Satellitenbodenstation empfängt die Notsignale und
   bestimmt den Standort des Havaristen
4 Nationale Leitzentren setzen Such- und Rettungseinheiten ein

fen müssen. Suchmaschinen der USA-Fliegerkräfte starteten auf einem Flugplatz der Azoren und suchten das in Frage kommende Seegebiet ab. Sie entdeckten nichts. Die «Anita», ein modernes, erst 1966 auf Kiel gelegtes Schiff, blieb mit 32 Mann Besatzung verschwunden. Sie hat die Liste der Geheimnisse der Weltmeere um ein weiteres bereichert.

Bis in die Gegenwart ist es in Notsituationen nach wie vor unmöglich, genau zu sagen, wo sich dieses oder jenes Schiff gerade befindet. Das trifft für kleine Sportboote ebenso zu wie für Supertanker. Das Seenotmeldesy-

stem, das sich in der Seeschiffahrt historisch entwickelte, beruht auf dem Zusammenwirken von Sprechfunk-, Morsetelegrafie- und Notfunkbojenverbindungen. Sie bedürfen der manuellen Bedienung. Die Reichweite der Notrufe auf den internationalen Frequenzen 500 und 2 182 Kilohertz ist begrenzt und beträgt in der Regel nicht mehr als 100 bis 200 Seemeilen. Zwar sind technische Mittel für Weitverbindungen und schnelle Rettung bekannt, doch werden sie im Weltmaßstab noch nicht so eingesetzt, daß ein lückenloses Verbindungs- und Rettungsnetz besteht.

Neue Wege beschreiten seit mehreren Jahren vier Schiffahrtsnationen — die UdSSR, die USA, Frankreich und Kanada. Sie bemühen sich, ein jederzeit wirksames internationales System zur Suche und Rettung in Not geratener Schiffe auf Satellitenbasis zu schaffen. Aus den Abkürzungen der jeweiligen russisch- und englischsprachigen Bezeichnung erhielt es den Namen KOSPAS-SAR-

SAT. Die sowjetische KOSPAS-Technik ist so konstruiert, daß sie ohne weiteres mit SARSAT-Geräten gekoppelt werden kann.

Das KOSPAS-SARSAT-System besteht aus vier Geräteeinheiten. Zur ersten Geräteeinheit gehören Notortungssender (ELT) und Notfunkbojen (EPIRB). Der Notortungssender ist im Schiff fest eingebaut und kann entsprechend programmiert Zeichen senden, die über die Schiffsposition, die Unfallart und die Hilfeleistung informieren. Der Sender erhält über ein Tastenfeld, ähnlich einer Schreibmaschine, seine Funkbefehle. Die Notfunkboje selbst liegt auf dem Oberdeck und schwimmt beim Schiffsuntergang auf. Im Wasser schaltet sie sich automatisch ein und sendet neben den Unfallinformationen ebenfalls das Rufzeichen des Schiffes. Ein Funker ist nicht erforderlich.

Die zweite Geräteeinheit umfaßt drei NOAA-Satelliten, die gleichzeitig als Wettersatelliten genutzt werden, und zwei sowjetische KOSPAS-Satelliten. Alle verfügen über Datensammelsysteme, die beim Überfliegen von ELT oder EPIRB Funknotsignale auf 121,5 beziehungsweise 406,1 Megahertz aufnehmen, speichern und auf Abruf an Erdefunkstellen weiterleiten. Nach dreimaligem Überfliegen des Notsenders kann dessen Standort auf zwei bis vier Kilometer genau bestimmt werden.

Die dritte Geräteeinheit ist in einer Bodenstation (LUT) untergebracht. Als Nutzerendstelle empfängt sie die von den Satelliten überspielten Notmeldungen der ELT oder EPIRB und bestimmt ihre Position. Diese Angaben gelangen an das Leitzentrum des jeweiligen Teilnehmerlandes, das geeignete Such- und Rettungseinheiten einsetzt. Insgesamt sollen sieben Bodenstationen aufgebaut werden: in Archangelsk und Wladiwostok, drei in den US-Bundesstaaten Illinois, Kalifornien und Alaska, eine im kanadischen Ottawa und eine in Toulouse in Frankreich.

Die vierte Geräteeinheit umfaßt die Systemkontrolle und -koordination. Sie wird vom Leitzentrum eines jeden Teilnehmerlandes übernommen. Eine Kommunikation zwischen den Leitzentren wird über ein spezielles Telexnetz aufrechterhalten.

Im Herbst 1982 bestand dann der sowjetische Nachrichtensatellit «Kosmos 1383», der im System KOSPAS-SARSAT am 29. Juni 1982 als erster gestartet worden war, seine Bewährungsprobe. Am 9. September kreiste der Kanadier George Heemskeerk auf der Suche nach seinem Sohn mit zwei weiteren Beobachtern an Bord einer «Cessna 172» über den Rocky Mountains. Im Tiefflug berührte das Flugzeug Baumkronen und stürzte ab. Die Insassen überlebten die Katastrophe und kamen mit Brüchen und Prellungen davon. Um 11.00 Uhr schaltete sich der Notortungssender des Flugzeugs automatisch ein und strahlte alle 50 Sekunden ein Notsignal ab. Leider wandte sich der Luftrettungsdienst erst um 18.15 Uhr an das kanadische SARSAT-Leitzentrum. 1982 war dort noch kein ständiger Wachdienst eingerichtet. «Kosmos 1383» wurde am Abend in die Suche nach den Vermißten eingeschaltet. Gegen 2 Uhr früh wurden die Koordinaten des aktiven Notortungssenders einer Luftrettungseinheit übermittelt. Im Morgengrauen flog ein «Buffalo»-Flugzeug zur Absturzstelle. Heemskeerk und seine Begleiter waren die ersten, die so gerettet wurden.

Bald waren es mehrere, die durch KOSPAS-SARSAT überlebten. Darunter befanden sich zwei spanische Segler, die bei einer Atlantik-Überfahrt in Seenot gerieten, und der schwerverletzte Pilot eines in einem unwegsamen Berggebiet Österreichs abgestürzten Segelflugzeugs. Bis zum Februar 1984 konnten 138 Menschen aus Luft- oder Seenot geborgen werden. Daraufhin kündigten Norwegen, Großbritannien, Japan, Finnland und Indien ihre Mitarbeit an. Im Sommer 1985 betrug die Anzahl der geretteten Menschen schon fast fünfhundert.

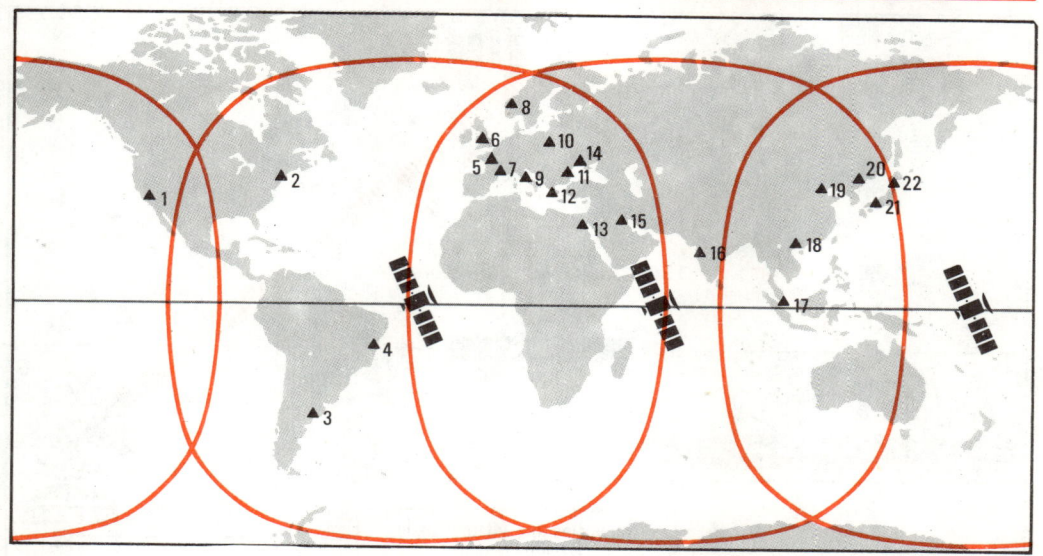

Satellitenbedeckung im INMARSAT-System:

1	Santa Paula	12	Thermopylae
2	Southbury	13	Maadi
3	Mar del Plata	14	Odessa
4	Tangua	15	Umm-al-Aish
5	Pleumer	16	Belapur
6	Goonhilly	17	Singapur
7	Bodou	18	Hongkong
8	Eik	19	Peking
9	Fucino	20	Nachodka
10	Psary	21	Yamaguchi
11	Warna	22	Ibaraki

Bis 1990 soll das KOSPAS-SARSAT-System vollständig aufgebaut sein. Immer mehr Schiffe und Flugzeuge tragen an Bord ELT- oder EPIRB-Geräte, die in diesem System arbeiten. In der Sowjetunion und den USA konstruierte Notfunkbojen sind so kompakt und handlich konstruiert, daß sie sogar im Gepäck von Bergsteigern und Geologen Platz finden und in den nächsten Jahren zur Standardausrüstung von Expeditionen gehören werden.

Der Japaner Naomi Uemura führte, als er mit einem Hundeschlitten von Grönland zum Nordpol aufbrach, einen Notfunksender mit sich. Ein Satellit empfing regelmäßig dessen Signale, aus den Positionsänderungen konnte an jedem Tage die Wegstrecke berechnet werden, die Uemura zurücklegte. Wäre er in Not geraten, hätte man ihm sofort helfen können.

Ein Notruf wurde von der französischen Bodenstation Toulouse aus Grönland empfangen, man vermißte eine französische Forschungexpedition. Ihre drei Teilnehmer konnten bereits nach 11 Stunden mit Hubschraubern gerettet werden.

Das Vertrauen in das KOSPAS-SARSAT-System ist bereits so groß, daß man sich bei riskanten Unternehmen voll auf dessen Wirksamkeit verläßt. Im Sommer 1985 überquerten die Franzosen Fréderic Bouchin und Thierry Caroni mit einem selbstkonstruierten Tandemschwimmfloß den Atlantik. Die beiden begleitete kein Schiff, und im Grunde war es ein Abenteuer, das von zahlreichen reklameinteressierten Firmen finanziert wurde. Das Floß war 8 Meter lang, 2 Meter breit, besaß eine knapp mannshohe Kajüte mit einem Raum für Lebensmittelvorräte. Unter Deck befand sich auch eine Funkboje,

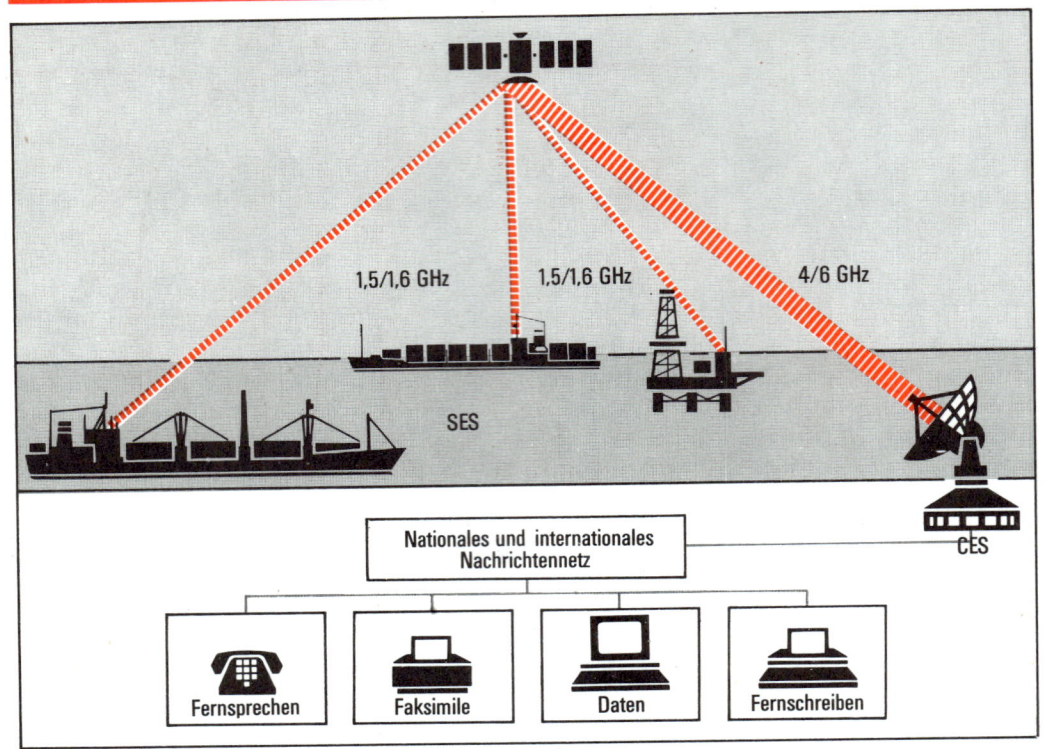

1,5/1,6 GHz 1,5/1,6 GHz 4/6 GHz

SES

CES

Nationales und internationales
Nachrichtennetz

Fernsprechen   Faksimile   Daten   Fernschreiben

Arbeitsprinzip des INMARSAT-Systems

die ohne Ausfälle arbeitete und über NOAA-Satellit periodisch den Standort der beiden Franzosen meldete.

Die mit KOSPAS-SARSAT gesammelten Erfahrungen wurden bei regelmäßigen Koordinierungstreffen ausgewertet und so das System weiter ausgebaut. Ständig nahmen daran auch Vertreter der internationalen Schiffahrtsorganisation IMO und der internationalen Schiffahrtssatellitenorganisation INMARSAT teil.

INMARSAT hat das Ziel, ein internationales Satelliten-Seefunksystem zu schaffen. Mit diesem System soll KOSPAS-SARSAT vereinigt werden. 1984 gehörten zu INMARSAT 40 Staaten, die über 80 Prozent der Welt-schiffstonnage verfügten. Im INMARSAT-System werden die am stärksten benutzten Schiffsrouten und Fischgründe von drei Satelliten erfaßt. In jedem Funksichtbereich befinden sich mehrere Erdefunkstellen (CES), die die Verbindung zu den Landesnachrichtennetzen herstellen. Die Erdefunkstellen wiederum können mit dem Schiff (SES) über einen im jeweiligen Seegebiet stehenden Satelliten, dessen Elektronik die ankommenden Signale verstärkt, in einen anderen Frequenzbereich umsetzt und sendet, kommunizieren. INMARSAT ist neben dem Nachrichtenaustausch auch in der Lage, Daten zu übertragen, Wetterberichte und Navigationswarnungen zu verbreiten, und Positionsbestimmungen vorzunehmen sowie den Notfunkverkehr zu sichern. Jede Erdefunkstelle kann sich automatisch eine Satellitenfunkverbindung mit einem Schiff aufbauen, das eine von der INMARSAT-Organisation zugelassene SES besitzt. Dabei ist es jeder Schiffsfunkstelle freigestellt, welche Landfunkstelle sie auswählt, um ihre Informationen zu übertragen.

Anfangs wurden die Satellitenaufgaben sowie die notwendigen Fernmeß- und Kontrollaufgaben über Nachrichtenkanäle des «MARISAT»-Satelliten gelöst. In der Zwischenzeit wurde das von speziellen Satelliten der Typen «MARECS-A» und «MARECS-B» sowie vom Mehrzwecksatelliten «INTELSAT-V» der nordamerikanischen Firma «COMSAT-General» übernommen.

Die Möglichkeiten des INMARSAT-Systems sind außerordentlich vielseitig und nicht nur an den unmittelbaren Seefunkdienst gebunden. So nutzt die Sowjetunion seit 1985 das System als Funkbrücke von Leningrad bis zur Antarktisstation Molodjoshnaja. Weitere Verbindungen zu anderen sowjetischen Forschungsstationen sollen folgen. Der Nachrichtenweg verläuft von Leningrad bis zur Erdefunkstelle Odessa über Kabel und weiter via Satellit zur antarktischen Gegenstelle. Täglich ist die UdSSR-Station 40 Minuten lang über Fernsprech- und 2 Stunden lang über Fernschreibverbindungen mit der Stadt an der Newa verbunden. Auch magnetische Stürme, die die bisher benutzten Kurzwellenverbindungen oft beeinträchtigen, können den Satellitennachrichtenverbindungen nichts anhaben.

In den letzten Jahren haben sich Satelliten-Seefunk und -rettungssysteme stürmisch entwickelt. Rund 3 000 Schiffe in 64 Staaten besitzen INMARSAT-Seefunkstellen an Bord; 1990 werden es wenigstens 10 000 sein. INMARSAT steht allen Ländern offen. Neben anderen sozialistischen Ländern, die ihre Handelsschiffe schrittweise mit dieser Technik ausstatten, wurde auch die DDR am 24. 9. 1986 Mitglied der Internationalen Schiffahrtssatellitenorganisation INMARSAT.

Der Satellitenfunk wird den Seefunkverkehr im Mittel-, Grenz- und Kurzwellenbereich nicht voll ersetzen können, er bereichert aber die Möglichkeiten der maritimen Kommunikation. Auch für Rundfunk, Fernsehen und kommerzielle Funkdienste erleichtert der Satellitenfunk die Überbrückung großer Entfernungen.

Von Kontinent zu Kontinent

Schon in der Vergangenheit hatte der Mensch das Bedürfnis, über weite Entfernungen Nachrichten auszutauschen. Unterwasserkabel gestatteten sogar einen Austausch von Kontinent zu Kontinent. Jedoch sind bei dieser Methode die Kanäle begrenzt, auch die Funkverbindungen brachten keine völlig befriedigende Lösung. Eine Überlastung der Fernkabel und der Funkverbindungen war die Folge. Heute laufen 60 Prozent aller internationalen Ferngespräche und viele Fernsehbildübertragungen über eine kosmische Funkbrücke. In mehr als 120 Staaten ist die Nutzung von Nachrichtensatelliten für nationale und internationale Verbindungen zu einer Selbstverständlichkeit geworden.

In der ersten Etappe der Nachrichtensatellitenentwicklung, in den Jahren 1957 bis 1967, standen umfangreiche Forschungen zu Satellitenverbindungen und die Starts der ersten kosmischen Relaisstationen, der Typen «Kosmos», «Courier», «Telstar» und «Syncom», im Vordergrund. Man fand heraus, daß aktive Relaisstellen effektiver als passive arbeiten. Aktive Nachrichtensatelliten verstärken die Signale einer Erdefunkstelle, setzen sie in ein anderes Frequenzband um, verstärken sie nochmals und strahlen sie zu einer zweiten Erdefunkstelle ab. Die fast billiardenfache Leistungsverstärkung zwischen der Empfangs- und Sendeantenne eines Satelliten wird mit der Mikroelektronik und

Spezialröhren erreicht. Ein Satellit trägt 12 bis 24 Transponder, das sind Relaissender, von denen jeder 1 000 Ferngespräche oder ein bis zwei Farbfernsehprogramme übertragen kann. Die Bordenergieversorgung erfolgt über Sonnenbatterien. Die auf aufklappbaren Flächen untergebrachten Solarzellen laden zudem ständig Speicherbatterien, die einen ununterbrochenen Satellitenbetrieb auch während der Erdschattenperiode sicherstellen.

Ab 1965 gelang es, verbesserte Raumflugkörper in den Kosmos zu bringen. Zu ihnen gehörten auch der am 23. April 1965 in der Sowjetunion gestartete Nachrichtensatellit «Molnija 1-A». Mit ihm wurde die Verbindung zwischen Moskau und Wladiwostok über einen langen Zeitraum garantiert, da man den Satelliten auf eine sehr elliptische Umlaufbahn mit einem Perigäum von 548 und einem Apogäum von fast 40 000 Kilometern brachte. Diese Bahn erlaubte bei 12 Stunden Umlaufzeit eine neunstündige Verbindung. Schon ein halbes Jahr später startete «Molnija 1-B». Mit ihm konnte ein Übertragungssystem aus mehreren Nachrichtensatelliten erprobt werden. Am 30.11.1965 gelang die erste Testfarbfernsehbildübertragung über Satellit zwischen Moskau und Paris. 1967 stellte die Sowjetunion für die Übertragung von Fernsehprogrammen und für den mehrkanaligen Fernsprech-, Fernschreib- und Bildtelegrafieverkehr das Landesnetz «Molnija-Orbita» in Dienst. Zu ihm gehören 3 Nachrichtensatelliten auf einer elliptischen Umlaufbahn und Erdefunkstellen innerhalb der Sowjetunion. Seitdem empfangen mehr als 90 Prozent der Bevölkerung im Hohen Norden und im Fernen Osten, in Sibirien und in Mittelasien wöchentlich über das Landesnetz 40 Stunden lang direkt das Moskauer Fernsehen.

Nach der Sowjetunion führten andere Staaten regionale Nachrichtensatellitensysteme ein. Frankreich und die BRD entwik-kelten gemeinsam das Projekt «Symphonie», mit dem Ferngespräche und Fernsehprogramme zwischen Europa, Amerika und Afrika mit einem über dem Atlantik stehenden Nachrichtensatelliten übertragen werden. In Kanada nahm 1972 ein Nachrichtensatellitensystem «Anik» für Fernseh-, Fernsprech- und Fernschreibübertragungen seinen Betrieb auf. In Algerien sind Siedlungen, Wüstenstädte und Oasen über Satellitenfunk miteinander verbunden. Innerhalb der USA existieren gleichzeitig mehrere, miteinander konkurrierende nationale Nachrichtensatellitensysteme.

1965 entstand ein kommerzielles internationales Nachrichtenkonsortium mit der Bezeichnung Intelsat. In 50 von 79 Mitgliedsstaaten des Konsortiums in Europa, Asien, Afrika und Amerika werden mehr als 250 Erdefunkstellen unterhalten. Die verwendeten Satelliten vom Typ «Intelsat-V» sind grundsätzlich geostationäre Satelliten und besitzen mehrere Fernseh- und bis zu 24 000 Fernsprechkanäle. Außerdem sichern die Satelliten die maritimen Funkverbindungen im System INMARSAT.

Auf Initiative der Sowjetunion wurde am 15. November 1971 die internationale Organisation kosmischer Fernmeldeverbindungen «Intersputnik» gegründet, zu der mehrere sozialistische Länder gehören. Als Beobachter waren Vertreter Indiens, Kanadas, Finnlands, der USA, der Schweiz und anderer Länder anwesend. Unmittelbar danach erhielten mehrere Unterzeichnerländer sowjetische Erdefunkstellen und wurden an das Netz «Molnija-Orbita» angeschlossen. Die Mongolische Volksrepublik verfügte bereits seit 1970 in Ulan Bator über eine komplette «Orbita»-Erdefunkstelle. Ein Jahr später entstand mit Hilfe sowjetischer Spezialisten für Kuba auf einem Plateau 210 Meter über dem Meeresspiegel bei Jaruco in der Provinz Havanna eine Sende- und Empfangsstation. Die Station der Volksrepublik Polen befindet

Erdefunkstelle im System «Intersputnik»

Nachrichtensatellit Molnija 2

sich nicht allzuweit von Kielce entfernt, im Swietokrzyskie-Gebirge. Nach einer kurzen Bauzeit von 18 Monaten steht diese Erdefunkstelle, an der polnische und sowjetische Fachleute Hand in Hand arbeiteten, mit einer rechnergesteuerten Parabolantenne von 12 Metern Durchmesser Tag für Tag im Dienst von «Intersputnik». Einige hundert Kilometer weiter westlich, in den Dubrower Bergen südlich von Fürstenwalde, wurde 1975 für die DDR eine ähnliche Antenne errichtet. Sie gehört zur Erdefunkstelle «Intersputnik» der Deutschen Post. Neben Fernsehsendungen können von ihr Hörrundfunk-, Telefonie-, Fernschreib-, Bild- und Datenübertragungen übermittelt werden. Ende 1977 wurde eine weitere «Intersputnik»-Erdefunkstelle in der ČSSR errichtet. Im Januar 1978 wurden die ungarische Bodenanlage in Tiliandörog im Bezirk Veszprém eingeweiht und die bulgarische Erdefunkstelle am Fuße des Witoscha-Gebirges fertiggestellt. Es folgten die Satelliten-Boden-

station «Lotos 2» am Rande der laotischen Hauptstadt Vientiane, die Station «Hoa Sen 1» in der Nähe von Hanoi und die Station «Hoa Sen 2» in Ho-Chi-Minh-Stadt.

Alle Erdefunkstellen haben eine durchschnittliche Sendeleistung von zehn Kilowatt. Die meisten von ihnen arbeiten bereits über Nachrichtensatelliten des Typs «Molnija 2». Diese neueren Satelliten übertragen bereits 500 bis 1 000 Fernsprechkanäle und 10 bis 12 Farbfernsehprogramme. Es wurde auch möglich, daß mehrere Erdefunkstellen über einen Satelliten gleichzeitig in Verbindung treten konnten.

Auf einer internationalen Ausstellung zum Nachrichtenwesen, die im Herbst 1975 in Moskau große Aufmerksamkeit fand, zeigte die Sowjetunion eine mobile in Containern untergebrachte Erdefunkstelle «Mars». Im Gegensatz zu der «Orbita»-Bodenstation war sie von einem Ort zum anderen leicht überzuführen, auch auf dem Luftweg war das möglich. Um «Mars» aufzubauen und zum

Forschungsschiff «Kosmonaut Juri Gagarin» der
UdSSR mit Antennen für Satellitenfunkverbindung

Betrieb vorzubereiten, reichten wenige Stunden aus. «Mars» verfügte über eine zerlegbare Parabolantenne von 7 Metern Durchmesser und war unter anderem zum Fernsehempfang in Gebieten vorgesehen, die durch das stationäre Landesnetz der Sowjetunion nicht erfaßt wurden.

1976 war für den Nachrichtensatellitensektor ein besonders aktives Jahr. Die Sowjetunion startete «Ekran 1», auch «Stationar 3» genannt, um Fernsehsendungen in ferne Gebiete Sibiriens und des Hohen Nordens zu übertragen. Zum Empfang kamen kleine Gemeinschaftsantennen zum Einsatz. Mit «Raduga» entstand eine neue Generation von Nachrichtensatelliten. Auf eine geostationäre Umlaufbahn gebracht, konnten mit diesen Satelliten gleichzeitig Fernsprech-, Fernschreib- und Fersehbildübertragungen erfolgen. «Raduga» hatte nicht nur Verbindung zu den ortsfesten Erdefunkstellen, sondern auch zu den Satellitenforschungsschiffen der UdSSR, der «Kosmonaut Juri Gagarin», der «Kosmonaut Wladimir Komarow» und der «Akademiemitglied Koroljow».

Die USA nahmen mit dem Start des ersten «Comstar»-Satelliten ein weiteres nationales Satellitensystem auf privater Grundlage in Betrieb. Kanada schickte mit «CTS 1» einen Satelliten ins All, der versuchsweise Fernsehbildsendungen und Rundfunkprogramme für weit entfernt liegende Wohnsiedlungen überträgt. Indonesien brachte zur Fernsprech-, Fernschreib-, Rundfunk- und Fernsehversorgung für sein aus über 10 000 Inseln bestehendes Staatengebilde den Nachrichtensatelliten «Palapa 1» in den Kosmos. Indien baute das Bildungsfernsehen über den Satelliten «ATS 6» auf. Kuwait ist mit dem Nachrichtensatellitensystem «Arabsat» verbunden. An diesem Projekt sind 10 arabische Länder beteiligt. Speziell überträgt «Arabsat» Bildungsprogramme. Angesichts des noch hohen Analphabetentums ist das Fernsehen für diese Länder von besonderer Bedeutung. Die Volksrepublik China, die seit 1965 ein eigenes Raumfahrtprogramm realisiert, brachte 1984 mit der mehrstufigen Trägerrakete «Langer Marsch» den Nachrichtensatelliten «China 15» auf eine geostationäre Umlaufbahn. Im Abstand von 55 Grad zueinander sollen zwei Satelliten so über dem Äquator plaziert werden, daß ein landesweites Netz für den Fernsprech-, Fernschreib- und Fernsehverkehr entsteht. Zum Netz der Erdefunkstellen gehören Bodenstationen bei Peking, Shanghai, Lhasa, Schijiantauang und Urumtschi.

Als die Olympischen Spiele 1980 in Moskau vorbereitet wurden, erfolgte im Intersputnik-System der Übergang von «Molnija»-Satelliten zu sowjetischen geostationären «Stationar»-Satelliten. Sie verbesserten die Übertragungskapazität und -qualität wesentlich. Seitdem sind in 13 Ländern auf 4 Kontinenten die Antennen der Erdefunkstellen auf diese von der UdSSR gemieteten Kanäle gerichtet.

Gegenwärtig arbeitet das Intersputnik-System mit zwei geostationären Satelliten der Typen «Stationar 4» und «Stationar 13», die von der UdSSR auf Umlaufbahnen über dem Atlantik und dem Indik gebracht wurden. Neue Erdefunkstellen entstanden in Nikaragua, Kampuchea und Syrien. Bis zum Jahre 1990 wird mit einer Verdoppelung des Bedarfs an Übertragungskanälen gerechnet.

Doch selbst über Nachrichtensatelliten können nicht alle Informationsbedürfnisse erfüllt werden. Der Satelliteneinsatz wird hauptsächlich von zwei Faktoren begrenzt, zum einen von der Satellitenanzahl auf einer geostationären Umlaufbahn und zum anderen vom verwendeten Frequenzband. Beachtet man die Antennenrichtwirkung der in Sa-

telliten benutzten Strahler, lassen sich auf einer kreisförmigen geostationären Umlaufbahn maximal 120 Satelliten unterbringen. Dabei stehen manche über wenig besiedelten oder geographisch ungünstigen Gebieten. Somit ist es unumgänglich, daß mehrere Länder einen Satelliten gemeinsam nutzen müssen. Für die Funkverbindungen werden Frequenzen zwischen 2 und 14 Gigahertz genutzt. Die Nutzung höherer Frequenzen ist mit vielseitigen Problemen verbunden, da atmosphärische, meteorologische und klimatische Einflüsse mit örtlichen, jahres- und tageszeitlichen Schwankungen stark störend wirken. Künftige Nachrichtensatellitensysteme und ihre Bodenstationen benötigen neue Bauelemente, die vielfach nicht mehr wie bisher auf Siliziumbasis hergestellt werden können, dazu muß es neue revolutionierende technische Lösungen geben. Der friedlichen Forschung und Entwicklung für Elektronik und Kommunikation bietet sich somit im Kosmos und auf der Erde ein weites Betätigungsfeld.

Forschung für die Zukunft

Am 17. Juli 1975, um 16.09 Uhr Weltzeit, berührten sich 225 Kilometer über der Erdoberfläche zwei Raumschiffe, «Sojus» und «Apollo». Drei Stunden später wurden die Luken zwischen ihnen geöffnet. Ein sowjetischer Kosmonaut und ein amerikanischer Astronaut gaben einander die Hand. Noch am selben Tage fanden die ersten Überstiege statt. Kubassow und Slayton führten gemeinsam Versuche mit einem Universalschmelzofen aus. Die Forschungen wurden am nächsten Tag fortgesetzt. «Sojus 19» kehrte am 21. Juli zur Erde zurück, während «Apollo» noch bis zum 24. Juli in der Umlaufbahn blieb.

Wieviel Hoffnung hatte dieses Projekt den Menschen beider Länder und darüber hin-

Raumsonde zur Venusforschung

aus der ganzen Welt gegeben, um den Frieden sowohl im Weltraum als auch auf der Erde sicherer zu machen. In der Folgezeit war es vor allem die Sowjetunion, die wiederholt die internationale wissenschaftliche Kosmosforschung belebte. So verwirklichten 9 sozialistische und kapitalistische Länder das kosmische Projekt VEGA, um die Venus und den Halleyschen Kometen zu erforschen. Zwei sowjetische Mehrzwecksatelliten, «Vega 1» und «Vega 2», trugen spezielle Funksender in die Venusatmosphäre. Radioteleskope, die mit ihren Riesenantennen eine hohe Meßgenauigkeit garantierten, empfingen auf allen Erdteilen deren Signale auf einer Frequenz von 1,66 Gigahertz. Im März 1986 kamen die Raumsonden dem Halleyschen Kometen nahe. Zwei Kameras und zwei Spektrometer erfaßten automatisch Ausmaß, Form und Struktur des Kometensterns. Die Ergebnisse wurden über Funk zur Erde gesendet. Ein anderer Gerätekomplex lieferte Informationen darüber, wie das

Kometengas mit dem Sonnenplasmastrom zusammen wirkt. Das VEGA-Projekt unterstützte das europäische GIOTTO- und das japanische PLANET-A-Vorhaben, die ähnliche Ziele verfolgten. Da ein «Vega»-Raumflugkörper die erste Begegnung mit dem Halley-Kometen hatte, konnte durch eine genaue Standortbestimmung der Flug der «Giotto»-Kometensonde rechtzeitig korrigiert werden.

Die internationale Wissenschaftlergruppe des VEGA-HALLEY-Programms arbeitet bereits an einem weiteren Projekt, «PHOBOS», das einen der Marsmonde erforschen soll. Das Projekt wurde so dimensioniert, daß komplex neben Phobos auch der Mars und die Sonne weiter untersucht werden. Wiederum sind es Forscher aus elf sozialistischen und kapitalistischen Staaten, die sich gemeinsam in dieser interessanten Forschungsaufgabe bemühen.

Weitere internationale Großprojekte sind unter den Bezeichnungen VESTA (Planetoidenforschung), GAMMA (Großteleskop für Gamma-Strahlung) und INTERBALL (kosmische Plasmaforschung) vorgesehen oder bereits angelaufen.

Die wissenschaftlichen Kenntnisse und Erfahrungen, die bei der friedlichen Erforschung und Nutzung des Weltraums gewonnen werden, dienen nicht nur seiner weiteren Erschließung, sondern sie vervollkommnen die Nachrichten-, Daten-, Übertragungs-, Ortungs- und Automatisierungstechnik für irdische Zwecke. So schaffen Laserforschungen im Weltraum die Grundlage für Laserfunk- und Laserortungssysteme. Die Fernübertragung von Satellitenmeßdaten zur Erde ebnete den Weg zur störfreien digitalen Fernsehbild-, Fernsprech- und Rundfunkübertragung über Nachrichtensatelliten. An der Vervollkommnung dieser Systeme wird wei-

Zentrale für kosmische Fernverbindungen

ter gearbeitet. In allen Entdeckungen und technischen Systemlösungen spielen die elektromagnetischen Wellen als Informations- und Energieträger eine entscheidende Rolle. Es sind dieselben elektromagnetischen Wellen, die, in ihrer Schwingungsanzahl pro Zeiteinheit mit «Frequenz» bezeichnet, Heinrich Hertz entdeckte, die Alexander Stepanowitsch Popow 1895 für seine erste Telegrafieverbindung benutzte und die Guglielmo Marconi mit seinem Funkensender erzeugte.

Anhang

Abkürzungsverzeichnis

AI	Aircraft Interception	Nachtjagdradargerät
AIS	Air Intelligence Service	Geheimdienst der USA-Fliegerkräfte
ASAT		Antisatellitenwaffe
ASG	Airborne Search General	Allgemeines Flugzeugsuchgerät
ASV	Airborne Search for surface Vessel	Flugzeugbordgerät zum Ausmachen von Überwasserfahrzeugen
AWACS	Airborne Warning and Control System	Luftgestütztes Warn- und Kontrollsystem
BHC	British Home Chain	Britische Heimatkette
BMEWS	Ballistic Missile Early Warning System	Raketenfrühwarnsystem
CES	Coast Earth Station	(Küsten)-Erdefunkstelle
CHL	Chain Home Lowe-Flying	Frühwarnsystem
DEW	Distant Early Warning	Frühwarnkette
DIA	Defense Intelligence Agency	Militärischer Abwehrdienst
DSCS	Defense Satellite Communication System	Verteidigungs-Satelliten-Kommunikationssystem
DW		Deutsche Welle
ECCM	Electronic Counter Counter Measures	Elektronische Schutzmaßnahmen
ECM	Electronic Counter Measures	Elektronische Gegenmaßnahmen
ELINT	Electronic Intelligence	Elektronische Aufklärung
Eloka		Elektronische Kampfführung
ELT	Emergency Locator Transmitter	Notortungssender
EPIRB	Emergency Position Indication Radio Bacon	Notfunkboje
ESM	Electronic Support Measures	Elektronische Unterstützungsmaßnahmen
EW	Elektronic Warfare	Elektronische Kampfführung
Fla		Flugzeugabwehr
FNL		Nationale Front für die Befreiung Südvietnams
FuMB		Funkmeßbeobachtungsgerät
FuMG		Funkmeßgerät
FuMO		Funkmeßortungsgerät
GCI	Ground Controlled Interception	Bodengesteuertes Abfangverfahren
GPS	Global Positioning System	Globales Navigationssystem
GUSKA	Главное управление связи Красной армии	Hauptverwaltung Nachrichten der Roten Armee
H$_2$S	Home Sweet Home	Flugzeugbordgerät
HF/DF	High Frequency Direction Finder	Kurzwellenpeiler
ICBM	Intercontinental Ballistic Missile	Interkontinentale ballistische Rakete
IMO	International Maritime Organization	Internationale Schiffahrtsorganisation

INMARSAT	International Maritime Satellite Organization	Internationale Organisation für Seesatellitenverbindung
INTELSAT	International Telecommunications Satellite Consortium	Internationales Nachrichtensatellitenkonsortium
KOSPAS	Космическая система поизка аварийных судов и самолётов	Kosmisches System zur Suche havarierter Schiffe und Flugzeuge
LORAN	Long Range Navigation	Langstreckennavigation
LUT	Local User Terminal	Örtliche Nutzerendstelle (Bodenstation)
MAZE		Marine-Aptierter-Zellenempfänger
MIDAS	Missile Defense Alarm System	Frühwarnsatelliten
MIS	Military Intelligence Service	Geheimdienst der USA-Armee
MUZE		Marine-Universal-Zellenempfänger
NADGE	NATO Air Defense Ground Environment	NATO-Luftwarnsystem
NASA	National Aeronautics and Space Administration	US-amerikanische Luft- und Raumfahrtbehörde
NIIWWS	Научно-исследовательский институт Военно-воздушных сил	Forschungsinstitut der Luftstreitkräfte, UdSSR
NIMIST	Научно-исследовательский институт морской связи и транспорта	Nachrichtenforschungsinstitut der Flotte, UdSSR
NOAA	National Oceanic and Atmospheric Administration	Nationale Ozeanologische und Atmosphärische Behörde
NORAD	North American Air Defense	Nordamerikanische Luftverteidigung
NSA	National Security Agency	Nationales Sicherheitsamt der USA
ONI	Office of Naval Intelligence	Geheimdienst der USA-Marine
OTAN	Organisation du Traité de l'Atlantique	Atlantikpaktorganisation (französische Bezeichnung)
PALR		Panzerabwehrlenkrakete
PMALS	Prototype Miniature Air Launched System	Zielsuchflugkörper
PPI	Plan Position Indicator	Rundsichtdarstellung
RADAR	Radio Detection and Ranging	Funkortung/Funkmeß
RAF	Royal Air Force	Königliche Luftwaffe
RLS	Радиолокационная станция	Funkmeßstation
SAC	Strategic Air Command	Strategisches Luftkommando
SAGE	Semiautomatic Ground Environment	Luftabwehrsystem
SAMOS	Satellite and Missile Observation System	Satelliten- und Raketenbeobachtungssystem
SARSAT	Search and Rescue Satellite Aided Tracking	Spurensuch- und Rettungshilfssatellit
SATCOM	Satellite Communication	Satellitenkommunikation
SES	Ship Earth Station	Schiffserdefunkstelle
SLAR	Side Looking Airborne Radar	Seitensichtradarstation
SON	Станция орудийной наводки	Geschützrichtstation
SONAR	Sound Navigation and Ranging	Unterwassernavigation und -ortung
SOS		Tastfunk-Seenotzeichen
SPACECOM	Space Command	USA-Weltraumkommando
TAC	Tactical Air Command	Taktisches Luftkommando
TNT		Trinitrotoluol

Literaturverzeichnis

Der Beginn des Funkverkehrs

Bagramjan, I. Ch.: Geschichte der Kriegskunst, Berlin 1973.
Bonatz, H.: Die deutsche Marine-Funkaufklärung 1914 bis 1945, Darmstadt 1970.
Conrad, W.: Forscher — Funker — Ingenieure, Leipzig 1967.
Geschichte der deutschen Arbeiterbewegung, Bd. 2, Berlin 1966.
Giessler, H.: Der Marine-, Nachrichten- und Ortungsdienst, München 1971.
Groehler, O.: Geschichte des Luftkriegs, Berlin 1975.
Handwörterbuch des elektrischen Fernmeldewesens, Bd. 1 u. 2, Berlin 1929.
Lenin, W. I.: Werke, Bd. 9, Berlin 1958.
Skrjagin, L.: Vor Kap Hattaras gesunken, Leipzig 1964.
Sworykin, A. A., u. a.: Geschichte der Technik, Leipzig 1964.

Zwischen Tastfunk und Rundfunk

Bagramjan, I. Ch.: a. a. O.
Bonatz, H.: a. a. O.
Conrad, W.: a. a. O.
Caroll, J. M.: Der elektronische Krieg, Berlin(West)/Frankfurt am Main 1967.
Die Revolution 1905—1907 in Rußland, Berlin 1980.
Elektronisches Jahrbuch 1979, Berlin 1978.
Geheimnisse der USA-Geheimdienste, Berlin 1975.
Gorschkow, S. G.: Die Seemacht des Staates, Berlin 1978.
Giessler, H.: a. a. O.
Mantey, N., u. a.: Unsere Marine im Weltkrieg 1914—1918, Berlin 1928.
Stepanow, A.: Port Arthur, Bd. 1 u. 2, Moskau 1948.
Sworykin, A. A., u. a.: a. a. O.
Marine-Rundschau, BRD, Heft 5/81

Das große Geheimnis Funkortung

Bekker, C.: Duell im Dunkel, Hamburg 1958.
Bergschicker, H.: Deutsche Chronik 1933—1945, Berlin 1982.
Bonatz, H: a. a. O.
Bowen, E. G.: Radar — Grundlagen und Anwendung, Berlin 1960.
Conrad, W.: Radar — kein Geheimnis, Berlin 1967.
Caroll, J. M.: a. a. O.
Electronic Warfare. A report on radar countermeasures, Moskau 1946.
Eyermann, K. H.: Luftspionage, Bd 1 u. 2, Berlin 1963.

Fischer, H. J.: Radartechnik, Leipzig 1956.
Freyer, P. H.: Tod auf allen Meeren, Berlin 1972.
Geschichte der deutschen Arbeiterbewegung, Bd. 5, Berlin 1966.
Giessler, H.: a. a. O.
Groehler, O.: a. a. O.
Hofmann u. a.: Führungs- und Informationssysteme, München 1982.
Leprétre, R.: Einführung in die Radartechnik, Berlin 1956.
Лобанов, М. М.: Развитие советской радиолокационной техники, Москва 1982.
Meer, G.: Das gestohlene Radargerät, Berlin 1976.
Rohwer, J.: Funkaufklärung und Intelligence im Zweiten Weltkrieg. In: Festschrift für Eberhard Kessel zum 75. Geburtstag, München 1982.
Schreyer, W.: Augen am Himmel, Berlin 1972.
Steinfatt, W.: Leitfaden der Funkortung, Garmisch 1952.
Trenkle, F.: Die deutschen Funkpeil- und Horch-Verfahren bis 1945, Ulm 1982.
Armeerundschau, Berlin, Heft 12/84.
Militärtechnik, Berlin, Heft 6/68.
Wehrwissenschaftliche Rundschau, BRD, Heft 6/70.
Soldat und Technik, BRD, Heft 9/62.

Auf allen Frequenzen für den Sieg

Bekier, E.: Bis zum Stillen Ozean, Berlin 1967.
Für die Jugend über die Sowjetarmee, Berlin 1954.
Kraft, E.: Fliegen und Funken, Berlin 1924.
Kusnezow, G.: Gefechtsalarm in den Flotten, Berlin 1984.
Peressypkin, I. T.: Nervenstränge des Sieges, Berlin 1982.
Popjel, N. K.: In schwerer Zeit, Berlin 1986.
Rokossowski, K. K.: Soldatenpflicht, Berlin 1986.
Saburow, N. A.: Partisanenwege, Berlin 1982.
Военные связисты в дни войны и мира, Москва 1968.
Die Weltbühne, Berlin, Hefte 17/83, 30/84.
Marinekalender der DDR 1975, Berlin 1974.
Neues Deuschland (A), Berlin, v. 19. 11. 82.
Neue Zeit, Moskau, Hefte 47/82, 27/83, 33/83.

Getäuscht und geblendet

Caroll, J. M.: a. a. O.
Conrad, W.: a. a. O.
Giessler, H.: a. a. O.
Gordejew, N.: Tarnung in den Seekriegsflotten, Berlin 1976.
Groehler, O.: a. a. O.
Kalaschnik, M. Ch.: Im Feuer geprüft, Berlin 1976.
Leprétre, R: a. a. O.

May, F., May, K.: Lautlose Fronten, Berlin 1972.
Marinewesen, Rostock, Hefte 2/63, 9/70.
Морской сборник, Москва, 12/1979.
Военная мысль, Москва, 2/1976.
Военно-исторический журнал, Москва, 4/1969.

Der unerklärte Krieg

Bonatz, H.: a. a. O.
Caroll, J. M.: a. a. O.
Geheimnisse …: a. a. O.
Groehler, O.: a. a. O.
Mader, J.: CIA in Europa, Berlin 1982.
Pálfy, J., Novák, Z.: NATO-Allianz ohne Zukunft, Berlin 1972.
Pfaffe, H., Stache, P.: Typenbuch der Raumflugkörper, Berlin 1971.
Schreyer, W.: a. a. O.
Вартанесян, В. А., Радиоэлектронная разведка, Москва 1975.
Militärtechnik, Berlin, Hefte 4/64, 2/67, 12/67, 5/69, 6/72, 7/72, 4/74, 3/77.
Volksarmee, Berlin, Sonderbeilage vom November 1967.
Volksarmee, Berlin, Nr. 36/75, 19/82, 14/83.
Neues Deutschland (A), Berlin, v. 19.5.63.
Militärwesen, Berlin, Hefte 5/73, 11/76, 3/77, 6/80, 3/82, 1/83.
Neue Zeit, Moskau, Jahrgänge 1975 bis 1984.
Wissenschaftliche Welt, Berlin, Heft 1/64.
Die Weltbühne, Berlin, Hefte 13/76, 28/82.
Marinewesen, Rostock, Heft 5/70.
Junge Welt, Berlin v. 14.1.83, 11.2.83.
Interavia, Schweiz, Heft 6/64.
Truppenpraxis, BRD, Heft 7/74.
Wehrtechnik, BRD, Hefte 11/72, 3/75, 7/75.
Wehrkunde, BRD, Heft 12/57.

Überfall im Morgengrauen

Bergmann, H.: Die Eingreifer, Leipzig 1984.
Britsche, H.: Kanonenbootpolitik, Berlin 1984.
Groehler, O.: a. a. O.
Groehler, O.: Der Koreakrieg 1950—1953, Berlin 1982.
Mielke, H.: Raketentechnik — Raumfahrt, Leipzig 1968.
Pfaffe, H., Stache, P.: a. a. O.
Schreyer, W.: a. a. O.
Marinekalender der DDR 1982, Berlin 1981.
Marinewesen, Rostock, Heft 9/70.
Военный зарубежник, Москва, 7/1968.
Морской сборник, Москва, 1/1983.
Neues Deutschland (A), Berlin v. 25.7.83; 21./22.1.84; 6.2.84.

Soldat und Technik, BRD, Hefte 9/73, 4/75.
Flugrevue, BRD, Heft 9/70.
Militärwesen, Berlin, Hefte 5/73, 7/73, 4/78.

Mit Spionageelektronik nicht zu überlisten

Britsche, H.: a. a. O.
Caroll, J. M.: a. a. O.
Eyermann, K. H.: a. a. O.
Geheimnisse …: a. a. O.
Heinrich, E., Ullrich, K.: Der Krieg einer unsichtbaren Armee, Berlin 1985.
Mader, J.: a. a. O.
Schreyer, W.: a. a. O.
Вартанесян, В. А.: a. a. O.
Neue Zeit, Moskau, Jahrgang 1982 bis 1984.
Volksarmee, Berlin, Nr. 18/80, 38/83.
Sächsische Zeitung, Dresden, v. 10./11.9.83.
Neues Deutschland (A), Berlin, Jahrgang 1983 und 1984.

Moderne Technik für alte Ziele

Groehler, O.: a. a. O.
Hofmann u. a.: a. a. O.
Knipping, F.: Projekt Sternenkrieg, Berlin 1985.
Кондратенков, Г. С., Радиолокационные станции воздушной разведки, Москва 1983.
Mader, J.: a. a. O.
Neue Berliner Illustrierte, Berlin, Nr. 12/76, 23/79, 21/80, 52/84.
Neue Zeit, Moskau, Jahrgang 1979 bis 1985.
Volksarmee, Berlin, Jahrgang 1977 bis 1985.
Militärwesen, Berlin Nr. 3/73, 6/73, 3/79, 5/81, 8/81, 2/83, 5/83, 4/85.
Wissenschaftliche Welt, Berlin, Hefte 1/85, 2/83.
Neues Deutschland (A), Berlin, Jahrgang 1973 bis 1985.
Militärtechnik, Berlin, Heft 7/77, 12/77, 4/78, 5/78.
Jugend und Technik, Berlin, Heft 2/85.
Die Weltbühne, Berlin, Hefte 26/84, 1/85, 7/85.
Poseidon, Berlin, Hefte 1/83, 3/84.
Sächsische Zeitung, Dresden, v. 7./8.2.81, 10.4.85.
Wochenpost, Berlin, v. 28.1.72.
NATO-Instrument der Aggression. Sonderdruck der Zeitschrift Neue Zeit, Moskau 1983.

Frieden auf allen Frequenzen

Bekier, E.: a. a. O.
Conrad, W.: Kommunikation 2 000, Leipzig 1983.
Volksarmee, Berlin, Nr. 22/73, 5/74, 3/77, 11/83, 37/83, 52/83, 8/85, 22/85.
Зарубежная радиоэлектроника, Москва, 6/1979, 12/1979, 9/1982.

Marinekalender der DDR 1983, Berlin 1982.
Seewirtschaft, Berlin, Hefte 7/82, 8/82, 9/82, 5/83, 6/83, 6/84, 4/85, 6/85.
Die Weltbühne, Berlin, Heft 29/83.
Neue Zeit, Moskau, Hefte 34/74, 40/77, 47/82, 6/83, 11/84, 17/84, 42/84, 28/85.
Sächsische Zeitung, Dresden, v. 11. 2. 77, 21. 10. 77, 10. 6. 83.
Militärwesen, Berlin, Hefte 7/74, 9/74.
Militärtechnik, Berlin, Hefte 3/76, 5/78.
Wissenschaft und Fortschritt, Berlin, Hefte 11/79, 10/82.
Wochenpost, Berlin, v. 30. 5. 72.
Jugend und Technik, Berlin, Hefte 3/83, 8/83.
Junge Welt, Berlin, v. 3. 11. 82, 6./7. 7. 85.
Sputnik, Moskau, Heft 4/83.
Fliegerkalender der DDR 1984, Berlin 1983.
Elektronisches Jahrbuch 1979, Berlin 1978.
Neues Deutschland (A), Berlin, Jahrgang 1982 bis 1985.
Wehrtechnik, BRD, Heft 12/84.

Frequenzbereiche der militärischen Funkmeß-(Radar-)technik

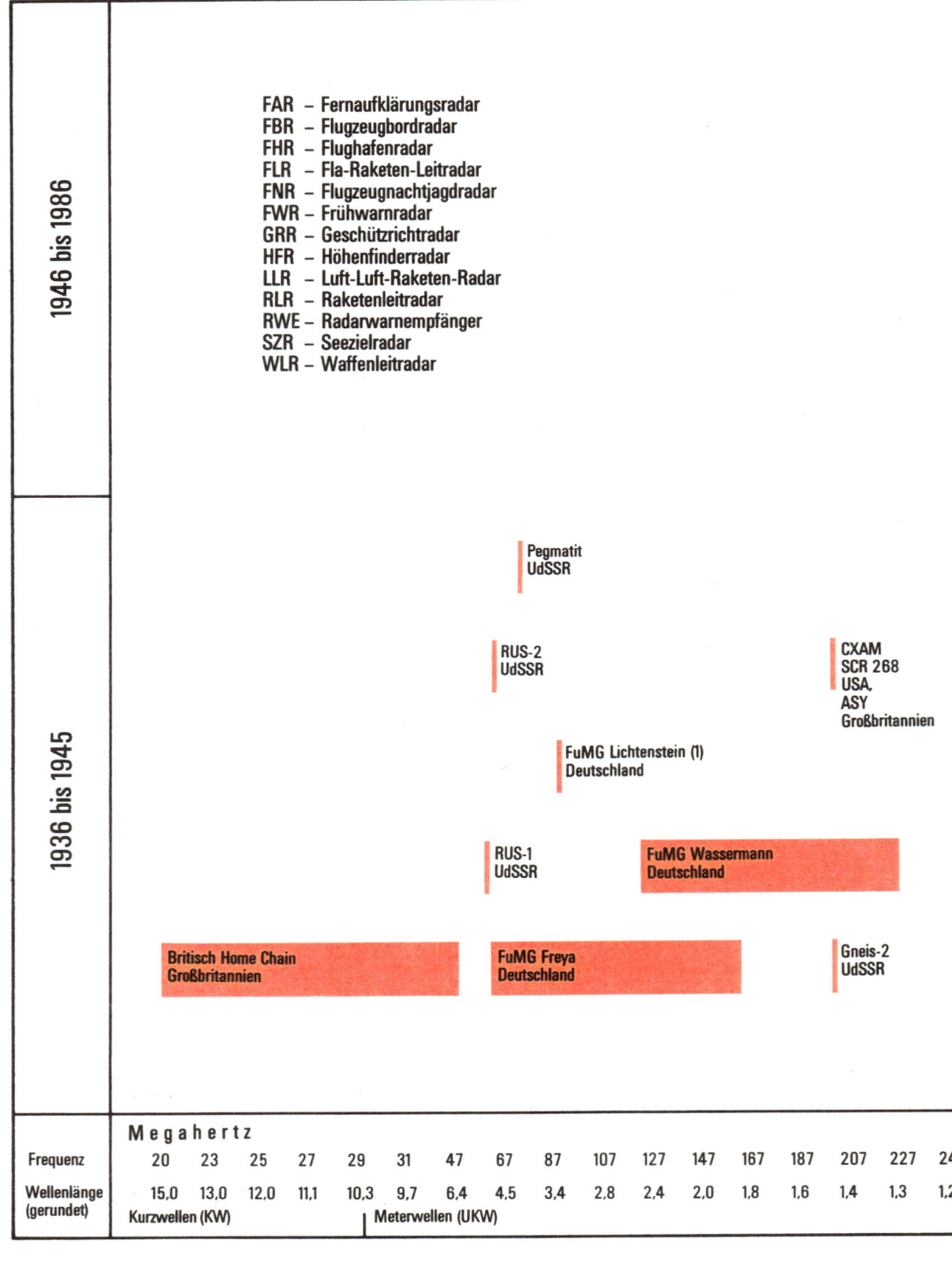

1946 bis 1986

FAR – Fernaufklärungsradar
FBR – Flugzeugbordradar
FHR – Flughafenradar
FLR – Fla-Raketen-Leitradar
FNR – Flugzeugnachtjagdradar
FWR – Frühwarnradar
GRR – Geschützrichtradar
HFR – Höhenfinderradar
LLR – Luft-Luft-Raketen-Radar
RLR – Raketenleitradar
RWE – Radarwarnempfänger
SZR – Seezielradar
WLR – Waffenleitradar

1936 bis 1945

Pegmatit
UdSSR

RUS-2
UdSSR

CXAM
SCR 268
USA,
ASY
Großbritannien

FuMG Lichtenstein (1)
Deutschland

RUS-1
UdSSR

FuMG Wassermann
Deutschland

Britisch Home Chain
Großbritannien

FuMG Freya
Deutschland

Gneis-2
UdSSR

Megahertz																	
Frequenz	20	23	25	27	29	31	47	67	87	107	127	147	167	187	207	227	24
Wellenlänge (gerundet)	15,0	13,0	12,0	11,1	10,3	9,7	6,4	4,5	3,4	2,8	2,4	2,0	1,8	1,6	1,4	1,3	1,2

Kurzwellen (KW)   Meterwellen (UKW)